萬古千秋事有懲窮源一念沒來
由此心歸到真如海不向江河
作細流

南怀瑾
大学堂

洞山指月

南怀瑾 讲述

人民东方出版传媒
东方出版社

图书在版编目（CIP）数据

洞山指月/南怀瑾讲述.—北京:东方出版社,2022.1

ISBN 978-7-5207-1258-3

Ⅰ.①洞…　Ⅱ.①南…　Ⅲ.①禅宗-研究-中国　Ⅳ.①B946.5

中国版本图书馆 CIP 数据核字（2019）第 249362 号

洞山指月

南怀瑾　讲述

- -

责任编辑： 王夕月　张莉娟

出　　版： 东方出版社

发　　行： 人民东方出版传媒有限公司

地　　址： 北京市西城区北三环中路 6 号

邮　　编： 100120

印　　刷： 北京明恒达印务有限公司

版　　次： 2022 年 1 月第 1 版

印　　次： 2022 年 1 月第 1 次印刷

开　　本： 650 毫米×960 毫米　1/16

印　　张： 18.75

字　　数： 235 千字

书　　号： ISBN 978-7-5207-1258-3

定　　价： 55.00 元

发行电话：（010）85924663　85924644　85924641

- -

编者的话

南怀瑾先生是享誉国内外，特别是华人读者中的文化大师、国学大家。先生出身于世代书香门第，自幼饱读诗书，遍览经史子集，为其终身学业打下了扎实的基础；而其一生从军、执教、经商、游历、考察、讲学的人生经历又是不可复制的特殊经验，使得先生对国学钻研精深，体认深刻，于中华传统文化之儒、道、佛皆有造诣，更兼通诸子百家、诗词曲赋、天文历法、医学养生等等，对西方文化亦有深刻体认，在中西文化界均为人敬重，堪称"一代宗师"。书剑飘零大半生后，先生终于寻根问源回到故土，建立学堂，亲自讲解传授，为弘扬、传承和复兴民族文化精华和人文精神不遗余力，其情可感，其心可佩。

二〇〇九年，南怀瑾先生关注并推动有年的禅宗洞山祖庭复建的前期事宜落定，先生即随缘带领学人参研明代瞿汝稷所集的禅宗经典《指月录》，并对曹洞宗的特点、学术、修持和传承等方面作了重点研讨。

先生此次讲课的形式较为特别，除了原文诵读和白话释义，课堂上以自由发言为主，听讲的学人或提出问题，或表达观点，先生则随时指点、品评。先生在《楞伽大义今释》自叙中有言："无论中西文化，时代愈向上推，所有圣哲的遗教，大多是问答记录，纯用语录体裁，朴实无华，精深简要。时代愈向后降，浮华愈盛，洋洋洒洒，美不胜收，实则有的言中无物，使人读了就想忘去为快。"本书整理自课堂实录，亦保留了对话的形式。先生带领学人起疑情、参话头，圣哲言、钵盂语兼而有之，一路下来，不仅将禅宗的发展、演变脉络讲得非常详尽清晰，对话中更是常常暗藏禅机。先生也多次提示，禅宗祖师们的奇言妙语是文字般若、方便般若，如果不去深究其内涵，很容易变成口头禅。并且每每讲修行，他都强调要平常、平凡："修行就在做事的当下，不一定靠出家打坐、修行、证果。""处处可以使你见道，见到本来面目，明心见性……出世入世没有分别。"

值得一提的是，先生的著述中，常常流露出对禅文化、禅师艺术修为的高度赞赏，在本书中也一样："禅宗的文学境界很高，同艺术、兵法都相通。真正的禅宗大师也是艺术家，但不一定会画画、作诗、雕刻，但他是真正的艺术家……医道也好，文学也好，到了艺术境界，得意忘形，也同诗词画画一样，一句好句在可解不可解之间，有意无意之间就完成了，这就是艺术。"在他看来，禅不仅仅关乎修行、信仰、哲学，它其实在中国传统文化中占据了非常重要的地位。而他正是站在中国文化的高度看待并研究禅的。

我社与南怀瑾先生结缘于太湖大学堂。出于对中华优秀传统文化的共同认识和传扬中华文明的强烈社会责任感、紧迫感，承蒙南怀瑾先生及其后人的信任和厚爱，独家授权，我社遵南师遗愿，陆续推出南怀瑾先生作品的简体字版，其中既包括世有公论的著述，更有令人期待的新说。对已在大陆出版过的简体字版作品，我们亦进行重新审阅和校订，以求还原作品原貌。作为一代国学宗师，南怀瑾先生"通古今之变，成一家之言"，毕生致力于民族振兴和改善社会人心。

我社深感于南先生的大爱之心，谨遵学术文化"百花齐放，百家争鸣"之原则，牢记出版人的立场和使命，尽力将大师思想和著述如实呈现读者。其妙法得失，还望读者自己领会。

东方出版社

二〇二一年十二月

目　　录

出版说明

（一）

二〇〇六年二月初,春节过后不久,位于江西宜丰的禅宗祖庭,传说有整修为观光旅游之地的计划。南师怀瑾先生闻讯后,当即嘱古道师前往探访了解,并修书两封,致当地政府领导,盼能保持祖庭原貌,以维护禅文化的历史遗迹。

三月三十一日起,古道师即出发前往江西,在十七天的时间里,探访了马祖、百丈、黄檗、临济、曹洞、仰山等祖庭,向南师所作报告,集结成册出版,名为《禅之旅》。

（二）

在古道师江西探访之行后,南师即不断与有关各方联系沟通,对一切情况作更进一步的了解。迨至二〇〇九年,才决定支持对洞山祖庭进行复建。

南师首先嘱咐登琨艳制作设计规划图,随即宣布支持洞山祖庭的复建,需筹募资金。那天晚餐时,同学们听到消息,即踊跃赞助,当晚李慈雄、吕松涛、陈金霞各捐两千万元,另有一人捐一千万元。数日后李慈雄再加增两千万元,在施工的末期,陈萍也捐助一千万元。其余小额捐款也不少。

（三）

诸事已定，南师开始带领同学们再读《指月录》，并对有关曹洞宗的特点、学术以及修持和传承等重点，加以较深入的研究讨论。所以自二〇〇九年下半年开始，每日晚餐后，大众共同念诵《指月录》的篇章，先由古道师用白话讲说一遍，再由同学们自由发言，或提问，或表达看法。而南师则随时或加解说，或导正，或纠错，偶而亦有禅机灵光一现，只不过大家多半接不住罢了。

由于同学们事先多有用功准备，故而讨论热烈，此起彼落，一时之间，室内气氛俨然古之书院再现，激发思维，引人入胜。

这本书就是当时讨论的记录。

（四）

在本书中，除了南师对禅宗的发展、演变讲得极为详尽外，更罕见的是，南师对修持和悟道，表达了特别看法。

举例来说，南师认为：

1. 有关禅宗所谓的大彻大悟，有些修行人的境界，并非大彻大悟，依照唯识的学理，"这不过是第六意识的分别不起，还不是究竟"。（第二十三讲　P.255）

2. "曹洞宗以《参同契》结合《易经》来讲修持、工夫与见地，抽出离卦来讲，我认为没有必要，而且把佛法的修持反而搞乱了……五宗宗派都有问题，把佛法搞乱了，也搞乱了修定。"（第二十六讲　P.279）

3. 禅宗本是不立文字的，各宗派越想说明修持的方法，反而越来越远。所以，"临济宗也好，曹洞宗也好，五宗宗派必然会衰

落"。(第二十五讲　P.269)

4.看到达摩以来,禅宗的演变,对于圆明清净自性的佛法,禅宗所用单刀直入的法门,已被破坏了。南师认为"现代要真修行,连禅宗这些都没有用,还是要靠《楞伽经》《楞严经》《解深密经》《胜鬘夫人经》《华严经》《中论》,再配合修禅定的十六特胜,甚至六妙门,走佛法复古的路线"。(第二十四讲P.261)

禅宗祖师们的努力和成就,使禅的精华融入并丰富了我们的文化,灿烂了我们的历史,现在祖庭修复了,但是修法之路,南师认为必须走复古修持的方法,才会成功。

(五)

经过剧变的社会,精神上求解脱者甚众,学佛打禅七之类的活动,风起云涌,芸芸大师们,各领风骚,叹为观止。但南师暮鼓晨钟的警语,谆谆告诫的言辞,对真心修行的人,实金玉之珍贵,肺腑之良言。

本书的出版,首先要感谢恒南书院的王涛学友,因为书中的录音记录,除小部分为张振熔所作外,其余大部分及文字整理,包括书名和小标题等,皆为其独自担纲完成,十分辛劳。宏忍师则校对全文,重听不清晰的部分录音。另文中有关《易经》部分,彭敬特别核对《易经杂说》,加以修正。

现值南师百年诞辰之际,竭力完成本书出版,公诸于世,与读者共飨。

刘雨虹记

二〇一七年丁酉　冬月

第一讲 药山惟俨禅师 一

《指月录》卷九

二〇〇九年十二月二日

禅宗语录以前讲过多次，每次都有新的观点。这次我们从头讲禅宗，一是因为有人为上海的朋友发起七天的禅宗课程，还没有正式开始；二是因为古道师发心，要复兴江西洞山的曹洞宗祖庭；第三，正式要讲禅宗，唐宋以来，一千多年下来，禅宗差不多要断根了，不绝如缕啊！我们现在需要重新检讨一下。

佛教进入中国以后，从南北朝开始，跟中国的诸子百家结合，产生了禅宗，到现在好像只剩下口头禅了，因为大家都被禅宗祖师的语录蒙住了，误在奇言妙语上。禅宗的教育方式影响了中国人的思想与文学，可是对于奇言妙语的内涵，如果不去深入检讨，很容易变成口头禅。现在我们开始研究禅宗祖师的公案语录，这些奇言妙语记录了他们悟道的经过，非但要注重他们如何明心见性，如何了生死，特别要注意他们的出生同死亡，为什么？这是生命科学的问题，认知科学的求证。禅宗离不开禅定，奇言妙语是文字般若、方便般若，明心见性是实相般若，求证必须配合禅定，离不开境界般若，所以禅宗也可以称为般若宗，是佛法的中心。过去儒家、道家所暗晦的，不大清楚的意义，因佛法东来，像扎针一样，一针下去挑明了，所以佛法进入中国以后，对于中国文化精髓起的作用，有这样重要。

这样一个成仙成佛的发明，到中国变成奇妙的文学，要研究这条路线，必须有古文的基础，剥掉一切宗教的外衣，直指人心，见性成佛。说起来容易，但是要像科学研究一样，要真求证，要做实验，必须通过禅定。一般人研究禅学，根本没有证得禅定，几十年前我在台湾公开讲《如何修证佛法》，以我几十年的经验，接触在家出家的方外人，能够初步证到心一境性、离生喜乐的人，几乎没有，这是很悲哀的事。所以求证方面缺失了，禅宗就渐渐变成口头禅了。

我今天吩咐谢锦烊，抽出来傅大士的《心王铭》、三祖僧璨大师的《信心铭》，第三篇就是六祖以下石头希迁禅师的《参同契》，第四篇是曹洞宗的中心，洞山良价禅师的《宝镜三昧》，配合禅修的研究，这是非常重要的一个路线。至于曹洞宗与临济宗的比较，教育后辈如何明心见性，如何达到身心解脱、了生脱死，五家的教育方式不同，可以说与他们每一代祖师的个性，与地方环境、语言等等都有关系。另外，还要懂得中国文化的历史演变，配合历代经济、文化、艺术等等的演变，摸清文化大系的转变。这几篇都是重在见地与工夫的配合，重要的只有几个要点，自己要真正体会。

希迁禅师写《参同契》，他一定反对门派的观念，道只有一个，没有什么南宗北派，这就是佛法的真正精神。所以禅宗不只是释迦牟尼拈花微笑，释迦以前有七佛，乃至过去劫的十方三世诸佛，只有一个中心，这个道从来就没有断绝过，一条线连续下来，即使无佛出世的时候，也有辟支佛出来，所以并不是这个道断了，这个传承仍有。

了解了这些，希望你们修行亲证，不要被这些奇言妙语骗住了，大家回去先要自己研究《参同契》与《宝镜三昧》，不要光在这里听听，好像懂了，回去书本一合又是茫然，那就很可惜了。不是可惜我个人浪费精神，是替大家可惜，浪费了自己的生命。这也是希迁禅师的吩咐，"奉劝参学人，光阴莫虚度"，不要浪费生命，回去要好好参究。

　　禅宗讲一个参，包括了戒定慧，八万四千法门有百千三昧，"门门一切境，回互不回互"，乃至修罗道、外道，也有它的境界。外道不是唯心的吗？也是唯心的，都有关联。参包括了门门一切境，包括了止观，智慧的观，观里自然有定，有境界，又脱开了境界，一切境界，一切现象都是客位，那个主位是本性，心性的本体，明心见性的那个。这些都要切实研究，这是参。

　　听禅宗的课也是参，你看《指月录》上的祖师，不要轻易看过去，先看他这个人，最好找来《高僧传》一起研究。像石头希迁禅师，母亲自怀孕时就吃素了，他生下来也是吃素，这是一个很特别的人，天生力气很大，气派很足，像个侠义道中人，因为当地崇拜迷信，杀牛拜神，他没有出家以前就不同意，公然把人家要砍的牛拉下来，不准杀，把那些神庙都毁掉。一个人怎么做得到？他到哪里人家都怕他，可能他武功很高，或者他天生有一种尊严威望，人们服他怕他，他说不准就不准了，这个气派很难。那他为什么要去出家？他出家是去跟着六祖，直到六祖去世，时间很短，其实他已经很有心得了。你注意他的修持，每天打坐，已经没有身体感觉了，身心皆空了，"晏坐忘身"这四个字，要特别注意。

　　我们打坐修持了几十年，能够忘身吗？做不到吧？身体气脉的感觉不是酸就是痛，都是难受，为什么？他怎么那么快成就？语录上也没有说他修什么六妙门啊，或者十六特胜啊，那他的禅定走的哪一路？八万四千法门，他的法门就是无门为门，这就要懂《楞伽经》了。如果拿《楞严经》的二十五圆通来讲，他走得很高，他下手没有走这些法门，就是念头一空到底，这里你就要注意了。

　　六祖要走了，他也晓得师父快要走了，"师父啊，你百年以后，我修行跟谁啊？"六祖说："寻思去。"因此，他后来又受首座的指点去找青原行思，这个对话你就要注意，都是工夫与见地。

　　希迁禅师后来遭遇到唐武宗灭佛，开始逼令和尚都还俗，因此他躲到石头这个地方,你研究希迁禅师,要了解这一段历史。希迁禅师写《参同契》,讲他的用功法门,"当明中有暗,勿以暗相遇;当暗中有明,勿以明相睹"。这就是见地与工夫合一的修法,不走小乘的四禅八定,也不走十六特胜,完全靠自己的智慧直接透进去。《楞严经》中提到佛引导阿难,当你开眼见明,闭眼见暗,明暗有代谢,暗来明去,明来暗去,明暗是现象境界,你那个见明见暗的不在明暗上面,是不是这样?大家听了要用心用功,这不是普通的禅定了。换句话说,当我们打坐时,身体有障碍,有痛有酸有麻,麻痛中有一个不麻痛的,当你完全清净的时候,还有一个不清净的,这就是禅宗心法,佛法的中心。所以大家听了不要白听,不要空过了日子。

我常常讲研究中国文化要经史合参,同历史文化的发展经验配合起来,研究一个时代演变中的文化中心。药山禅师的时候,已经到了中唐,唐代文化历史到了中期,其间唐朝政府经历了很多演变,毁灭佛教的武宗时代也过去了,药山禅师是在这个时候出来的。下面请古道师讲讲药山禅师的出家悟道经过。

澧州药山惟俨禅师,绛州韩氏子,年十七出家,纳戒衡岳,博通经论,严持戒律。一日叹曰:大丈夫当离法自净,谁能屑屑事细行于布巾耶?

古道师:绛州就是现在的山西新绛县。禅师十七岁出家,在南岳衡山受戒,出家以后博通经论,可见学问非常好,守戒非常严格清净,用功非常刻苦。有一天感叹道:"大丈夫当离法自净。"他说这些经论都是知识,应该离开这些,去找到真正的中心,解脱,明心见性,怎么能在这些经教文字上浪费时间呢?

首造石头之室，便问：三乘十二分教，某甲粗知，尝闻南方直指人心，见性成佛，实未明了，伏望和尚慈悲指示。头曰：恁么也不得，不恁么也不得，恁么不恁么总不得，子作么生？师罔措。头曰：子因缘不在此，且往马大师处去。师禀命恭礼马祖，仍伸前问。祖曰：我有时教伊扬眉瞬目，有时不教伊扬眉瞬目；有时扬眉瞬目者是，有时扬眉瞬目者不是。子作么生？师于言下契悟，便礼拜。头曰：你见甚么道理便礼拜？师曰：某甲在石头处，如蚊子上铁牛。祖曰：汝既如是，善自护持。

古道师：因此他去参访石头希迁和尚，他见到石头就问："三乘十二分教"，我粗略知道一点（他很谦虚），但是曾听说南方有直指人心、明心见性的法门，这个我实在是不明白，能不能赐教？请和尚慈悲指示。石头就说：这样也不行，那样也不行，这样那样都不行的时候，你该怎么办？"师罔措"，他没有办法回答。石头就说：看来你的缘法不在我这里，悟道的因缘不在这里，你还是到江西去找马大师吧。这样他告别了石头希迁禅师，就到马祖道一禅师那里去。

去了以后，他把问石头希迁的话重说了一遍，结果马祖说的也很有意思，他说我有时候教你注意从瞬目扬眉间去体会，也就是在日常生活中，开眼闭眼的细微动作中去体会；有的时候不让你这样体会。有的时候在瞬目扬眉中体会是对的，有时候在瞬目扬眉间体会是不对的。这个时候你该怎么办？这跟石头希迁禅师说的话实际上是一个意思，这样也不行，那样也不行，这样那样都不行的时候，你该怎么办？实际上说的是一个道理，但是前面石头希迁说的时候他可没有明白，现在马祖这样一说，他却明白了，"于言下契悟"，当下就明白了，非常感谢，顶礼磕头。

马祖就问：你明白了什么？就随便在这里磕头了？药山说：我

在石头希迁那里是蚊子叮铁牛，永远咬不进去。马祖说：如果真是这样的话，你自己好好保养护持。他究竟在马祖这里明白了什么呢？契入了什么？下面没有说，这就需要好好参了。

南师：这要参。读禅宗语录，不只是了解文字，这段看完了，丢开文字要回转来看自己。这样也不对，那样也不对，不对的也不对，你说怎么办？空也不是，有也不是，佛经教理提都不要提了，你不要跟药山谈教理，药山都通透，换句话说，佛经都放下，你懂的都不对，不懂的也不对，如何用心呢？这个时候究竟是个什么？就在这里参究了。石头和马祖讲的差不多是一样的话，两个人也没有电话沟通过，两位大师怎么讲得一样，他们怎么那么心心相印？可是药山在石头那里听了不懂，从石头那里又去参马祖，走路要很多天！走了很久，这么辛苦来见马祖，心里一直怀疑这个问题，结果见到马祖，同样的话，他为什么在这个时候忽然开悟了？明白了个什么？还是什么境界？这就是禅宗。下面没有注解，要你自己去体会，假设你是他，他是你，在那个环境中，你自己去参究体会。

这一段下面应该有些小字注解，这些注解我暂时叫你不要看，看了你们更迷惑。那是其他参通了的祖师们，与自己的门人道友的对话，精彩的记录，这些语录瞿汝稷平时看得很熟了，编《指月录》时把精要的记录放在下面，帮助你参究。不是作思想研究，是回转来观心，同他一样放下所有的道理，放下所有的工夫，身心都丢开，那是个什么？这是我用现代话给你们作一个注解，帮助大家如何去体会，也不讲观心，一讲观心，你们又上当了，又去观心了，当然你这样参究已经在观心了。

侍奉三年。一日祖问：子近日见处作么生？师曰：皮肤脱落尽，惟有一真实。祖曰：子之所得，可谓协于心体，布于四肢。既然如是，将三条篾，束取肚皮，随处住山去。师曰：某甲

又是何人,敢言住山。祖曰:不然,未有常行而不住,未有常住
而不行。欲益无所益,欲为无所为,宜作舟航,无久住此。

古道师:"侍奉三年",药山领悟了,跟在马祖身边作侍者,倒
茶倒水,服务做一切事,三年不容易的。有一天,马祖问他:"子近
日见处作么生?"

南师:近来你的心得怎么样?就是考问见地,跟了他三年都不
怎么管,当然马祖了解他的一切,有一天马祖突然问他近来的心
得。我也问过你们:最近怎么样?可是你们答得都牛头不对马嘴。

古道师:药山祖师说:"皮肤脱落尽,惟有一真实。"

南师:"皮肤脱落尽",等于抽筋扒皮,身体都没有了,只有一
样真的,形容自己修持的情况。

古道师:马祖说:"子之所得,可谓协于心体,布于四肢。既然
如是,将三条篾,束取肚皮,随处住山去。"

南师:马祖说既然这样,好啊,和尚很穷,你就拿三条篾捆住肚
皮,到山里找个茅棚。住山干什么?好好打坐去。没有吃的啊,不
是说你带一斗米啊,带一点菜去住山。不像我们叫古道师去洞山
盖茅棚,还有人护法出钱给你盖好。什么是贫僧?出家人穷得很,
有没有饭吃都不管,住山去,好好用功去。

古道师:药山说:"某甲又是何人,敢言住山?"

南师:师父啊,我算老几啊?可以一个人出去住山修行了吗?
他跟在师父旁边,很谦虚。

古道师:"祖曰:不然,未有常行而不住,未有常住而不行。欲
益无所益,欲为无所为,宜作舟航,无久住此。"

南师:师父,凭我现在这个见地,可以修定用功去了吗?马祖
一听,说:"不然。"反对他的意见,"未有常行而不住,未有常住而
不行"啊。你跟在我旁边,做事有功德,佢没有让你好好专修,一

定不行的啊,要求证啊。你将来好好修成了,出来度人啊,救一切众生的苦难,作苦海慈航,大慈大悲去度众生,你不要再跟在我身边了,自己去求证,打发他自修去。这是他们的教育方法。你们看密勒日巴的师父,给他种种折磨,禅宗对于这种大智慧人,不用折磨,只叫他好好求证去。

　　师乃辞祖返石头。一日在石上坐次,石头问曰:汝在这里作么?曰:一物不为。头曰:恁么即闲坐也。曰:若闲坐即为也。头曰:汝道不为,不为个甚么?曰:千圣亦不识。头以偈赞曰:

　　从来共住不知名　　任运相将只么行
　　自古上贤犹不识　　造次凡流岂可明

　　古道师:药山就告别了马祖,回到石头希迁禅师那里。有一天,药山在石头上打坐,石头希迁禅师问:你在这里做什么?药山说:"一物不为。"什么都不做。"头曰:恁么即闲坐也。"

　　南师:如果是这样,你就是空坐了?"闲坐",没有事无聊坐着,这是讲工夫境界了。

　　古道师:药山曰:"若闲坐即为也。"

　　南师:他说如果我心里有个清闲境界在,就是有为法了。就不是空,不是般若了,如果心里还有个闲坐的境界,那就是有为法了。

　　古道师:石头又问:"汝道不为,不为个甚么?"

　　南师:你说什么都没有,怎么叫什么都没有?

　　古道师:药山回答:"千圣亦不识。"

　　南师:他说这个境界,过去佛现在佛一切圣贤都看不到的。

　　古道师:"头以偈赞曰:从来共住不知名,任运相将只么行。自古上贤犹不识,造次凡流岂可明。"

南师：这四句你们文学程度够的人当然看得懂了,有一个东西从你妈妈生下你来,就跟你在一起的,你就看不见,两个相将作伴的,"只么行",就是这个样子啊!你从生下来以后,有个东西带来,跟你在一起的,你活到现在自己也看不见,两个永远在一起的。从古到今,一切神也好,佛也好,他们也不知道,也认识不到这个,这些马马虎虎的凡夫,普通人哪里知道。石头很认可他,所以药山最后是接石头的法统,马祖与石头两个人培养出来这样一位高明的大禅师,他本来学问很好,两个师父对他又那么千锤百炼。

　　石头垂语曰:言语动用没交涉。师曰:非言语动用亦没交涉。头曰:我这里针劄不入。师曰:我这里如石上栽花。头然之。

南师："言语动用",我们这样讲话,一切的动作,或者打坐做工夫,一切一切都同那个没关系。"非言语动用亦没交涉",离开一切作为,不用功打坐同那个也没关系。

古道师："头曰:我这里针劄不入。师曰:我这里如石上栽花。头然之。"

南师：石头上栽花,栽不栽得起来?石头希迁禅师说好啊,对了。这是禅宗用功,你们自己去体会。所有工夫都用不上,都不是,可是你不用工夫,不念佛,不打坐又不行,看你怎么办?这是禅宗的法门,《楞伽经》告诉你无门为法门,要你们自己当下悬崖撒手,自肯承当,绝后再苏,欺君不得。自己回去打坐,要自性自肯,这就是禅宗。

第二讲 药山惟俨禅师 二

二〇〇九年十二月三日

　　住药山后,海众四集。遵布衲浴佛,师曰:这个从汝浴,还浴得那个么? 遵曰:把将那个来。师乃休。

　　古道师:药山禅师离开石头希迁禅师,到药山去住,开堂说法了,"海众四集",很多僧众从四海来到这里,向他求道。有一天,遵布衲浴佛,遵布衲是一位老前辈,药山禅师曰:"这个从汝浴,还浴得那个么?"浴佛是四月初八,佛诞那一天给佛洗澡。

　　南师:四月初八浴佛节,一尊铜的佛像放在中间,大家一边供养,一边念咒,用净水给佛洗澡。药山问:你现在给这个洗澡,那个你洗得了吗? 那个即心即佛,真的心佛不是这个佛像。

　　古道师:"遵曰:把将那个来。"

　　南师:遵布衲是悟道的老前辈,嗨! 你拿那个来,我给你洗。

　　古道师:"师乃休。"

　　南师:他就回去了,碰到一个对手。那个无形无象,心即是佛,心佛众生三无差别,你向哪里去洗啊?

　　坐次,道吾云岩侍立,师指案山上枯荣二树,问道吾曰:枯者是? 荣者是? 吾曰:荣者是。师曰:灼然一切处,光明灿烂去。又问云岩:枯者是? 荣者是? 岩曰:枯者是。师曰:灼然一切处,放教枯淡去。高沙弥忽至。师曰:枯者是? 荣者是?

　　弥曰:枯者从他枯,荣者从他荣。师顾道吾云岩曰:不是不是。

　　古道师:药山坐在那里,道吾、云岩站在旁边。药山指着前面山上的一棵枯木,和一棵长得茂盛的树。

　　南师:你说那个死掉的是,还是茂盛的是? 道吾答覆他,那个茂盛的是。

　　古道师:"师曰:灼然一切处,光明灿烂去。"

　　南师:你不要以为他们在闲谈,其实随时在追问工夫与见地。药山看到前面两棵树,一棵死掉,一棵活着,你说哪个是? 道吾说活的是。药山就给他印证了,以他的见地工夫,测验他的前途。这是突然无心而问,无心而答。"灼然一切处,光明灿烂去。"你将来很了不起,前途很好啊。

　　古道师:药山又问云岩:"枯者是? 荣者是?"还是那句话,"岩曰:枯者是。师曰:灼然一切处,放教枯淡去。"

　　南师:好啊,你将来的前途,永远一个人住在山上,好好修道。在对话中间,他已经指示两个弟子将来弘法的前途,事业成就完全不同,也证明他们两个见地工夫,一个是大乘道的开放路线,一个是比较枯寂的专修路线。

　　古道师:"高沙弥忽至。"

　　南师:当时有一位姓高的沙弥,在家修行,可是很有名了,工夫见地也不错。

　　古道师:药山就问他:枯者是? 荣者是? "弥曰:枯者从他枯,荣者从他荣。师顾道吾云岩曰:不是不是。"

　　南师:他听了高沙弥这样答话,看看两个徒弟,不对不对。他并没有否定高沙弥,这就是禅宗的转语。

　　古道师:高沙弥的回答更洒脱。

　　南师:更彻底,所以高沙弥成就很大,他也不受戒,后来成为沙弥祖师。

　　院主报:打钟也,请和尚上堂。师曰:汝与我擎钵盂去。曰:和尚无手来多少时? 师曰:汝只是枉披袈裟。曰:某甲只恁么,和尚如何? 师曰:我无这个眷属。

南师:院主就是当家的和尚,请师父上堂说法。

古道师:"师曰:汝与我擎钵盂去。曰:和尚无手来多少时?"大和尚没有手多少时间了? 为什么叫我去拿? "师曰:汝只是枉披袈裟。"院主说:"某甲只恁么,和尚如何?"

南师:我只是这样,你说怎么办?

古道师:"师曰:我无这个眷属。"

南师:这是院主故意与大和尚开个玩笑,等于游戏三昧一样。

　　谓云岩曰:与我唤沙弥来。岩曰:唤他来作甚么? 师曰:我有个折脚铛子,要他提上掣下。岩曰:恁么则与和尚出一只手去也。师便休。

古道师:药山谓云岩曰:"与我唤沙弥来。"去把那个高沙弥给我叫来。云岩问:唤他来作什么? "师曰:我有个折脚铛子,要他提上掣下。"这个铛子是三脚的锅,一只脚断了,让他来提住。"岩曰:恁么则与和尚出一只手去也。"那么和尚你还要去搭上一只手。

　　园头栽菜次。师曰:栽即不障汝栽,莫教根生。曰:既不教根生,大众吃甚么? 师曰:汝还有口么? 头无对。

南师：丛林里专门管菜园的那个领班和尚叫园头师。

古道师：就跟我们现在讲的生产队长差不多。"栽即不障汝栽，莫教根生。"也不碍你栽菜，但是栽下去不要让它长根了。园头说："既不叫根生，大众吃甚么？"菜栽下去就是让它活的，你不让它长根，那大家吃什么？然后药山说："汝还有口么？"你还有嘴吗？"头无对。"园头师就回答不上了。

南师：这要参一参了。他说你栽菜不要生根，任何众生只要做了事，心里就栽了根，挖不掉了。能够种了不落根，是什么人啊？无心道人，空了得道了。园头不懂这个，他问：没有根怎么吃啊？药山就说：你还有嘴啊？

古道师：这个机锋他没有接到。这一段是药山平常接引教育的方法风格。

　　问：平田浅草麀鹿成群，如何射得麀中主？师曰：看箭。僧放身便倒。师曰：侍者拖出这死汉。僧便走。师曰：弄泥团汉，有甚么限。

古道师：一位僧人问药山禅师："平田浅草麀鹿成群，如何射得麀中主？"在很平的田地里，浅草中有很多这些四不像的动物，像鹿又不是鹿的一群，肯定是来祸害庄稼了。怎么能够把那只头鹿一下射倒呢？

南师：这个是讲什么？"平田浅草，麀鹿成群"，就是我们的妄念。

古道师：怎么能把那个贼王一箭射倒？"师曰：看箭。僧放身便倒。"药山一说看箭，那个和尚应声就倒在地上了。"师曰：侍者拖出这死汉。"药山就叫侍者把这个死人拉出去算了。"僧便走。"然后那个和尚爬起来就走了。

南师：药山说看箭，他就倒下了。你以为这个念头本来已经空了，但是你工夫还没有到，你以为没有身体了就不会中箭啊？

古道师："师曰：弄泥团汉，有甚么限。"

南师：这个家伙玩嘴巴的，像小孩子玩泥巴一样，还学什么佛？"有甚么限"，玩到几时为止啊？专门玩这些口头禅，不晓得玩到几时。

> 看经次。僧问：和尚寻常不许人看经，为甚么却自看？师曰：我只图遮眼。曰：某甲学和尚，还得也无？师曰：你若看，牛皮也须穿。

南师：你注意药山禅师的出身是怎么样的，博通经教，一切经论，佛学道理他都很通透。后来参禅，一概不看了，而且不准其他人看经书，越看工夫越不上路。可是有一天他自己拿了一本佛经在看，学禅宗的徒弟都很活泼的，师父啊，你平常都不准我们看经典，要我们好好用功，你怎么看起经来？我看经啊，遮遮眼睛。你们看经啊，把牛皮都看穿了。太用心神，佛法永远学不好。同样求学问，一个有智慧的人，书读了就懂了，开发智慧。反而靠死记硬背的人，为了考试一百分的，最后一点用处都没有。

你看他的教育法，他本来就是学问家，结果专修以后，他不准徒弟们研究佛学经典，不准搞学问。反而我们现在的教育，每个孩子都读成近视眼，考试都追求一百分，拼命拿到硕士博士，都是牛皮看穿了，屁用也没有，没有开悟智慧。教育的目的在于启发智慧。

> 师看经次。柏岩云：和尚休猱人得也。师卷却经云：日头早晚？岩云：正当午也。师云：犹有这文彩在。岩云：某甲无

亦无。师云：汝太煞聪明。岩云：某甲只恁么，和尚尊意如何？师云：我跛跛挈挈，百丑千拙，且恁么过。

古道师：有一天药山禅师在看经，柏岩说和尚你不要开玩笑了。药山就把经书卷起来了。

南师：注意为什么用卷，唐朝还没有发明印刷术，书是一卷一卷的竹简。所以关公读兵书，有些画家画的关公手里拿了一本纸书，画错了，汉代的书是一卷拉开来看的，内行一看，这个画错了。就像有一个画家，画两头牛打架，画得好极了，大家围着看都说这是名家手笔，画得真好。结果一个放牛童头钻进来，你们在看什么？两个牛打架，他嘻嘻一笑跑掉了。这个画家马上跑出去把他拉住，小朋友，你放牛的？对啊。你看我的画笑什么？没有什么啊！唉，你讲老实话，你笑什么？我笑你画得不对啊。有什么不对？牛打架，两个尾巴翘起来的？牛打架是后腿用力，尾巴夹在屁股里，不是翘起来的！

柏岩问药山：你平常不准我们看书，现在你自己看书，你不是开我们玩笑吗？药山把书卷起来，问："日头早晚？"那个时候没有钟表，柏岩就回答："正当午也。"等于中午十二点了。药山说："犹有这文彩在。"你有这么漂亮的文采啊！

古道师："岩云：某甲无亦无。"我连空的概念都没有。

南师：空都空掉了，没有文采在啊。

古道师："师云：汝太煞聪明。"

南师：药山说他：你太聪明了，口头禅，工夫没有到。

古道师："岩云：某甲只恁么，和尚尊意如何？"

南师：他说我只到这个程度。师父，你说怎么样？

古道师："师云：我跛跛挈挈，百丑千拙，且恁么过。"

南师：我每天急急忙忙，都在用功啊。

古道师:我也是这样很平常,就这么过。

南师:对了,悟了道,也是平常人,就这么用功,随时守戒。

> 师与道吾说:茗溪上世为节察来。吾曰:和尚上世曾为甚么?师曰:我痿痿羸羸,且恁么过时。曰:凭何如此?师曰:我不曾展他书卷。

古道师:药山对道吾说,茗溪前世做过节察使。道吾问药山前世是什么。药山说我又病又瘦,就这样过。道吾问:你为什么这样?

南师:"我不曾展他书卷",前面说茗溪做官,药山说我不读书,意思是不做书呆子,书呆子考功名就会做官嘛。

> 师晚参云:我有一句子,待特牛生儿,即向汝道。时有僧便出云:特牛生儿也,只是和尚不道。师唤侍者将灯来。其僧便抽身入众。

南师:请 A 同学讲这一段。

A 同学:这个特牛是什么意思?

古道师:小公牛犊。

A 同学:有一天晚上小参的时候,就像现在这样,吃过饭,老师就考考大家的工夫、见地。药山禅师说:我有一句话想告诉你们,但是必须等那个小公牛生了儿子,才对你们说。

古道师:那就是永远不能说了。

A 同学:这个时候就有一个和尚出来了,他说这个小公牛老早就生儿子了,就是和尚不肯说。

南师:药山马上就问:这是谁啊,是谁讲的啊?他没有看清楚。

A 同学：然后那个和尚就赶快退到大众里面去了。

古道师：这就像有人问如何是西来意，等你一口吸尽西江水，再向你说。实际上都是类似的教育方法。

　　师问庞居士：一乘中还着得这个事么？士曰：某甲只管日求升合，不知还着得么。师曰：道居士不见石头得么？士曰：拈一放一，未为好手。师曰：老僧住持事繁。士珍重便出。师曰：拈一放一，的是好手。士曰：好个一乘问宗，今日失却也。师曰：是是。

南师：庞蕴居士，马祖的弟子，两夫妻和女儿都是大彻大悟的人。

A 同学：药山禅师问庞居士，佛法是一乘法，没有什么大乘小乘，只有这一条路。既然是一乘法，那还有什么心是佛啊佛是心啊，还有这个事吗？这是我加的注解。

南师：加得好。

A 同学：庞居士就说：我啊，"只管日求升合"，这个"合"念"葛"，一升的十分之一为"合"。他说我没有这个观念，每天只知道吃口饭。药山禅师就说：人家不是说庞居士你已见过石头希迁禅师了吗？已经悟道了，你现在怎么这样说呢？庞居士说：拿一个放一个，这不算是好手。药山禅师就说："老僧住持事繁。"

南师：我一天到晚事情多得很啊，庙子上的事。

A 同学：庞居士说了句保重，就退了出去。因为老和尚说很忙，他就告退了。然后药山禅师就说："拈一放一，的是好手。"赞叹他确实是一个高手啊。

南师：提得起放得下，就对了。

A 同学：庞居士说："好个一乘问宗，今日失却也。"他说药山禅师问他:"一乘中还着得这个事么?"他说问得好,今日我输了。"师曰:是是。"药山禅师说:是的是的。

南师:这就是佛经讲的如是如是。

> 师因僧问:学人有疑,请师决。师曰:待上堂时来,与阇黎决疑。至晚上堂众集。师曰:今日请决疑,上座在甚么处? 其僧出众而立。师下禅床把住曰:大众,这僧有疑。便与一推,却归方丈。

A 同学:有一个和尚有疑问,向药山禅师请教。

南师:药山禅师眼睛看他一下,就有数了,晚上上堂再说。

A 同学:待上堂的时候来,帮你解决。药山禅师也是很客气,"阇黎"是老师的意思,他说晚上帮老师解决问题。

到了晚上上堂的时候,大众都集中在那里,药山禅师说:今天请问问题的是哪一位啊? 这个和尚就出来了,药山禅师本来盘腿打坐,就从座位上下来了,一把抓住他说:"大众,你们大家看,这个和尚有疑问!"又一下把他推开了,然后自己就回方丈室了。

南师:你说他答覆了问题没有? 这是禅宗。

古道师:他这样好像神经病。

A 同学:现在要是这样一推,可能会被告到公安局去了。

古道师:或者学生会把我送精神病院去了。

> 问饭头:汝在此多少时也? 曰:三年。师曰:我总不识汝。饭头罔测,发愤而去。

A 同学:药山禅师问做饭的饭头师:你在这里多长时间了? 饭头师说:已经三年了。药山禅师说:我怎么都不认识你呢? 饭头师一下就蒙了,很生气地走了。

古道师:我给你做了三年饭,你连我都不认识! 气得就走了。

D同学的批语:大和尚官僚主义。

> 问僧:年多少也? 僧云:七十二也。师云:是年七十二那?
> 僧云是。师便打。

古道师:药山禅师问一位僧人:你多大岁数了? 七十二了。你已经七十二岁了? 那个僧人说:是啊。这样就挨棒子了。

南师:七十二岁了,修行还没有开悟,那活着干什么?

古道师:不开悟也是罪过?

南师:对啊。

B同学:在丛林接受众生供养,几十年没修出成就,那是造孽。

南师:他用人就是这样,在他那里那么久,公司的共勉还不会背,就赶走了。

B同学:如果是领导,那得降一级。

古道师:这也是官僚主义。

C同学:他修那么久,生年都应该忘了,自己年龄还记那么清? 该打。

南师:对,对。

古道师:道家不问年。以前问过一位年长的道士:您老高寿啊? 不知道,反正出了家就长这么大了。

南师:山中无甲子,寒尽不知年。修行人应该忘记了时间空间。

> 朗州刺史李翱问:师何姓? 师曰:正是时。李不委,却问
> 院主。某甲适来问和尚姓,和尚曰正是时,未审姓甚么? 主

曰:恁么则姓韩也。师闻乃曰:得恁么不识好恶。若是夏时,对他便是姓热。

A同学:李翱问药山禅师姓什么,药山禅师没有直接回答他。院主说药山禅师姓韩,谐音姓寒,所以药山禅师说要是夏天,他就姓热了。

　　李初向师玄化,屡请不赴,乃躬谒师。师执经卷不顾,侍者曰:太守在此。李性褊急,乃曰:见面不如闻名。拂袖便出。师曰:太守何得贵耳贱目?李回拱谢,问曰:如何是道?师以手指上下曰:会么?曰:不会。师曰:云在青天水在瓶。李欣然作礼,述偈曰:

　　炼得身形似鹤形　千株松下两函经
　　我来问道无馀话　云在青天水在瓶

南师:李翱非常仰慕药山禅师,李翱是韩愈的弟子,唐代的大名士。

古道师:李翱听到药山的大名,请他好几次出来说法,药山禅师一直不肯出来。李翱就亲自到山上去拜访,药山禅师手执经卷,理都不理。

南师:药山拿着经书,头都不回,旁边的小和尚告诉他:太守来了。"李性褊急",李翱是个急性子的人,而且有一点暴躁,像谁呢?就像C同学年轻的时候,有点急躁,有话直说。李翱看药山是这个样子,就讲了一句:"见面不如闻名!"袖子一甩,准备走了。他觉得这个和尚太傲慢了,固然名气很大,理都不理,一点礼节都不给。李翱说:"见面不如闻名!"平常久闻大名,如雷贯耳,今日一见,不过如此。

药山回头一看他要走了,就说:太守啊,你何必贵耳而贱目呢?把耳朵看得那么贵重,而轻贱眼睛呢?难道你见一面就认识我了吗?太守一听有道理,马上回头就问:什么是道?药山禅师伸手天上一指,下面一指,说:你会吗?这就是道,这就是佛法。李翱说:我不会。"云在青天水在瓶",这就是道,天机活泼泼的,"鸢飞在天,鱼跃于渊",心是活泼泼的,心就是佛。会吗?"云在青天水在瓶。"

李翱一听,赶快合掌顶礼,他懂了。李翱作偈赞叹师父,"炼得身形似鹤形",可见药山高高瘦瘦。大家朗诵一下。(大众唱念)

李又问:如何是戒定慧?师曰:贫道这里无此闲家具。李罔测玄旨。师曰:太守欲保任此事,须向高高山顶立,深深海里行,闺阁中物舍不得,便为渗漏。

南师:李翱悟道以后又问:什么是戒定慧,佛道怎么修啊?药山禅师说:我这里没有这些闲家具了。什么戒定慧啊,什么安那般那啊,都没有,很彻底。

李翱一听不懂了,老师讲得太彻底了。你不是悟了吗?云在青天水在瓶,天机活泼泼的,还问什么是戒定慧?如何修行?药山禅师没有这些闲家具,李翱就搞不清楚了。他有没有心得?有心得,但是还不晓得如何用功。药山禅师说:你懂了这个,要"高高山顶立,深深海里行",闺阁中的那个丢不掉,永远不会成功。戒定慧已经答覆了,先要守这个戒,"闺阁中物舍不得",不会得定,第一要持戒,男女饮食关系,你看他多优雅,闺阁中物舍不得,终为渗漏。

A 同学:下面张商英有一首偈颂。

南师：到了宋朝，宰相张商英是寒士出身，本来不信佛，他的太太信佛，是高干子弟。张商英对太太没有办法，但他反对信佛，还要写一篇《无佛论》。有一天他看到太太正在看一本非常精美的书，你看的什么书啊？《维摩经》。你又看这个？太太把《维摩经》给他说：你看了这一本，才好写《无佛论》。他一看，完了，自己也信佛了。后来张商英也悟道，他对李翱在药山悟道的这一段，有一番评唱。

　　　云在青天水在瓶　　眼光随指落深坑
　　　溪花不耐风霜苦　　说甚深深海底行

南师：修行的工夫在文学里都讲完了。"云在青天水在瓶"，我现在不跟你们讲禅，念头空了，身心皆空，可是一般人认为懂了这一句就是悟道了，统统错了。

　　"眼光随指落深坑"是什么人啊？死人，人死了眼光都掉下来了。如果你认为这样就是悟道了，那你白搞了。药山禅师吩咐李翱以后怎么修行，虽然明白了空，你还要"高高山顶立，深深海底行"，诸恶莫作，众善奉行，尤其闺阁里的那个丢不掉，你没有希望了。

　　张商英也懂，"溪花不耐风霜苦"，修行是苦行的路，这个做不到，说什么深深海底行啊？在海底走路，那是"极高明而道中庸"，高高山顶立是极高明，起行的是深深海底行，修行做人做事是道中庸。你们啊，要深深海底行，谦虚地沉到底去，忍受一切折磨苦难，心中念念皆空，这样可以达到功德圆满。禅宗是这样的讲法，不是空谈道理。

　　师一夜登山经行，忽云开见月，大啸一声，应澧阳东九十

里许。居民尽谓东家。明晨迭相推问,直至药山。徒众曰:昨
夜和尚山顶大啸。李赠诗曰:

选得幽居惬野情　终年无送亦无迎

有时直上孤峰顶　月下披云啸一声

南师:有一天,药山禅师跑到山顶,打坐行香,忽然云开见月,
那个境界之好啊,他自己气也动了,"啊——"一声,九十里方圆都
听得见。你看他的修行成就,那个声气比你们厉害吧?

A同学:大家都以为是隔壁家的声音,第二天大家都在问:是
不是你叫的?

古道师:一直问到药山,才晓得是药山禅师。

南师:古道师很快也要到江西洞山,去复兴道场了,将来他在
那里,"有时直上孤峰顶,月下披云啸一声"。

古道师:结果连庙里的人都没有听见。

南师:《古文观止》中的《复性书》,就是李翱写的,把中国文化
与印度文化融会在一起,以明心见性解《大学》《中庸》,心就是佛。
李翱在药山禅师这里悟道,是中国文化的一个转捩点。

中国文化史上有一个大问题,大家都说韩愈反对佛教,他写
《谏迎佛骨表》,反对把法门寺的佛骨搬到长安供养,经济上损失
太大,社会承受不起。然后连带批驳了一些佛教和尚,因此皇上大
为震怒,把他下放到广东潮州。广东原来没有文化,因为韩愈的下
放,开发了广东文化;还有柳宗元被下放到广西柳州,开发了柳州
文化,所以两广文化发展是韩愈与柳宗元的功劳。韩愈本来是绝
对的儒家,他解释孔子讲的仁,什么是仁? 韩愈讲博爱之谓仁。后
世解释儒家都用这一句话,我是大加反对,这些人都搞错了,韩愈
是研究抄了墨子,世界上最早讲博爱的不是外国人,是墨子。韩愈
解释仁,偷梁换柱,偷了墨子的解释孔子,这是韩愈没有悟道以前

的事。

　　韩愈有个侄子就是韩湘子，八仙过海里面那个吹笛子的神仙。韩湘子要出家，韩愈很反对。有一天在韩愈的寿宴上，韩湘子忽然回来了，给他的叔叔祝寿。韩愈看到侄子出家做了道士，现在回来也不好骂了。侄子说：叔叔啊，我给你放个烟火做礼物吧。他就在大厅里放出烟火，烟火中显出两句诗："云横秦岭家何在，雪拥蓝关马不前。"烟火放得很闹热，韩愈当作小孩子乱玩，算了。过了几个月，韩愈上了《谏迎佛骨表》，结果被下放，冬天骑马经过秦岭，下雪天这一条路很难走，韩愈写了一首诗：

　　　　一封朝奏九重天　　夕贬潮阳路八千
　　　　欲为圣明除弊事　　肯将衰朽惜残年
　　　　云横秦岭家何在　　雪拥蓝关马不前
　　　　知汝远来应有意　　好收吾骨瘴江边

　　我当时上报告的时候，已经下了决心，皇帝要杀就杀吧，我也老了，死就死吧。现在下雪天骑在马上，一路很痛苦，作了前四句诗作不下去了，忽然一望，哟，好像韩湘子在前面啊，好像在给他领路。这个孩子出家，人家说他得道了，韩愈就想起了这两句："云横秦岭家何在，雪拥蓝关马不前。"这首诗就接下去了。好像看到韩湘子，叫他他也不回头，就在前面走，"知汝远来应有意，好收吾骨瘴江边"。好啊，人家说你得道了，你果然以前已经警告我了，现在你在前面领路，恐怕到潮州我会死在那里，将来请你收拾我的骸骨。因此，韩愈到潮州以后就参访大颠禅师了，你们先看看《指月录》的大颠和尚这一段。

　　　韩文公一日相访，问：师春秋多少？师提起数珠曰：会么？

公曰：不会。师曰：昼夜一百八。公不晓，遂回。次日再来，至门前见首座举前话，问意旨如何。座扣齿三下。及见师理前问，师亦扣齿三下。公曰：元来佛法无两般。师曰：是何道理？公曰：适来问首座亦如是。师乃召首座问：是汝如此对否？座曰：是。师便打趁出院。

古道师：有一天，韩愈去拜访大颠禅师，问禅师多大年纪了，禅师把念珠拿起来给他看，问他明白没有，韩愈说不明白。念珠刚好一百零八颗，昼夜都在转。

南师：大颠没有直接答覆他，随时在念佛。

古道师：韩愈不懂就回去了。第二天又来了，走到门前看到首座和尚。

南师：他说我昨天问老和尚多大年纪，老和尚不答覆我，拿念佛珠，说昼夜一百零八，不晓得什么意思。这个首座就把牙齿叩了三下。韩愈还是不懂，就进去看大颠和尚，就说昨天我问你多大岁数，你的回答我还是不懂啊。大颠和尚也叩齿三下，韩愈一看，真奇怪，那个首座和尚跟你一样的动作，原来佛法没有两样的啊。好像懂又好像不懂。

古道师：看来这个庙里的和尚都一个毛病。

南师：大颠问：你为什么这么说呢？韩愈说：我刚才在门口问首座和尚，他也是把牙齿叩了三下；现在问你，你也把牙齿叩了三下。有这个事啊？你把那个首座找来！大颠问首座：刚才韩长官问你，你把牙齿叩三下吗？他说：对啊。大颠就拿棒子把首座赶出去了！

古道师：两个人都一样，只许州官放火，不许百姓点灯。

文公又一日白师曰：弟子军州事繁，佛法省要处，乞师一

语。师良久。公罔措。时三平为侍者,乃敲禅床三下。师曰:
作么? 平曰:先以定动,后以智拔。公乃曰:和尚门风高峻,弟
子于侍者边得个入处。

南师:这个时候韩愈学佛求道还不死心,两次吃瘪,他又来了。
这天见到大颠禅师,自称弟子:我的公事很忙,佛法最简单扼要的
能不能告诉我一句? 师父听了半天都不说话,韩愈不知所措。当
时大颠和尚得法悟道的弟子三平和尚,后来也是大禅师,正在做侍
者。师父坐在床上,三平在那个床上就敲了三下,大颠就问:你作
什么? 三平就讲道理了:"先以定动,后以智拔。"这是讲道理了,
他看韩愈懂不了,告诉他先做工夫,好好打坐,定久了智慧就打开
了。韩愈说:师父啊,你的门槛太高了,进不来啊,大师兄告诉我一
个路。

古道师:这个三平和尚后来在福建影响非常大,人们称他三平
祖师,有人生病,他吹一下、摸一下就好了,神通广大。直到现在三
平祖师的庙里还是香火旺盛,厦门那边通常挂一个戴帽子的圣像,
那不是地藏王,就是三平祖师像,汽车里面都喜欢挂,祈求三平祖
师保佑。

第三讲　药山惟俨禅师　三

二〇〇九年十二月四日

师坐次。僧问:兀兀地思量甚么?师曰:思量个不思量底。曰:不思量底如何思量。师曰:非思量。

南师:这是打坐的道理,但是要自己体会,你不要以为文字懂了。

问:己事未明,乞和尚指示。师良久,曰:吾今为汝道一句亦不难,只宜汝于言下便见去,犹较些子,若更入思量,却成吾罪过,不如且各合口,免相累及。

古道师:有人问药山禅师:自己修行的事没有明白,请师父给我指示。药山禅师缄默了良久,然后说:我今天给你讲一句明白的话倒是不难,只要你在这一句中能够当下承当去,这样还有点意义;但如果你又去思量研究,那就成了我的罪过了,不如咱们各自闭口,都别讲了,你也别问,我也不给你说,免得互相牵累。

师令供养主抄化。甘贽行者问:甚处来?曰:药山来。甘曰:作么?曰:教化。甘曰:将得药来么?曰:行者有甚么病?甘便舍银两锭,意山中有人必不受此。主归纳疏。师问曰:子归何速?主举前话。师曰:速送还他,子着贼了也。主遂送还。甘曰:由来有人。益金以施。

　　古道师:供养主去化缘,碰到一个甘贽居士,问:你从哪里来的? 供养主就回答:从药山来的。甘贽又问:来干什么? 供养主说:我是来化缘的。甘贽问:那你带什么药来没有? 供养主就反问他:你有什么病吗? 甘贽就不讲话了,拿出两锭银子给他,心想药山那里肯定不会收这个银子。化缘的供养主回来,把钱交上去了,药山禅师就问:你怎么这么快就回来了? 供养主把这一段对话说了,药山就说:你赶快拿去还给他,你着了贼了。供养主就赶快把银子还回去了。

　　A 同学:甘贽之前想着山上如果有人懂得,一定会把钱送回来的,果然现在供养主又送回来了,就说山上真有高人啊,就又多供养一些。

　　古道师:这是什么道理呢? 为什么说他着贼了? 是不是嫌钱少?

　　南师:药山是何等人啊? 那时候他们都是在参究见道没有? 开悟没有? 这个甘贽当然知道药山禅师,他要看看这个化缘主有没有见地,哪里来的? 药山来的? 那你带什么药来? 这个化缘主并不是没有工夫见地,也有一套的。

　　D 同学:甘贽是南泉普愿的徒弟,还接引了雪峰义存呢。

　　南师:这些人都是在家参究开悟的,今天碰到对手了。

　　古道师:为什么说他今天着了贼呢?

　　D 同学:遇到对手了,碰到作家了。

　　南师:甘贽赞叹山上果然有高人,又加了些供养。

　　古道师:这个药山和尚,嫌这二两银子还是少了点。

　　南师:不是银子多少的问题。

　　古道师:供养主就是丛林里负责化缘的和尚,化缘回来供养大众,也叫缘头。

D 同学:他出去化缘,碰到甘贽,甘贽与他机锋对答,他也是机锋对答,反问甘贽:你有什么病啊?甘贽也没有回答,就拿了两锭银子给他,可见甘贽懂嘛。供养主拿了银子回去,药山当然责怪他了,那个居士可不是一般的施主,就还给他吧。

南师:也不是真还给他,都是机锋,就是表示你的意思我们也知道。所以你将来住洞山,派人出去化缘碰到 D 同学,D 同学说:哪里来的啊?古道那里来的。噢,古道?就给二十块钱算了。不过你回去,恐怕山里有人不接受。

古道师:D 同学问那个人,古道还有力气吃饭没有?

　　师久不升座。一日,院主白云:大众久思和尚示诲。曰:打钟着。时大众才集定,便下座归方丈。院主随后问云:和尚许为大众说话,为甚么一言不措?师曰:经有经师,律有律师,争怪得老僧?

古道师:药山和尚很久没有上堂说法了,有一天当家的和尚就跟药山禅师说:大家都很盼望你开示。药山说:那你去敲钟吧。钟一敲,大家刚刚集合到一起来,结果老和尚就下座回方丈去了。当家和尚随后跟着去问:你为什么一句不讲就回来了呢?药山禅师说:有专门讲经的法师,也有专门讲戒律的律师,你怪我作什么?老和尚偷懒,他博通经律,装作不懂。

南师:禅堂不是讲经说法的地方,大家真修持的见地是什么?等于我已经讲过了,无言可说,那个才是佛法,戒律都在内。言语道断,心行处灭,结果哪有那么多文章思想?有什么话可讲?扬眉瞬目,天天都在开示啊,这就是禅宗。

古道师:与药山禅师比起来,我们的老师是辛苦多了,一讲好几个小时。关键我们都不是药山的这些徒弟,要是碰到药山的那些徒弟,老师也是不用讲了。

D 同学:经师、律师都不肯上堂,所以老师就全讲了。

> 问:学人拟归乡时如何? 师曰:汝父母遍身红烂,卧在荆棘林中,汝归何所? 曰:恁么则不归去也。师曰:汝却须归去。汝若归乡,示汝个休粮方子。曰:便请。师曰:二时上堂,不得咬破一粒米。

古道师:有个人问他,学生准备回家去。

南师:你注意,他这样讲不是要回俗家去。万缘放下,一念不生,回这个家去。药山禅师说:你家里的父母遍身都烂掉了,你杂念那么多,还能回家稳坐吗? 那个和尚说:这样我就不回家了。

古道师:药山禅师回答:但是你应该回去。你如果回去,我告诉你一个断粮的方法,就是辟谷的方法。他说:请师父告诉我。药山禅师说:早上中午二时上堂吃饭,不要咬破一粒米。

南师:你看看天天吃饭,不咬破一粒米,你做得到吗?

D 同学:就是说二六时中,都不散乱。

南师:这是禅宗,一涉思量,就统统不是了。

古道师:如果登先生就可以回答:我本来就不吃,咬破什么米? 然后转身就回去了,老和尚一看没有办法。

南师:赵州和尚说:老僧二六时中,除二时粥饭,无别用心处。勉强可以解释,讲实际工夫,随时随地都在定慧中。

> 师与云岩游山,腰间刀响。岩问:甚么物作声? 师抽刀蓦口作斫势。

南师：唐宋时和尚都有戒刀。我们在八九十年前，当兵身上挂一把短剑，叫军人剑，战场上如果真打不下去，自己抽剑自杀。为什么有三武一宗之难？有些坏和尚拿戒刀来抢劫杀人，后来就把戒刀收了，衣服上只留个带子。

古道师：药山、云岩师徒二人吃了饭游山经行，走路时戒刀发出声音，云岩就问药山禅师：什么东西在响？

南师：他们两个都知道是戒刀在响，明知故问：这是什么声音啊？

古道师：结果师父把刀抽出来，迎面做一个砍人的姿势。

南师：两个人好像开一个玩笑，就是要断了妄念。

上堂。祖师只教保护，若贪瞋起矣，切须防御，莫教桄触。是你欲知，枯木石头，却须担荷，实无枝叶可得。虽然如此，更宜自看，不得绝却言语。我今为汝说这个语，显无语底，他那个本来，无耳目等貌。

古道师：药山禅师上堂开示，祖师们只是让我们好好保护自己的念头，贪瞋痴这些念头不是不起，但是要防护好，不要被这个贪瞋动摇了，是要防护，但是不要纠缠在一起。

南师：你想做到贪瞋痴慢都不起，心思死了，像一个枯木石头，那是枯禅。你要做到一念不生，随时任何善恶念都不起了，不但贪瞋痴慢，任何微细杂念都没有，虽然如此，如果工夫做到这样，这个里头还要看清楚，不要认为这个是悟道；你要会讲话，会动作，此心一点都没有乱过，定慧双修。我现在跟你讲这些话，那个无言语可说，无文字可谈。

古道师：今天讲这些言语，让你明白的那个是没有相貌的，非耳目之所到。

南师：他讲到这里，有个和尚就出来问了。

时有僧问：云何有六趣？师曰：我此要轮，虽在其中，元来不染。问：不了身中烦恼时，如何？师曰：烦恼作何相状？我且要你考看。更有一般底，只向纸背上记持言语，多被经论惑，我不曾看经论策子。汝只为迷事走失，自家不定，所以便有生死心。未学得一言半句，一经一论，便说甚么菩提涅槃，世摄不摄，若如是解，即是生死。若不被此得失系缚，便无生死。

南师：六道轮回，我虽然在这个轮回里滚来滚去，但不会受染污，并不是断除六道轮回，就在这里面滚，要你认得这个。这一段讲得多好，多重要啊。多少修持的道理，统统讲透了。

D同学：身体觉受、心中的烦恼了不了，怎么办？空不了，断不了。药山禅师就说，你的烦恼什么样子，拿来我看。现在一般学佛修道的人，就是拿一本书，背一点奇言妙语，被经论迷惑了。你应该超越这些，不要被迷惑，我不会整天寻经摘句，考据论证，玩弄思想。你自己搞不清楚，迷惑了，所以心地不定，因此就有生死轮回了。还没有学得怎么样，就像古道师碰到一些人，刚学一两个月，或者三五年，就开始讨论菩提涅槃，没有好好用功，基础很浅，好高骛远，脚不点地。如果是这样，还是困在生死轮回中；如果超越了这些，不被得失是非困住，那就有点希望，可以超越生死。

汝见律师，说甚么尼萨耆突吉罗，最是生死本，虽然怎么，穷生死且不可得。上至诸佛，下至蝼蚁，尽有此长短、好恶、大小不同，若也不从外来，何处有闲汉掘地狱待你。你欲识地狱道，只今镬汤煎煮者是。欲识饿鬼道，即今多虚少实、不令人信者是。欲识畜生道，见今不识仁义、不辨亲疏者是。岂须披毛戴角，斩割倒悬。欲识人天，即今清净威仪，持瓶挈钵者是。保任免随诸趣，第一不得弃这个，这个不是易得。须向高高山顶立，深深海底行，此处行不易，方有少相应。如今出头来，尽是多事人，觅个痴钝人不可得。莫只记策子中言语，以为自己见知，见他不解者便生轻慢，此辈尽是阐提外道。此心直不中，切须审悉，恁么道，犹是三界边事。莫在衲衣下空过，到这里更微细在，莫将谓等闲，须知珍重。

南师：你看药山禅师批评了那么多，现在更为严重，古今一样，他讲得很清楚，不是随便骂人。

A同学：一般讲戒律的人，动不动就说这样犯了重罪了，药山禅师说这就是生死的根本。

南师：一天到晚计较人我是非善恶，就困在戒律里了。

A同学：虽然戒律守得好，想了脱生死，像这样下去是不可能的。

南师：虽然把是非善恶分得很清楚，规规矩矩做人，但你想要了生死，是不可能的。

A同学：从诸佛到一切蠢动含灵，有长有短，有好有不好，有善有恶，有大有小，假如我们能从一念上，明白自心的这一念不离佛性，明了佛性不是从外面得来的，不着外面的现象，那这个地狱是谁挖的呢？哪有一个人那么无聊去挖一个地狱等着你？天堂地狱都是自己造的。你想了解地狱道是什么样？我们有时候一念瞋心，或是害人的心，像在烧油锅中翻滚，这一念已经是地狱了。饿鬼道，就是做人爱吹牛，不踏实，多虚少实。畜生道，是做人不管仁义，不管自己的父母师长，像这样的人，哪里需要等到来生，现在这些行为就已经表现出来了。

南师：拿现在的话，起心动念，人的兽性发作，这就是现成的畜生道了。

A 同学："欲识人天"，就是外现威仪，内心清净。"保任免随诸趣，第一不得弃这个。"你要认得心就是佛，当下这一念心，时时清净，能够随时保持这样，"须向高高山顶立，深深海底行"。

南师："高高山顶立"，一念不生，忘我忘人。"深深海底行"，极高明而道中庸，行为处处要小心，事无大小都是戒律。

A 同学：必须这样戒慎恐惧，如履薄冰，如临深渊，这样才有少许相应。现在投胎出世的人，都是多事之人，让他闲着都闲不了，都是玩聪明，想要找一个踏踏实实、老实修行的人都很难。不要拿佛讲的道理，当作自己的知见，以为自己懂了，生起傲慢心，背得一句两句，以为自己已经做到了，看到别人不了解这些道理，就看不起人家，"此辈尽是阐提外道"，这些都是善根不具的外道中人。

直心是道场，念念在空灵中，必须要仔细省察自己，这样还没有跳出三界。穿着出家衣服，不要空过时光，到了这种境界，更要仔细用功。

南师：最后药山很客气，不要马马虎虎听过去啊，大家保重。

　　太和八年十一月六日。临示寂，叫曰：法堂倒，法堂倒。众皆持柱撑之。师举手曰：子不会我意。乃告寂。弟子奉全身，塔于院东隅。

古道师：药山要走了，大叫：法堂倒了，法堂倒了！结果大家都拿着木头去撑法堂，药山说你们不明白我的意思，算了，走了。

第四讲　云岩昙晟禅师

《指月录》卷十二

二〇〇九年十二月五日

潭州云岩昙晟禅师,钟陵建昌王氏子,少出家于石门,参百丈海禅师,二十年。因缘不契,后造药山。山问:甚处来?曰:百丈来。山曰:百丈有何言句示徒?师曰:寻常道,我有一句子,百味具足。山曰:咸则咸味,淡则淡味,不咸不淡是常味,作么生是百味具足底句?师无对。山曰:争奈目前生死何?师曰:目前无生死。山曰:在百丈多少时?师曰:二十年。山曰:二十年在百丈,俗气也不除。

古道师:潭州就是现在湖南的长沙,钟陵建昌是在江西南昌。云岩禅师很小的时候就在石门出家,石门是现在湖南的石门县,后来他参访百丈禅师,在百丈那里住了二十年,但是因缘不契,没有开悟,云岩就去参访药山禅师。药山问他:你从哪里来的?云岩回答:从百丈禅师那里来的。药山禅师问:百丈用什么话开示徒众?云岩回答:百丈禅师平常说:我有一句话,百味具足。药山就问:咸的是咸味,淡的是淡味,不咸不淡的就是家常味,那什么是百味具足的句子呢?云岩回答不上来。药山禅师就说:那你怎么解决这个生死问题啊?云岩说:目前没有生死问题。药山就问:你在百丈那里待了多少年?云岩说:待了二十年。药山禅师说:你在百丈禅师那里二十年,还不免俗气。

南师:你们参禅注意这里的问答,百丈禅师说:我有一句话,百味具足。这是一个话头，接引人的。云岩搞不清楚，药山一看就知道他还没有开悟，进一步逼问：咸则咸味，淡则淡味，你说说看，怎么一句话是百味具足？你到现在还弄不懂？然后又问：你参禅那么久，生死大事怎么样了？人生最大事，莫过于生死问题。云岩说：我目前没有这个问题。换一句话说，他还不能彻底了脱生死的问题。药山说你在百丈那里住了二十年，还离不开俗气，还是一个普通人啊。这个话就很严重了，你看《指月录》不要被文字骗住了，你必须要回到现场，把自己当成云岩禅师，云岩一到药山，就挨了药山禅师的批评，出家跟随明师参禅二十年，一点影子都没有，还脱离不了俗气。

　　他日侍立次。山又问：百丈更说甚么法？师曰：有时道三句外省去，六句内会取。山曰：三千里外，且喜没交涉。

　　古道师：昨天我琢磨半天，这三句是哪三句，六句也不知道是哪六句。

　　南师：你搞错了，这三句六句不是固定的话，不要拿教下的句子比照，现在他不是讲教理啊，是直接讲工夫见地。你要向六根内反省自己，否则三千里外，毫无关系，几十年白学佛了。

　　古道师："师曰：有时道三句外省去，六句内会取。山曰：三千里外，且喜没交涉。"药山是不是笑百丈禅师？

　　南师：他不是笑百丈禅师，是说云岩，你一点影子都没有。

　　山又问：更说甚么法？师曰：有时上堂，大众立定，以拄杖一时趁散，复召大众，众回首。丈曰：是甚么？山曰：何不早恁么道，今日因子得见海兄。师于言下顿省，便礼拜。

南师：药山禅师批评完了又问：百丈禅师平常还有什么说法？云岩说：百丈有时候上堂，大家才一站定，他拿着拐棍，去去去，统统回去！等到大家出去了以后，唉，你们怎么走了？大家一回头，百丈说：这个是什么？换一句话，现在你们和我（南师）在讲话，对不对？（众答：是。）这个是什么？是什么在听？百丈告诉大家上课了，传法了，等大家站好，他又把大家赶跑了，下去下去！他很威严的，大家准备走了，唉，你们怎么走了？大家回头，他趁大家正回头，又问：这个是什么？

古道师：药山禅师说：你怎么早不这样说呢？因为今天你说这个话，我算是认识了百丈怀海禅师了。结果云岩禅师言下有省。

南师：有省不是大悟，这里你要注意，云岩懂了一点。你看看，百丈把大家赶走，他那个威风很大的，等大家要回头走了，百丈又说：你们怎么走了？大家一回头。"这是什么？"当时有没有人悟，不知道。药山一听就说：哎呀，你怎么不早说呢？因为这一句，云岩反而有省，懂了佛法了。这是什么道理？学密宗的人注意，这是大秘密了。

一日山问：汝除在百丈，更到甚么处来？师曰：曾到广南来。曰：见说广州城东门外有一片石，被州主移去，是否？师曰：非但州主，阖国人移亦不动。山又问：闻汝解弄师子，是否？师曰：是。曰：弄得几出？师曰：弄得六出。曰：我亦弄得。师曰：和尚弄得几出？曰：我弄得一出。师曰：一即六，六即一。

古道师：有一天，药山又问云岩：你除了到过百丈禅师那里，还去过哪里？云岩说：曾经到过广州。药山说：听说广东城门外有块石头，被州官移走了，是不是啊？云岩说：别说州官了，就是全国的人去移都移不动啊。

南师:药山听他这样说,就又问了:听说你很会玩狮子?手里拿个球舞狮。云岩说:是,没有出家以前会玩。药山问:你每次玩几出戏啊?云岩说:我玩六出戏。药山禅师说:我也会玩。云岩说:师父,你玩几出?药山说:我玩一出。云岩说:一出就是六出,六出就是一出。他们两个不是讲笑话,是借这些话测验工夫与见地。你除了百丈那里以外还到过哪里?还去过广州。药山说,听说广州城外有块石头,被州官搬走了,当然有这个故事,药山问这个干什么?那个如如不动的,谁也拿不动,这是因为云岩自从上次有省以后,他随时都在定中。那么你看药山的教育方法,就接着讲别的,听说你以前会舞狮子?他说会啊。药山禅师晓得这个时候他的工夫有一点到了,有一点像样了,就说我也会玩,你会六下,我会一下。云岩说六就是一,一就是六,六识就是一念,一念就是六识,都没有妨碍。

　　后到沩山。沩问:承闻长老在药山弄师子,是否?师曰:是。曰:长弄有置时?师曰:要弄即弄,要置即置。曰:置时师子在甚么处?师曰:置也置也。

南师:这时云岩稍有成就了,有一天去沩山那里参学,他与药山的对话已经传出去了,所以沩山就问云岩:听说你在药山玩狮子,有这个事吗?他说有这个事。沩山又问:你常常玩狮子,什么时候放下啊?云岩说要玩就玩,要放下就放下,提得起放得下,念念皆空就入定了。沩山又问:放下时放到哪里?云岩说:放下了,放下了。

　　师煎茶次。道吾问:煎与阿谁?师曰:有一人要。曰:何不教伊自煎？师曰：幸有某甲在。

古道师：有一天，云岩禅师在煎茶，师兄道吾问他：你煎茶给谁喝呢？云岩说：有人要喝。道吾接着问：那为什么不让他自己煎呢？云岩说：幸好有我在。

南师：做人做事要有我，修行的时候放下是无我。

师问石霜：甚么处来？曰：沩山来。师曰：在彼中得多少时？曰：粗经冬夏。师曰：若恁么即成山长也。曰：虽在彼中却不知。师曰：他家亦非知非识。石霜无对。

古道师：云岩问石霜：从哪里来？石霜说：从沩山来的。云岩问：在那里多长时间了？石霜说：大概待了一年。云岩说：那你已经是长老了吧。石霜说：我虽然在那里待了一年，但是还没有明白。云岩说：他家别处也不明白。石霜就回答不上来了。

住后。僧问：二十年在百丈巾瓶，为甚么心灯不续？师曰：头上宝华冠。曰：意旨如何？师曰：大唐天子及冥王。

南师：住后，等于云岩悟道以后开始住山了，开堂说法了。

古道师：有一天，一个僧人问云岩禅师：你在百丈禅师那里二十年，为什么没有明心见性呢？云岩说：你这是头上安头的话，本来具足，还续个什么？

南师：头上宝华冠，每个人本来就有的，戴在头上就看不见了。

古道师：这个和尚还不明白，到底是什么意思呢？

南师：那是大唐天子与冥王。

上堂示众曰：有个人家儿子，问着无有道不得底。洞山出
问曰：他屋里有多少典籍？师曰：一字也无。曰：争得恁么多
知？师曰：日夜不曾眠。山曰：问一段事还得否？师曰：道得
却不道。

古道师：云岩禅师有一天上堂开示：有一个人家的孩子，你问
他，他什么都知道，没有回答不上来的。洞山就问：他屋里到底藏
了多少书啊？云岩说：一本都没有。洞山说：那他怎么知道那么多
知识？云岩说：他黑夜白天都不睡觉的。洞山又问：那问他一件事
可以吗？云岩说：可以啊，但是不能告诉你。我们的本心自性，灵
明不昧，实际上从来没有休息，二六时中，恒时如此，不论天堂地
狱，永远是那么样，只是认得不识得，要靠每个人自己悟透，说给你
的还不是。

南师：还有一段公案，有一个人读了很多书，无所不知，有一天
他问师父：禅宗讲明心见性，心就是佛，这个心具备一切戒定慧，神
通具足，智慧圆满，这个心究竟是怎么一回事？师父说：你问得好，
你读书破万卷了？你的心不过拳头这么大，万卷书怎么放得进来
啊？这个读书人听了就开悟了。

问僧：甚处来？曰：添香来。师曰：还见佛否？曰：见。师
曰：甚么处见？曰：下界见。师曰：古佛古佛。

古道师：一天，云岩问一位僧人：从哪里来？他说：刚上完香过
来。云岩问：那你见到佛没有？他说：见了。云岩又问：在哪里见
到的？他说：在下面见的。云岩就说："古佛古佛。"佛性遍一切
处，无处不在。

道吾问:大悲千手眼,那个是正眼? 师曰:如人夜间背手摸枕子。吾曰:我会也。师曰:作么生会? 吾曰:遍身是手眼。师曰:道也太煞道,只道得八成。吾曰:师兄作么生? 师曰:通身是手眼。

古道师:道吾问云岩:大殿里的千手千眼菩萨,每只手上都有一个眼睛,并且眉毛中间还有一个眼睛,不知道哪个是正眼? 云岩说:就像一个人在夜里没有灯光,背着手摸枕头一样。然后道吾说:我明白了。云岩就说:你明白了什么? 道吾说:"遍身都是手眼。"云岩说:你虽然说得好,还只明白了八成。道吾说:那师兄你怎么解释? 云岩说:"通身是手眼。"

扫地次。道吾曰:太区区生。师曰:须知有不区区者。吾曰:恁么则有第二月也。师竖起扫帚曰:是第几月? 吾便行。

古道师:有一天,师兄弟们在扫院子。道吾说:原来这个事也没那么复杂,也就是这个样子。云岩就说:你要知道有一个不一般的。道吾说:师兄这样讲的话,那就有第二个月亮了? 云岩禅师就把扫帚立起来,问:这是第几月? 道吾不理掉头就走了。道吾也不上当,没看到一样,全体即是,管你第二个月不第二个月,他走了,对自己还是自肯的。不知道这么理解对不对?

南师:对,对。

问僧:甚处来? 曰:石上语话来。师曰:石还点头也无? 僧无对。师自代曰:未语话时却点头。

古道师:这个比较麻烦。

南师:这一段可以跳过去,再参究参究。

　　师作草鞋次,洞山近前曰:乞师眼睛得么?师曰:汝底与阿谁去也?曰:良价无。师曰:设有,汝向甚么处着?山无语。师曰:乞眼睛底是眼否?山曰:非眼。师便喝出。

古道师:有一天,云岩禅师正在编草鞋,洞山禅师过来跟师父说:能不能把老师的眼睛借给我?云岩说:你的眼睛给谁了?洞山说:我没眼睛。云岩说:假设你有眼睛,你放在哪里?洞山不讲话了。云岩又说:你向我要眼睛的那个是眼睛吗?洞山说:不是眼睛。云岩就把他喝出去了。

　　僧问:一念瞥起,便落魔界时如何?师曰:汝因甚么却从佛界来?僧无对。师曰:会么?曰:不会。师曰:莫道体不得,设使体得,也只是左之右之。

古道师:有一个和尚问云岩禅师:如具一念妄想起来,就会落到魔界,该怎么办?云岩说:那你为什么从佛界下来?本来一念清净,你来魔界做什么?那个和尚答不出来。云岩又问:明白了吗?他说:不明白。云岩禅师说:别说你没有明白,就算明白,也是马马虎虎的。

　　院主游石室回。师问:汝去入到石室里许,为只恁么便回?主无对。洞山代曰:彼中已有人占了也。师曰:汝更去作甚么?山曰:不可人情断绝去也。

古道师:有一天,当家和尚去游石室,可能离云岩这边不远,那里有石室禅师的道场。云岩禅师就问他:你去到那边,没去多远,怎么这样就回来了? 这个院主无法回答。洞山良价禅师就出来代为回答:那边已经有人占了,所以回来了。云岩就说:那你还去干什么?"山曰:不可人情断绝去也。"

南师:有人也要看一看嘛,不要断绝了人情。

　　裴大夫问僧:供养佛,佛还吃否? 僧曰:如大夫祭家神。大夫举似师。师曰:有几般饭食,但一时下来。师却问神山:一时下来后,作么生? 神山曰:合取钵盂。师然之。

南师:裴休,唐代的名相,圭峰宗密大师的弟子,把儿子也送去出家了。

古道师:裴宰相问一个僧人:你们这样供养佛,佛吃不吃啊? 僧人说:就像你们在家里祭灶神,也是一个道理。裴休就把这件事给云岩禅师讲了,结果云岩禅师对裴休说:那里有多少吃的东西啊,一下全拿来吧。然后云岩又问另一个人神山:那些饭现在都送来以后,我们该怎么办? 神山说:那正好拿碗去。云岩禅师就说:对了,对了。

　　会昌元年,辛酉十月二十六日示疾,命澡身竟,唤主事令备齐,来日有上座发去。至二十七夜归寂。荼毗得舍利一千余粒。瘗于石塔。

古道师:唐武宗会昌元年,云岩禅师临去世前,微微示现了一点不舒服,洗完澡,让人准备供养大众,说明天有个老前辈要走了。到第二天晚上他就走了,荼毗得舍利一千多颗。

第五讲 洞山良价禅师 一

《指月录》卷十六

二〇〇九年十二月六日

南师：禅宗的传统，佛法的中心是什么？不要搞错了，以为只是语录故事。对于每一位祖师，都是抽出要点记录他悟道的因缘，以及他接引后学悟道的故事，记下当时精彩奇特的话语，并不是连续的一整篇。悟道以后，要注意祖师的上堂法语、普说，这是重点。

第二，在禅宗语录里你看不到祖师的修持，一点都看不出来，一位禅师的语录多则一二十页，几个钟头就读完了，他一生几十年，就天天坐着这样说笑话一样过一生吗？他的修持，他的影响力，他的做人做事，在这些语录中很少见。所以你只通过读这些书学禅宗，往往变成狂禅，以为佛法就是这样，两三句就开悟了，自己也开悟了，那就笑死人了。千万注意，不然看这些语录是很大的祸害，以为自己悟道了，四禅八定的工夫一点都没有上路，了生脱死一点都用不上。如果智慧高的人，就会搞清楚，他一生最注重的是修行，古人的观念与现代完全两样，尤其是修行人，以文章来说，古人一生的成就只是留几句话，但在流传不在多，有些人还不求流传，一生没没无闻，自己成就。

第三点，现在把青原行思这一路抽出来研究曹洞宗，青原行思、石头希迁、药山惟俨，你注意他们是怎么开悟的，讲几句话就开悟了吗？悟后怎么求证？怎么了生脱死？这都是问题。从六祖起，差不多都是顿悟以后渐修，工夫配合见地，石头希迁、药山惟俨，都是智慧很高，气派也不同。到云岩就老实规矩了，先是在百丈这里,二十年钻不进去,百丈也很重视他,没有心得就是没有心得,不像希迁、药山的悟入干脆利落,气派完全两样。云岩是规规矩矩渐修,了生脱死,所以你们不要以为佛法多么简单,如果行为不转,习气不转,不修行一点都没用,这是生命科学的问题。

第四点,瞿汝稷编辑《指月录》,序言很重要。古人作序不像现在这么随便,序是总纲,《指月录》这篇序,是瞿汝稷给后世指明研究的方向。大家要是读一读,都能够解释清楚的话,说明你的国文水平差不多了。"良冶之门多钝铁,良医之门多病人",一个技艺高超的打铁师傅那里,都是烂铁,百炼出来就是精钢,高明的老师身边都有一群笨蛋,高明的医师家里多是病人,而且都是大病,要死了才来求良医。真学佛参禅,要知道佛是大医王,能医众生病,不但医你身体的病,还医你的心病,生死的病,根本的病。生命的根本在法身,可是几个能够成就?不要说成佛,证到阿罗汉果的又有几个?

从青原行思到石头希迁、药山惟俨都是了不起的利根,如果讲一花开五叶,六祖以后的青原、希迁、药山、云岩,五代以后到洞山,真的大放异彩,是这样一代一代地煅炼出来。

《指月录》在当时都是白话,我们现在看着像是古文了,因为现代人的文学程度不够,所以要给你们讲一讲。我们当年读着很轻松,不需要像现在这样解释。

　　瑞州洞山良价悟本禅师,会稽俞氏子。幼岁聪慧,从师念般若心经,至无眼耳鼻舌身意处,忽以手扪面问师曰:某甲有眼耳鼻舌等,何故经言无?其师骇然异之曰:吾非汝师。即指往五泄山礼默禅师披剃。年二十一,诣嵩山具戒,游方首谒南泉。值马祖讳辰修斋,泉问众曰:来日设马祖斋,未审马祖还来否?众皆无对。师出对曰:待有伴即来。泉曰:此子虽后生,甚堪雕琢。师曰:和尚莫压良为贱。

古道师:州在每一个朝代都不一样,有的时候会变,瑞州在唐代泛指南昌以西,九江以南的那一片江西地区,也就是现在的宜春地区,也称袁州。良价是法名,悟本是号,会稽就是现在诸暨、绍兴这一带。大师俗姓俞,年纪很小的时候,就开始跟一位师父学念《心经》,当他读到"无眼耳鼻舌身意"这一句,忽然摸摸自己的脸,说:不对啊!

南师:他起了疑情:"师父,我脸上有眼睛耳朵鼻子啊,《心经》怎么讲无眼耳鼻舌身意呢?"这个时候叫起疑情了,他从小就开始怀疑,已经开始参究了。这个老师一听,答不出来了,哟!这个小孩问这个问题,跟一般小孩不一样。这个老师也了不起,一听这个问题,实在答不出来。"好啊,我没有资格做你老师了。"

古道师:这个师父就让良价到五泄山去找灵默禅师剃发出家。五泄是诸暨这边很漂亮的名山,山上的瀑布是五叠这样飞泄而下,下面是一座寺院,灵默禅师也叫五泄禅师,先参马祖,后参石头。在石头希迁禅师座下顿悟后,路过五泄山的时候,感觉风景太漂亮了,就在那边盖一个茅棚住下,等于就是后来五泄山的开寺祖师。

良价于二十一岁到嵩山受戒。嵩山会善寺到现在还保留着一些戒坛遗址,以前有过多次上千人的传戒法会。一般我们读《心经》,读到"无眼耳鼻舌身意",也没怎么深思,但这个小孩从小就不一样,一直带着问题出去,跟着石头门下悟道的大禅师,在这几年中,灵默禅师怎么教育,怎么雕琢,这里没有记载,但是一定有很多的故事和教授方法,但是古人太简略了,没有记载。良价在嵩山受戒以后,就去各处游方参学,最初去参南泉普愿禅师,南泉是马祖的弟子,与百丈是师兄弟,非常了不起的大禅师。碰到马祖道一大师的忌日,他们准备供斋纪念,南泉禅师问大家:明日我们设斋纪念师父,不知道他来不来啊? 大家都答不上来,良价出来说:等他有了伴儿就来了。南泉禅师听到就赞叹他:看你年纪轻轻,还是根器不错。

南师:前辈赞叹他,良价反而说:你不要压良为贱。不要把我好人当坏人了。这个对话很有趣,他晓得师父在赞叹他,不受赞叹恭维,也不是傲慢。古代称和尚,就像现在称活佛一样,很尊敬的。不像现在,和尚变成很轻视的称谓。良价是很尊重:和尚,你不要压良为贱啊。

次参沩山。问曰:顷闻南阳忠国师,有无情说法话,某甲未究其微。沩曰:阇黎莫记得么? 师曰:记得。沩曰:汝试举一遍看。师遂举:僧问如何是古佛心? 国师曰:墙壁瓦砾是。僧曰:墙壁瓦砾岂不是无情? 国师曰:是。僧曰:还解说法否? 国师曰:常说炽然说,无间歇。僧曰:某甲为甚么不闻? 国师曰:汝自不闻,不可妨他闻者也。僧曰:未审甚么人得闻? 国师曰:诸圣得闻。僧曰:和尚还闻否? 国师曰:我不闻。僧曰:和尚既不闻,争知无情解说法? 国师曰:赖我不闻,我若闻,即齐于诸圣,汝即不闻我说法也。僧曰:恁么则众生无分去也? 国师曰:我为众生说,不为诸圣说。僧曰:众生闻后如何? 国师曰:即非众生。僧曰:无情说法据何典教? 国师曰:灼然。言不该典,非君子之所谈,汝岂不见《华严经》云,刹说,众生说,三世一切说。师举了。沩曰:我这里亦有,只是罕遇其人。师曰:某甲未明,乞师指示。沩竖起拂子曰:会么? 师曰:不会,请和尚说。沩曰:父母所生口,终不为子说。

古道师:良价后来又去参沩山禅师。沩山先前在百丈禅师座下学习,当时有个司马头陀来到百丈那里,说湖南那边有座沩山,风光很好,适合建成一个千人同住的大道场,要派人去,后来百丈就派沩山禅师到那边住持。沩山刚去时,那里山高路险,离村庄又远,与猿猴作伴,非常艰苦,开创道场非常不容易。

良价问沩山禅师:我听说南阳慧忠国师曾有无情说法的一段公案,我还没有研究清楚。沩山禅师说:你记得那段公案吗?良价说:记得。沩山禅师说:那你说说吧。那是南阳慧忠国师与一个和尚的对话,良价就重复了这个公案:

一个和尚问南阳慧忠国师:到底佛法是什么?国师说:墙壁砖头都是。和尚说:墙壁砖头这些都是无知无觉,无情的东西啊!国师说:对啊。和尚说:这些砖头都懂得佛法吗?国师说:他们都会说法,经常说,就没停过。和尚说:我怎么听不到啊?国师说:你自己听不到,不妨碍别人听得到。和尚说:不知道什么人能听到?国师说:得道的人听得到。和尚说:国师你听得到吗?国师说:我听不到。

南师: 和尚说:你是国师,你都听不到石头说法,那你怎么晓得无情说法呢?国师说:好在我听不到,我如果听得到,就同诸佛菩萨一样,你就听不到我说法了。和尚说:这样讲,我们这些众生,还没有开悟的人,就永远没有希望了?国师说:我出来说法是为众生说,并不是为佛菩萨说法。和尚说:众生听懂了石头泥巴的说法,会怎么样?国师说:那就不是众生了。这个和尚与国师辩来辩去,没有话讲,就问他:你身为国师,说无情能够说法,这个说法有经典上的根据吗?国师说:当然有。"言不该典",一个人讲话没有根据,说法没有佛经的根据,那是乱吹,不是君子所为。《华严经》上说:"刹说,众生说,三世一切说。"刹就是土地,你看土地泥巴没有声音,但是都在讲佛法;众生说,世界上一切众生,都在讲佛法;三世一切说,过去也如此说,未来也如此说,横竖都在说,就是你听不懂。

古道师:风声鸟声,了了分明,就是不明白什么意思。良价说完这段公案以后,沩山禅师说:我这里也有,"只是罕遇其人"。

南师:沩山禅师听了,说:这个我这里也有,只是很少碰到一个能听懂的人。良价说:我实在不懂,请您开示。沩山禅师就把拂子举起来,问他:会吗?

古道师:良价说:我不懂,请师父开示。沩山禅师说:"父母所生口,终不为子说。"既然无情说法,父母所生的口,怎么能说呢?

师曰:还有与师同时慕道者否?沩曰:此去澧陵攸县,石室相连,有云岩道人,若能拨草瞻风,必为子之所重。师曰:未审此人如何?沩曰:他曾问老僧,学人欲奉师去时如何?老僧对他道,直须绝渗漏始得。他道,还得不违师旨也无?老僧道,第一不得道老僧在这里。师遂辞沩山,径造云岩,举前因缘了,便问:无情说法甚么人得闻?岩曰:无情得闻。师曰:和尚闻否?岩曰:我若闻,汝即不闻吾说法也。师曰:某甲为甚么不闻?岩竖起拂子曰:还闻么?师曰:不闻。岩曰:我说法汝尚不闻,岂况无情说法乎?师曰:无情说法该何典教?岩曰:岂不见《弥陀经》云,水鸟树林悉皆念佛念法。师于此有省,乃述偈曰:

也大奇　也大奇　无情说法不思议
若将耳听终难会　眼处闻声方得知

南师:问答到了这里,没有办法了,良价就问:师父啊,有没有同你一样得道的人?沩山禅师说:有啊,湖南攸县石室山附近有位云岩禅师,那个地方很清苦,只要你不怕辛苦,到这个清冷的山上找他,"拨草瞻风",好好地跟他请教。良价问:不知道你介绍的这位云岩禅师是怎么样的一个人?

E同学：沩山禅师说：云岩曾经问过我，一个参学的人，想要依止一个师父，跟随一个师父学习的时候，要怎么去做？沩山禅师就跟他讲：一定要绝渗漏才行。曹洞宗讲三种渗漏，习气、见地等等方面的渗漏，都要断绝掉，才能达到最高的境界。云岩就说：是不是还不能违背师父的旨意教导？沩山禅师说：你不能提起我在这里。

古道师：良价就离开沩山，直接去找云岩禅师了，把以前参学的经历报告一番，对于南阳慧忠国师无情说法的公案，一直还没有参透，他一直带着这个问题。

南师：他不止这个问题，还有"无眼耳鼻舌身意"的问题。

古道师：这一路参究下来也已经十几年了。良价就问云岩禅师：无情说法，什么人得闻？直接拿慧忠国师的公案来问云岩禅师，无情万物一直在说法，不知道什么人能听得到？云岩禅师说：无情能听得到。良价问：那你能听得到吗？云岩禅师说：我如果能听得到的话，那你就听不到我说法了。良价又问：我怎么听不到？云岩禅师就竖起拂子，等于像沩山禅师一样，问他：能听得到吗？良价回答：听不到。云岩禅师说：我说法你都听不到，那砖头瓦块说法你就更听不到了。良价问：无情说法，到底有什么根据啊？哪本经典里说的？云岩禅师说：你没看《阿弥陀经》上说水鸟树林这些都在念佛念法念僧？良价听到这里，有所省悟。于是说偈："也大奇，也大奇，无情说法不思议。若将耳听终难会，眼处闻声方得知。"

南师：好稀奇啊好稀奇，无情说法，如果拿耳朵来听，始终听不到，要眼睛听到了才知道。

　　师问云岩：某甲有余习未尽。岩曰：汝曾作甚么来？师曰：圣谛亦不为。岩曰：还欢喜也未？师曰：欢喜则不无，如粪扫堆头，拾得一颗明珠。师问云岩：拟欲相见时如何？曰：问取通事舍人。师曰：见问次。曰：向汝道甚么？

古道师：良价领悟以后，又问云岩禅师：我还有一些细微的习气、烦恼没有干净。云岩禅师说：你以前都做了些什么事啊？良价说：打坐修行，连佛法也都空掉了。云岩禅师问：那你心中还有什么欢喜吗？良价说：有欢喜，"如粪扫堆头，拾得一颗明珠"。良价又问：我们再想见面时，该怎么办？云岩禅师说：你去问掌管通报的人。良价说：我已经问过了。云岩禅师说：给你说了些什么？

师辞云岩。岩曰：甚么处去？师曰：虽离和尚，未卜所止。岩曰：莫湖南去？师曰：无。曰：莫归乡去？师曰：无。曰：早晚却回？师曰：待和尚有住处即来。曰：自此一别，难得相见。师曰：难得不相见。临行又问：百年后忽有人问，还邈得师真否？如何只对？岩曰：向伊道只这是。师良久。岩曰：价阇黎，承当个事，大须审细。师犹涉疑。后因过水睹影，大悟前旨。有偈曰：

切忌从他觅　　迢迢与我疏
我今独自往　　处处得逢渠
渠今正是我　　我今不是渠
应须恁么会　　方得契如如

古道师：良价后来告别师父，要离开了。云岩禅师问：你去哪里啊？良价说：虽然离开这里，但我现在还不知道去哪里？云岩禅师说：你是不是想到湖南去啊？良价说：不是。云岩禅师又问：你是不是想回家乡啊？良价说：不是。云岩禅师说：你什么时候回来？良价说：等师父你有住的地方了，我再来。可能云岩禅师自己住在一个破山洞里头，弟子们来了也没地方住。云岩禅师说：这样一别，以后难得再见了。

南师：他这个时候已经有暗示了，恐怕活得不久了，一分开恐怕再见不到了。

古道师：良价回答：难得不相见。这里面都是话里有话，既然本性如如，万物一体，本来都在一起。良价临行又问云岩禅师："百年后忽有人问，还邈得师真否？如何只对？"

南师：他们两个心里都有数了，分开就不会再见了，良价问：师父啊，你百年以后，有人问你的真面目是什么样，我怎么回答呢？那时候没有照相，"师真"是一语双关。云岩禅师说：你告诉他，这个就是了！当下就是。

古道师："师良久。"良价在那里沉默了很久，云岩禅师说：你要承担这个事啊，必须要非常仔细，可不能马虎啊。

南师：等于你现在要到宜丰恢复祖庭，大须仔细啊。

古道师："师犹涉疑。"这个时候良价还没有完全承当，还有点怀疑。后来行脚时路过一条溪水，看到自己的影子，才真正大彻大悟，就作了一首偈子："切忌从他觅，迢迢与我疏；我今独自往，处处得逢渠。渠今正是我，我今不是渠；应须恁么会，方得契如如。"

南师：这是良价禅师的悟道偈，大家要记住，好好体会。广东话，渠就是他。"切忌从他觅"，打坐在身体上做工夫，有什么感觉啊，有什么境界啊，看到什么菩萨啊，都是从他觅，一切境界都是外物。"应须恁么会"，应该这样去理解，才懂得佛法。

古道师："切忌从他觅，迢迢与我疏。"不要追逐这些外在的种种触受，都是六尘境界，如果这样追逐的话，就越来越远了。"我今独自往"，就像百丈禅师上堂说法，灵光独耀，迥脱根尘。那个自性就是孤零零的，"处处得逢渠"，处处都在，时时都保持在那种……

南师：你现在讲话的时候是独自往，还是不是独自往？

古道师："迢迢与我疏"啊，都在作意中。

南师：下面大家一起读诵《指月录》的序言。

第六讲 洞山良价禅师 二

二〇〇九年十二月七日

妙喜未见圜悟时，读此偈致疑曰：有个渠又有个我，成甚
么禅？遂请益湛堂。堂云：你更举看。妙喜遂举。堂云：你举
话也未会。便推出。

古道师：妙喜就是宋代的大慧宗杲，宗杲还没有见到圜悟克勤
的时候，读到洞山禅师的悟道偈，他非常怀疑，说：有个他，又有个
我，这到底是什么禅？就请益湛堂准禅师。

南师：等于说洞山悟道的偈子有什么了不起，有个渠，有个我，
这是什么话呢？

古道师：湛堂说：那你自己说说看。宗杲就说了自己的心得。
湛堂说：你连话都不会说。然后把他赶出去了。

南师：大慧杲自以为了不起，可是他吃瘪的地方也很多啊。你
看编者把这段特别点出来，叫你们留意，大慧杲后来力辟默照邪
禅，目标直指曹洞宗，认为打坐用功是默照邪禅。

古道师：与他同时代的宏智正觉禅师专门写了《默照铭》，讲
这个默照，实际上打坐并不是什么都不想，所谓默，就是定，寂止，
所谓照，就是慧观，默照实际上是定慧双运。

南师：你真是洞山的弟子，讲得蛮好。你看编者就把大慧杲的
这一段放在这里，巧妙得很。

　　师初行脚时,路逢一婆担水,师索水饮。婆曰:水不妨饮,婆有一问,须先问过,且道水具几尘?师曰:不具诸尘。婆云:去,休污我水担。

　　古道师:洞山禅师在外面参访的时候,在路上遇到了一个婆婆担水。他问那个婆子讨水喝,婆子说:水不妨给你喝,但是有一个问题,要先问你。

　　南师:这个婆子是个作家,参禅的人。

　　古道师:唐代路边一个挑水的婆婆都是大禅师,想想太可怕了。婆子问他:水具备几尘?一切地水火风空都是尘,水里一共具备几种尘呢?

　　南师:水里有几种生物啊?有几种灰尘啊?《楞伽经》也讲到这个问题。

　　古道师:洞山禅师说没有尘。

　　南师:老太婆说走吧,不准你喝了。

　　古道师:还嫌他把水污染了。

　　南师:他说你出家修行,这样参禅,水都不准喝了,不要碰脏了我的水。

　　古道师:这到底是个什么道理?

　　南师:你参参看。

　　古道师:您给说说吧。

　　南师:我又没喝她的水。

　　在沩潭,见初首座有语曰:也大奇也大奇,佛界道界不思议。师遂问曰:佛界道界即不问,只如说佛界道界底,是甚么人。初良久无对。师曰:何不速道。初曰:争即不得。师曰:道也未曾道,说甚么争即不得。初无对。师曰:佛之与道,俱

是名言,何不引教。初曰:教道甚么？师曰:得意忘言。初曰:
犹将教意向心头作病在。师曰:说佛界道界底病大小？初又
无对。次日忽迁化。时称师为问杀首座价。

古道师:洞山禅师到泐潭,在湖南长沙那边,有一个初首座,他
有一首偈子:"也大奇,也大奇,佛界道界不思议。"太奇怪了,太神
奇了,诸佛的境界,道的境界,确实是不可思议的。洞山禅师就问:
佛界道界先不讨论,说这个话的人是谁呢？初首座很久没有讲话。
洞山禅师说:你为什么不快点回答。初首座说:"争即不得。"

南师:意思是说,说这个也不是了。

古道师:就是不可道的意思,这个东西不可说。

南师:这样就下了死句了,很多方面是活的,你怎么去转,一语
中有百味啊。

古道师:洞山禅师说:"道也未曾道,说甚么争即不得？"你说
还没说过呢。初首座又没有回答。洞山禅师说:佛也好,道也好,
都是名词,为什么不引经据典说说？初首座说:你教我说什么？洞
山禅师说:"得意忘言。"明白了那个意思。

南师:你看良价是同意还是不同意初首座？

古道师:初首座说:"犹将教意向心头作病在。"

南师:初首座这句话还是不同意良价的,那都还是教理上
的话。

古道师:等于还是执着语言文字,把教理放在心头上。

E 同学:"得意忘言",就是他领会了这个意思,就不需要去说
了,然后初首座说"犹将教意向心头作病在",你有这个得意,也是
一个执着,还有那个痕迹在,病还没有治好。洞山就说:你提出这
个佛界道界,这个病算大算小呢？也是个病,因为有个佛在,有个
道在。初首座又没有讲话,第二天,突然就往生了。当时人们就流

传说良价把首座问死了。

D 同学：我觉得那个初首座比良价还要高明，开始良价说佛界道界即不问，这个说话的是什么人？初首座没有回答。良价又说何不速道，应该说一句吧。初首座说：你非要让我说一句，这样有什么好的？有什么好说呢？良价说：你根本就没有说，说什么争即不得，没有讲一句嘛，何谈争论呢？首座又不讲话了。良价说：那你就说说教理吧，把那些名相先放一放，看教理上怎么讲。初首座问：教理上讲些什么？三藏十二部到底讲些什么？良价说得意忘言，丢开教理、名相，体会了就是。初首座就说：你还是把教理放在心头上，反而成为一个障碍。良价就问：那这个病到底多大多小，什么形状呢？初首座又不讲话，次日就坐化了。因为他坐化了，死无对证，后人就说良价问杀首座。

南师：现在 D 同学说人们的评论不对，可以说首座比良价当时还高明。

古道师：良价禅师落了个恶名，今天给他洗干净。

南师：不是落恶名，大家说他问杀首座，那是把洞山推得高啊。D 同学是学法律的，替初首座辩护。

　　他日因供养云岩真次，僧问：先师道只这是，莫便是否？师曰：是。曰：意旨如何？师曰：当时几错会先师意。曰：未审先师还知有也无？师曰：若不知有，争解恁么道，若知有，争肯恁么道。

E 同学：良价离开云岩禅师的时候，良价问将来如果有人问师父是个什么样子，师父说了个什么佛法大意？云岩说就是这样。那个时候良价还没有彻底参悟，之后过水才悟道。现在是在拜祭云岩先师，"真"就是画像，"次"就是那个时候。一个和尚问：当日云岩师父说这个就是,是不是指的就是这个画像呢? 良价就很肯定地回答:是。这个和尚就问:真正的意旨是什么? 良价说:当时差一点就错误领会了。和尚又问他:云岩先师会不会知道现在我们祭拜他?

南师:"知有",就是见道、明心见性,知道有这个事,不是知道今天这个事,完全错了。比如释迦牟尼在菩提树下悟道,知有还是不知有啊? 知道这个,有这个吗? 明心见性,有没有真正成佛这个事啊? 有没有真的菩提啊? 是空的还是有的? 这是"知有",不是知道今天有个像挂着祭拜,那是差十万八千里了。

古道师:"若不知有,争解恁么道,若知有,争肯恁么道。"如果不知道,怎么会那么说呢? 若知道,怎么肯那么说呢?

D同学:大概可以用《楞严经》的偈子来体会,"见见之时,见非是见,见犹离见,见不能及"。

南师:对啊,你提得好啊。

古道师:下次再印《指月录》,下面要加一些小字:D师曰,见见之时,见非是见,见犹离见,见不能及。学者当于此处用心。

南师:那就不是禅宗了。

　　云岩讳日营斋。僧问:和尚于云岩处,得何指示? 师曰:虽在彼中,不蒙指示。曰:既不蒙指示,又用设斋作甚么? 师曰:争敢违背他。曰:和尚初见南泉,为甚么却与云岩设斋? 师曰:我不重先师道德佛法,只重他不为我说破。曰:和尚为先师设斋,还肯先师也无? 师曰:半肯半不肯。曰:为甚么不全肯? 师曰:若全肯,即孤负先师也。

古道师:云岩禅师的忌日,办素食供养。有一个师父问洞山:你当年在云岩禅师那里,他是怎么指示你的? 洞山说:没得到什么指示。那个和尚说：你既然没在他那里得到好处，那你今天纪念他，是为什么？洞山说：我怎么敢违背他呢？

南师：学佛尤其是禅宗、密宗，非常注重师承，这个得法的师承是不敢违背的。

古道师：那个和尚又问他：你以前最早是跟南泉禅师学习的，现在为什么给云岩禅师设斋供养呢？

南师：就是说你原来跟南泉禅师，后来师承怎么样？

古道师："我不重先师道德佛法，只重他不为我说破。"

南师：他承认得法的师承，与南泉的教育法不同，自己得到利益是在云岩禅师这里。怎么得利益，你把这几句话讲清楚啊。

古道师：他说我不是看重师父的佛法，道德上的修养，工夫见地这些都不管，只是当时我向他问佛法大意的时候，他没给我说破。那个和尚说：今天你这样纪念先师，是不是承认他是你的得法师父？洞山说：一半承认，一半不承认。那个和尚说：那你为什么不全部承认呢？洞山说：如果全部承认，那就对不起先师了。

师自唐大中末，于新丰山，接诱学徒，厥后盛化豫章高安之洞山。权开五位，善接三根，大阐一音，广宏万品。横抽宝剑，剪诸见之稠林；妙叶宏通，截万端之穿凿。又得曹山，深明的旨，妙唱嘉猷，道合君臣，偏正回互。由是洞上元风，播于天下，诸方宗匠，咸共推尊之，曰曹洞宗。

古道师：大中，唐宣宗年代。新丰山应该也在洞山一带，但是我们一直查不到新丰山这个地方，当时我们到洞山，见到一位对江西禅宗历史特别了解的人，洞山禅师的塔、黄檗禅师的塔，都是他发现的，黄檗禅师的塔原来倒在乱树丛里，他把荆棘砍开，进去以后才发现。洞山禅师的塔根本没有踪迹了，但根据书上记载，就在寺院后面,他就拿"洛阳铲"在地上探,探到一处地底下有硬东西,他就开始挖,从那个泥土下面挖出来洞山禅师的塔。因为年代太久远,泥土从山上一点一点流下来,就把祖师塔埋住了。这个对禅宗历史那么熟悉的人,他对我讲,到现在他也没搞明白新丰山具体在什么地方。

良价禅师后来就在豫章高安的洞山弘扬佛法,非常出名,豫章就是现在的南昌。曹洞宗传法有五位君臣之说,是曹洞宗设立的特有家风,善接上中下三根,一切利根钝根都接引教化,直指人心见性成佛的法门,不但这样,教理都很通透。他的智慧机锋就像横空出世的宝剑一样,把学人的知见、烦恼、葛藤都斩断。"妙叶宏通,截万端之穿凿。"

南师:同上一句一样,把各门各派的各种道理都截掉了,穿凿是一般后世研究佛经,各有各的注解,都是穿个洞,挖根挖底,又搞一套出来了,这些都截掉。

古道师:"又得曹山。"良价禅师座下出了一位曹山本寂禅师,得到洞山的心法,深明洞山家风。曹山在宜黄县,两山隔得不远,互相唱和,弘扬佛法,建立五位君臣、偏正回互的家风。

南师:偏正回互是从哪里开始呢? 回互是从石头希迁禅师开始,偏正是从《宝镜三昧》开始。

古道师:曹洞宗从洞山禅师与曹山禅师开始,这种玄妙的悟道修法渐渐传播于天下。可想而知,当时他们并没有想立什么宗派,曹洞宗这个名字是后人的尊称,诸方宗门非常了不起的大修行者,都非常推崇洞上家风,所以尊称为曹洞宗。曹洞宗的名字来历,有各种不同的解释,有人说洞山和曹山师徒,因两座山的名字连起来,叫曹洞宗,为什么不叫洞曹宗呢? 因为曹洞宗念起来顺,洞曹宗念起来别扭拗口。另外也有一种解释,一滴法乳本源自曹溪,畅扬于天下,曹溪是根本,后来到洞山形成这样的家风,所以叫曹洞宗。

师作《五位君臣颂》曰：

正中偏	三更初夜月明前
莫怪相逢不相识	隐隐犹怀旧日嫌
偏中正	失晓老婆逢古镜
分明觌面别无真	休更迷头犹认影
正中来	无中有路隔尘埃
但能不触当今讳	也胜前朝断舌才
兼中至	两刃交锋不须避
好手犹如火里莲	宛然自有冲天志
兼中到	不落有无谁敢和
人人尽欲出常流	折合还归炭里坐

南师：五位君臣很重要，综合讲工夫与见地，你们先要把文字理解清楚了，这本来就是白话文学，像是唐诗，因为这正是唐代文学最高的阶段，作诗的人很多，但洞山禅师是用白话。偏正回互，生理与心理都在内，所以禅宗是大密宗，都告诉你了，可是你不懂，这个秘密宝藏打不开。

上堂。向时作么生？奉时作么生？功时作么生？共功时作么生？功功时作么生？僧问：如何是向？师曰：吃饭时作么生？曰：如何是奉？师曰：背时作么生？曰：如何是功？师曰：放下镢头时作么生？曰：如何是共功？师曰：不得色。曰：如何是功功？师曰：不共。乃示颂曰：

（向）

圣主由来法帝尧　御人以礼曲龙腰

有时闹市头边过	到处文明贺圣朝

（奉）

净洗浓妆为阿谁	子规声里劝人归
百花落尽啼无尽	更向乱峰深处啼

（功）

枯木花开劫外春	倒骑玉象趁麒麟
而今高隐千峰外	月皎风清好日辰

（共功）

众生诸佛不相侵	山自高分水自深
万别千差明底事	鹧鸪啼处百花新

（功功）

头角才生已不堪	拟心求佛好羞惭
迢迢空劫无人识	肯向南询五十三

南师：你看唐宋元明下来，《指月录》后面有多少页都是在研究五位君臣，佛门里有多少英才都被这些语句埋葬下去了，影响了整个唐宋元明清的文化。五位君臣的这些诗句，都是讲工夫修行，配合见地，这里头没有讲菩提、般若、涅槃、禅定、三十七道品，统统没有，是什么道理？这就是中国的禅宗，中国的佛法，影响了唐末五代以后，宋元明清整个儒释道的文化。统统受它的影响。二十多年前，我还在美国，A法师到大陆访问，上海圆明讲堂拿出宣纸毛笔请她写字，她拿起笔就写了洞山禅师的这一首诗偈。"净洗浓妆为阿谁？子规声里劝人归。百花落尽啼无尽，更向乱峰深处啼。"

他们出家跳出红尘，到底是为了谁啊？

第七讲　洞山良价禅师　三

二〇〇九年十二月八日

　　南师：佛法到了中国以后，到了禅宗这里，剥掉了一切宗教外衣，赤裸裸地用中国文化来表达，一句经典一句佛都拿掉了，这是中国文化在世界文化中的特别之处，唐代的中国文化影响了世界。现在大家常常讲中国文化，我常问大家中国文化是什么？不懂禅，就不懂中国文化，所谓儒家道家佛家，三家合一归到禅，它是中国文化学术的一种，无形中虽然没有规定，但毛泽东、周恩来都主张保护这些禅林庙子。毛泽东是非常崇敬《六祖坛经》的。

　　六祖这个阶段，是唐太宗刚死，高宗到武则天的时期，武则天一方面非常敬重神秀大师，神秀是六祖的师兄，他写的偈子：

　　　　身是菩提树　　心如明镜台
　　　　时时勤拂拭　　勿使惹尘埃

　　对不对呢？他悟道没有？悟了，他走渐修之路，由渐修禅定工夫，达到明心见性。用中国文学来表达，推翻了印度佛教的小乘修定法门，四禅八定与九次第定都不提了，中国直接走大乘般若智慧成就的路线，没有四禅八定这一套固定的程序。禅宗从达摩祖师来了以后，走的完全是般若智慧成就的路线，不讲工夫，工夫自在其中了。可是你们注意，听了以为不必修定，那完全错了，必须走禅定这条路。《楞伽经》也讲渐修成就，成佛之路一步一步，六祖也赞成,不过他写的偈子,刚好同这个相反。

> 菩提本无树　明镜亦非台
> 本来无一物　何处惹尘埃

你以为不用工夫修证吗?这是工夫到家,以体来讲,明心见性,直见本体,悟后渐修的工夫,等于《楞严经》讲的,"理则顿悟,乘悟并销,事非顿除,因次第尽"。他从这里一刀直接就进去了,单刀直入,由体而悟,先悟后修,或者修悟同时,这个要注意。此其一。

第二,禅宗把一切宗教的外衣都剥掉了,没有宗教的迷信,直指人心,见性成佛,指出一切众生个个是佛,如何找出自己生命未生以前的本来功能,直接走这个路线,就是禅。那么,中国从达摩禅师以后,统统走这个路线,从梁武帝以后直到唐代,这一把火就很大了,可以说禅宗几乎影响了全世界。西方这个时候在干什么呢?西方哲学文化史叫黑暗时期,天主教的那个幕拉下来,完全是自己困在教廷里研究神学,所谓现代科学文明的影子都还没有。而在这个时候,整个东方像太阳一样,光芒照遍了全世界,尤其是朝鲜日本,在禅的整个笼罩之下,也包括我们本土的儒家道家。从轩辕黄帝开始,渐渐变成诸子百家的学问,因为禅一来,等于诸子百家的文化都是豆浆,还不能变成豆腐,豆浆变豆腐必须靠那个卤水,一点下去变成豆腐了。诸子百家所有文化中心的那一点,就是禅。

这一点,整个东方文化起了大的不同作用,现代科学追求的生命科学、认知科学,包括信息科学都在内。尤其你们大家修持更要注意,那么多奇言妙语,他们怎么用功的?好像没有讲打坐修定,其实打坐修定的工夫都在内,不用任何方法,就是《楞伽经》讲的,佛说真正的佛法,无门为法门,有个方法,已经不是了。那么释迦牟尼说这句话的时候,他的要点在哪里呢?前几天研究石头希迁禅师,"门门一切境,回互不回互"。这下懂了吧?门门都是他的法门,包括外道魔道。"回互不回互",看你能否悟道,悟了以后,一切都相关,不悟一切都不相关。等于我们读儒家的《中庸》,"夫妇之愚,可以与知焉,及其至也,虽圣人亦有所不知焉",一个道理,这些要特别注意。

第三点,我们为什么提出曹洞来讲呢?我们的因缘,因为古道发心,要振兴曹洞,所以从曹洞讲起,然后我叫你们注意,六祖以后,石头希迁禅师改变了六祖的教育法,六祖明明讲,本来无一物,何处惹尘埃。为什么到了青原行思、石头希迁,《参同契》一出来,里头的内容明明有一些法,你们做工夫研究才能体会。石头希迁以后,影响最大的就是药山了,药山禅师的出身,一切经论、学理统统通了,最后完全放了,所以他的成就非常大。换一句话,严格来讲,他见过于师,几乎超过了石头希迁。六祖当然是古佛再来,不识字能够讲一切经,而药山禅师通一切经论,又放弃了一切经论,而他的文采风流最为得力。这个时候唐代中国是诗词歌赋的天下,产生了李白、杜甫这一批人,学禅离不开文学,文学的基础不深厚,想要研究禅宗,那谈也不要谈了,你没有影子的。尤其到曹洞宗,文学都很厉害的。为什么中国文化的汉唐两代在世界上那么闻名?美国到处有唐人街,唐代的疆域扩充比汉武帝还严重,而且唐代的文化是多民族文化,中华民族实际上是多民族融合而成。昨天来了两位姓澳的客人,我一听,你们两位哪里来?从蒙古来的。我说你们祖先不是蒙古族啊,是从匈牙利、匈奴那一边过来,三国时期归化曹魏。所以我们这个民族具有非常伟大的整合文化力量。

药山以后,道吾、云岩、船子德诚,这些都是了不起的大禅师,再下来到洞山。云岩是走渐修之路，二十年老实规矩修行，跟着百丈，天天打坐参禅，始终不悟，工夫方面很切实，不过禅宗语录轻视这一面，不提工夫，只提见地，语录记载也有分寸，云岩不是言下顿悟，是有省，这个门打开了，可以说他先悟到一点，再靠一辈子努力修行到达。禅宗到云岩、洞山手里不同了，根据石头希迁的《参同契》一路下来，写了《宝镜三昧》。《宝镜三昧》给你们讲太吃力了，八八六十四卦都不会背，什么叫偏正回互，根本都不知道。

洞山良价从小就参话头了，就怀疑，《心经》读到"无眼耳鼻舌身意"，他摸摸自己的脸，都有啊，佛怎么这样说呢？开始追究这个生命的根本了。如果拿现代人作比方，等于学自然科学，学物理出身，学医学出身，明明有这个生命，有这个身体，为什么讲没有呢？我们听了笑一笑，觉得乱七八糟，在一个智慧高的科学家听了，这是问题，为什么这样讲呢？对不对？是不是这样参话头？然后又怀疑无情怎么会说法，一切石头泥巴，乃至树木山林，都会说法，这是什么鬼话啊？在科学家听来是值得研究，在一般人听来是说鬼话，他一直在参这个话头对不对？那么这个里头有多少年他才开悟呢？他见到云岩以后，不过解决了一个问题，对于无情说法这个问题，他是有省，还不是大彻大悟，真的大彻大悟，是到洞山，自己过河看到水里头的影子，悟了。

生命是两重结合，一个人活到，肉体是父母所给，父亲的精子与妈妈的卵子结合，变出来这个肉体，而这个肉体也是两重的，一个花一样开瓣的。精子与卵子一接触，基因配合了，一阴一阳，然后这个基因在受精卵里分成两瓣，两瓣以后变四瓣，四瓣以后变八瓣，我们人类文化到现在，对于生命还只研究到基因。

洞山禅师过河看到自己的影子悟道，"切忌从他觅，迢迢与我疏"，在身体上做工夫以为修行，这个身体就是他，现在医学认为大脑有智慧有思想，几千年来儒释道三家都不承认，脑子是身体的一部分，是浮尘根，那个生命本来的灵性，通过这个脑子发生作用，也是两瓣的组合。所以洞山禅师悟道了，"切忌从他觅，迢迢与我疏"。

这个就是话头了，譬如刚才吃晚饭，山东白菜煎饼大葱很好吃，大家吃得很高兴，他在吃不是我在吃，你那个知道好吃不好吃的自性不在白菜油条上，我们吃进来那些东西是他，不是我，要找生命的根本，"切忌从他觅"，你不要在身体上做工夫，以为就是修行了，影子都没有。

第二句是"迢迢与我疏"，你越是在身体上做工夫，越修越远，可是身体不是我吗？"我今独自往，处处得逢渠。"随时离不开身体的作用，唯心离不开唯物的关系，这就是回互了，你要这样参究，在禅堂里坐禅参参这个，不是修四禅八定，这是不是定呢？这个定就高了，所谓楞严大定，如来大定，直接追寻本体。"切忌从他觅，迢迢与我疏。我今独自往，处处得逢渠。"我们离开身体能够找个自性吗？能够做成功一件事吗？能够吃饭吗？你离不开他，可是他是假的，不是我。所以道家也讲身体是假的，可是你离不开假，借假才能修真。钞票是假的，可是你离了钞票不能做事了。"我今独自往，处处得逢渠。"都是他，生命活到是他起作用，那个本性在哪里？找不出来。"渠今正是我，我今不是渠。"我们现在活到，喊一声古道，古道一定答应，可是你那个自性不在这里，等于你睡着了，无梦无想，主人公到哪里去了？"渠今正是我，我今不是渠"，有一天这个肉体坏掉了，从妈妈生下来第一天起，早就开始坏掉了，第二天的我已经不是那个前一天的我，十岁的我不是九岁的我，像我现在九十多岁，同原来妈妈生的那个早已不同了。

我们的指甲头发，每半个月理一次，剪了多少指甲？多少头发？李白说"白发三千丈，缘愁似个长。不知明镜里，何处染秋霜"。我们小时候读这首诗，就笑李白真会吹牛，白发有三千丈啊？李白的头发是什么做的？你想想看，我们一辈子理的头发，接起来有多少丈？我们一天天的思想烦恼如果连起来，那得有多长啊？李白的诗也对，文学就是禅。"不知明镜里，何处染秋霜。"老了照照镜子，自己满头的白发，秋天快要下霜了，人也快要死了，很优美啊，这是文学，人同秋冬的霜雪差不多吧，这是临老的悲哀，可是文学没有痛苦，讲得很美。

我们这一代，都没有文学底子，曹洞宗提到向、奉、功、共功、功功，整个佛法到洞山手里变出那么多花样，你看他讲到佛没有？讲到道没有？提都不提，但修养工夫都在内。他用文学来讲，向是什么。把那些研究宗教的大学教授找来，我问问看，包你答不出来，什么是向？罗汉四果，没有修到罗汉果以前，叫什么？预流向。譬如你们现在都在打坐修行，不管有没有悟道，是不是在学佛啊？至少在朝这个方向走，所以教理上叫作预流向，有一步一步的工夫，一步一步的成就，修定有未到定、中间定，这是工夫的向。

奉，布施供养，出来度一切众生，佛说财法两种布施，我们拿钱盖一个庙子，或者给病人、穷人送药送饭，这是有形的布施，无形的法布施是精神的布施，法师们出来说法，用智慧拯救众生，是思想意识的法布施。还有一种是无畏布施，无形相的。譬如一个人快要自杀了，老师啊，我要死了。什么事啊？你那么灰心？我家里有事。你帮他解决问题。或者明天要被拉去枪毙了，不怕不怕，枪毙了十八年以后还是一条好汉，再来投胎就是了。你不要打击人家，这个精神的支持是无畏布施，这是奉。

到了曹洞宗已是晚唐时期，诗的体裁因为李商隐、杜牧这一批人，与杜甫、李白的体裁大有不同了，禅离不开文学，你们也不懂文学，我写《禅海蠡测》，说禅与几样东西相似，哪三样？第一是文学，好的文学句子是什么呢？你注意，好就好在可解与不可解之间，不可以拿逻辑来讲文学，逻辑是科学，一点都不好听，逻辑是分析,文学是归纳,可以理解,言语难以表达出来,比如我们随便讲一句。

> 去年元夜时　花市灯如昼
> 月上柳梢头　人约黄昏后

我问你,"人约黄昏后",是干什么的? 你一定想,男女关系是抱在一起上床。但是"人约黄昏后",不一定干这个事啊!

> 今年元夜时　月与灯依旧
> 不见去年人　泪湿春衫袖

对方死了吗? 还是分手了? "想他"这句要紧的话不在诗里,难受啊,在可解不可解之间。不像现在的白话诗,我想你啊,你啊也不想我啊! 那成什么话了?

你看洞山禅师的五位君臣,第一首向。

> 圣主由来法帝尧　御人以礼曲龙腰
> 有时闹市头边过　到处文明贺圣朝

这是什么禅? 你懂了诗词,在可解不可解之间,你就明白了。譬如打坐,到禅堂两脚一盘,这是什么? 向。做工夫想走清净这一条路,那你就要两腿一盘,像古代皇帝上朝一样,端身正坐。《大学》讲诚意正心修身,端端正正坐起来,"圣主由来法帝尧",你每次盘腿打坐,等于皇帝登座,中国文化推崇尧舜,公天下的帝王,内圣外王,得道了也没有傲慢,御人以礼,见到任何人,他还是弯腰客气。"有时闹市头边过,到处文明贺圣朝",他做了皇帝,天下绝对太平。你坐起来尽管心里有思想妄念,但你坐着端然不动,这是向的工夫。这是洞山禅师用文学来表达佛学,表达修养。

> 净洗浓妆为阿谁　子规声里劝人归
> 百花落尽啼无尽　更向乱峰深处啼

　　这个是讲什么? 弘法贡献。你们为什么出家,"净洗浓妆",像释迦牟尼佛一样,明明是个王子,他剃光头发出家,到雪山修道,"净洗浓妆为阿谁",到底为了谁呢? 一个漂亮的小姐剃了光头,穿上尼姑的衣服,为了什么? 为了求道,得道了再利益众生。"子规声里劝人归",子规鸟在江南有很多,古人说子规鸟的叫声好像"不如归去"。唐诗里很多处用到子规,在外面那么辛苦,怕听子规鸟叫,还不如回家去吃老米饭,做个什么官啊?"子规声里劝人归",为什么出家? 出家为了悟道,悟道为什么? 不是为了自己。自己成就了内圣外王,度一切众生,这是佛菩萨的功德,度众生是痛苦的事。"百花落尽啼无尽",像子规一样,春天过了,还在叫"不如归去",乃至一个人都不听,你还是要慈悲布施,没有人听你,只好像古道一样跑到江西洞山去,"更向乱峰深处啼",好好去修证。也就是黄石公传给张良的《素书》,君子"得机而动,则能成绝代之功,如其不遇,没身而已"。自己归隐,修养自己,这是一方面。

　　另一方面,我们自己用功,打坐两腿一盘,也是净洗浓妆,自己找到生命的本来。"子规声里劝人归",一念回机,便同本得,念头一放,当下清净,"百花落尽啼无尽",不要忘了念念回机,归到本来无生,念头越乱,心越清净。

枯木花开劫外春　倒骑玉象趁麒麟

　　而今高隐千峰外　月皎风清好日辰

　　你用功打坐，大乘没有方法：心里清净，一念回机，放下就是了。"枯木花开劫外春"，打坐不是像一株枯树一样，"身是菩提树"，里头是生机蓬勃的，两脚一盘眼睛一闭，你死也死不了，内心生机蓬勃。药山禅师告诉李翱，"云在青天水在瓶"，也是生机勃勃，不要把念头压下去。"倒骑玉象趁麒麟"，你一静下来，身体里头气发动了，转来转去，道家的奇经八脉，密宗的三脉七轮都来了，禅宗不理这一套，"凡所有相，皆是虚妄"，但并不是不知道。"而今高隐千峰外"，一下念头空了，身体上的感觉，随他怎么变化，乃至看到全身放光也不理。"月皎风清好日辰"，等于秋天万里无云，心中明明亮亮，这个时候，正好用功。洞山禅师都告诉你了，不然你看了干什么，在那里摇头摆尾读他的诗，不把你赶出去才怪呢！你看这里不提佛法，什么涅槃菩提，什么阿弥陀佛，一个都不用。然后是共功。

　　众生诸佛不相侵　山自高兮水自深
　　万别千差明底事　鹧鸪啼处百花新

　　A 同学：心佛众生三无差别。

　　南师：对了，也没有佛，也没有众生，也没有什么明心见性，心也空，一上来就空，随时随地，不要盘脚，都是一体不二，也就是回互。本来山就那么高，水就那么深，都是现成的，不是要你去用功造出来一个工夫，你只要静下来，就是佛，就到那个境界。"山自高兮水自深，万别千差明底事"，各种法门，各种宗教、哲学、科学，都是在找这个生命本有的功能，人类众生几千年来就是这么一个事，生死问题。"鹧鸪啼处百花新"，这是观音法门，你正坐得好的时候,有那么一声,啊,开悟了。

> 头角才生已不堪　拟心求佛好羞惭
> 迢迢空劫无人识　肯向南询五十三

你们出家拼命学佛修道做工夫,怎么不开悟? 都是乱讲,学什么佛? 你本来开悟,个个都是佛,即心是佛。头角才生,等于那个鹿、麒麟生下来有个角,中国人形容这种面相,哎哟,你生了一个孙子啊,我看看,真好啊,头角峥嵘,一定有出息。你们有出息为什么跑去出家? 为成佛嘛,"头角才生已不堪",有个头角已经完蛋了。"拟心求佛好羞惭",你本来就是圣人,个个都是圣人,都是佛,结果还要念阿弥陀佛,去学佛,好丢人啊。"迢迢空劫无人识",学佛的成就是空嘛,谁知道父母未生以前,本来就是空,我不是常常告诉你们,把念头空了,念头本来空你的,不是你去空他的,你只要认识迢迢空劫以前,本来就是空的。"肯向南询五十三",还用像善财童子到处求名师吗? 访道拜佛,都是空事,白干了。

你看他讲了些什么,明明自己出家学佛,却说出家学佛都是错了,好羞惭,好丢脸,一切众生自性本来是佛嘛。

洞山禅师讲五位君臣的用功,临济不用君臣,用宾主,那是教育法不同。《楞严经》讲客尘烦恼,客尘是宾嘛,自性是主,本来那个能知之性是主。

(大家唱念此五首诗偈)

《华严经》上讲善财童子开悟了,但悟得不彻底,文殊菩萨让他去遍访天下名师,烟水南询,拜见五十三员大菩萨,这些菩萨都是干什么的呢? 有做妓女的,有杀猪的,有做皇帝的,有做和尚的。马祖培养了八十八员大善知识,各人的教育方法不同,各个都是菩萨。你不踏实,再去访明师问道,这也是曹洞的家风。后面十几页都是历代研究五位君臣的报告,现在怎么办? 现在连文字都搞不懂了,文化非断不可了。要另创一个方法,现在只有走自然科学这一条路。

古道师:降低一点,踏踏实实做工夫。

南师:对了,走十六特胜,走达摩祖师这一系下来老实修行的路子。"身是菩提树,心如明镜台。时时勤拂拭,勿使惹尘埃。"洞山禅师也是走这个路线,后面用文学表达,那是他悟了以后的作品,你拿这个来讲佛法,就不对了,是倒果为因,我常说大家都犯错了,把人家的成就当成自己的成就,拿来讲法就不行了。

第八讲 洞山良价禅师 四

二〇〇九年十二月九日

南师：几十年来我都没有真正讲过，现在讲禅宗的都是乱七八糟，百分百都是口头禅，口头禅还好听一点，都是乱吹，或者当成一般学术来看，学术也搞不清楚。曹洞之所以闻名，主要是洞山禅师的关系，研究人类历史的经济政治教育，包括宗教，兴衰都在乎一个人，英雄创造了时势，也可以说时势创造了英雄。有洞山良价禅师这么一个人，创立了曹洞宗，尤其研究他的证悟修行，那是很特别的禅门宗风。

昨天提到《禅海蠡测》，禅宗的文学境界很高，同艺术、兵法都相通。真正的禅宗大师也是艺术家，但不一定会画画、作诗、雕刻，但他是真正的艺术家。你要懂庄子讲的庖丁解牛，那是艺术。还有你看武汉的杂耍、把戏，从古到今，还是有很多高明的人，可以用一把钝斧削掉你鼻子上的白渣，鼻子的皮一点都没有动。庖丁解牛也是，几十年杀牛，目无全牛，已经不知道是在杀牛了，拿起刀斧，等于现在自动化的屠宰场，牛皮牛骨自动分解了。医道也好，文学也好，到了艺术境界，得意忘形，也同诗词画画一样，一句好句在可解不可解之间，有意无意之间就完成了，这就是艺术，如果用意识想的，用第六意识分别心造成的，都不是。

那么到了曹洞祖师，是晚唐时候，从韩愈、柳宗元阶段以后，唐代晚期的文化，文风转变了。唐诗当然以李白杜甫为最，到了晚期以后呢，元白体出来了，就是元稹同白居易，你们大概只读过白居易的《长恨歌》，那个最高明的文学走向白话去了。曹洞祖师讲的五个偈颂，是基于唐诗，又同一般的诗词文学不同，而是把整个高深的佛法修养变成一种文学，脱开了宗教名词，表达如何通过禅定配合中国文化，直指人心，见性成佛，非常特别，所以叫你们注意这一方面。这个艺术形式，表达修持的法门，推开了四禅八定，所以三十七道品，苦集灭道这些提都不提。菩萨所谓的用功修行证果，以逻辑的讲法，佛经上讲从凡夫到圣人的境界，要三大阿僧祇劫，需无量劫的时间修行才能悟道。换一句话，到中国禅宗，把这句话否定了，顿悟就可以成佛，时间空间皆是无定，那有什么根据？根据《楞伽经》，也是佛自己说的，渐修与顿悟。所以洞山禅师讲打坐，修定这些法门都不用，八万四千有为法都不用，上座就是无为法，采用的是什么？《大学》"知止而后有定，定而后能静，静而后能安"。诚意正心已经是定了，譬如大家到禅堂打坐，两腿一盘，姿势一摆好，就是第一首，"圣主由来法帝尧"，腿一摆，第一念不起分别，第一念已经是"知止而后有定，定而后能静"。静心一念，就是定了，不要管其他什么方法，什么呼吸法，白骨观，不净观，念佛，参话头……处处都是话头。"御人以礼曲龙腰"，就是这样诚意正心，一切放下就到了。"有时闹市头边过，到处闻名贺圣朝。"当你腿一盘，已经是定了，不需要再加上什么，一增一减都不是了。如果你用一个方法，已经是加了，以为我要空掉，已经是减了，增减都不是。有信心如此一路下去，一定到家。

　　这个涵义我现在给你们讲出来，但是参不参话头呢？参。譬如洞山祖师从六岁起就参话头，和大家一起念《心经》，念到"无眼耳鼻舌身意"，摸摸自己的脸，我有啊，就问师父：怎么佛说无眼耳鼻舌身意呢？他已经在参话头了。所以你要纠正现在的禅宗，参一句死话头，所有今天的禅宗，自宋明以后，参一句念佛是谁，时时抱着，困死禅堂，这个禅堂已经不是选佛场了，如果要我题字，我就题个:陷人坑。活埋人的坑,所有的聪明智士都被困死了,这些住持和尚你问他念佛是谁,他参通了吗? 这就是古代禅师讲的"一句合头语,千古系驴橛"。学佛学禅被一句呆板的死话困住了,等于以前乡下的大路,走个十几二十步有块石头,上面打一个洞,干什么? 给你系驴用的,骑驴骑马过来拴在那里。一句合头语,讲了一句死话,大家都在话里寻求佛法。洞山从小就有疑情,后来又有第二个疑情,他参无情说法。几十年慢慢渐修开悟,所以他的教育法也不同,他综合佛经的教理,综合中国文化儒家的道理,以《易经》为主,偏正回互,他们都通了的,文学也高,然后都丢下了,诚心修行,追求这个根本,这也是大科学家的精神。

所以世界上真正的科学家,你看哥白尼发现日心说,提出地球不是方的,那受尽了打击,是对自然科学的贡献。现在我也笑,中国有一种迷信,不是迷信宗教,是迷信科学,可是讲科学的人,一点都不科学。后来曹洞宗的家风,被人们变成公式了,自然科学的公式你学了,懂一点科学常识,还不会太偏差,而把佛法背来变成公式,那要害死人,但是你不懂这个呢,也进不了门,这个道理先要搞清楚。

洞山的五位君臣教育法,修证的工夫、禅定与见地同时并行,所以证悟那个境界不是空洞的。临济的教育法刚好和他不同,南方流行曹洞,北方流行临济,临济四料简,用宾主,不管三位四位,都没有关系,悟了的人全体都通了,不悟的人一点办法都没有,要注意这个修悟同时,你坐在那里干什么啊? 你说我在修安那般那,我在修气脉,气脉修了半天,气脉不是固定的啊,不是盖房子一样,拿一个砖头,画一个图,大家照着一分一寸修成房子,那是死东西,房子是他,"切忌从他觅"。房子里头住的是什么人啊? 是个死人还是个活人? 是个男人还是个女人? 了不起的英雄还是笨蛋? 房子的主人是谁? 大家活泼一点,死死板板,已经不是学禅宗的材料了,你看禅宗祖师没有一个不活泼,乃至很调皮的,文学也好,内外兼修。

今天我们看《五位君臣颂》:

<blockquote>

正中偏　　　　　三更初夜月明前

莫怪相逢不相识　隐隐犹怀旧日嫌

偏中正　　　　　失晓老婆逢古镜

分明觌面别无真　休更迷头犹认影

正中来　　　　　无中有路隔尘埃

但能不触当今讳　也胜前朝断舌才

兼中至　　　　　两刃交锋不须避

好手犹如火里莲　宛然自有冲天志

兼中到　　　　　不落有无谁敢和

人人尽欲出常流　折合还归炭里坐

</blockquote>

南师:大家有什么心得,各自讲讲。

E 同学:五位君臣在说明一个次第,比方说"正中偏"和"偏中正",就是初期,是一个见道位,在这个初期,刚开始摸着门的状态,然后"正中来"和"兼中至",这个也有别的版本写的是"偏中至",相当于是修道位,在这个次第中用功,本体和外相之间,君臣回互,也可以说是默和照之间的回互,最后这个"兼中到",等于是证果位,证道位。就是从这三个次第,分成五步方法。

南师:你把文字内容讲白一点,结合怎么用功,让大家好有体会。

E 同学:"正中偏。三更初夜月明前,莫怪相逢不相识,隐隐犹怀旧日嫌。"这个时候没有月亮,还是比较黑暗,在见地上还没有了知佛性,没有证知本体,还是比较执着。昨天讲的向,看到外面的色相,就被色相困惑,实际还在无明的状态,并不是找到了真实的体性。还没有这样一个准确认知的时候,比较模糊,虽然每天每时每刻,无论在光明里或者在黑暗里,有相无相当中,都和自性是在一起的,但是不能认知,或者是不敢认可,不敢承担。

南师:你讲得很不错了,但是还在外层的外层,结合你的打坐讲讲。

E 同学:坐在这里,如果还把身上的气脉、痛痒酸麻胀冷热当作真实,被他所牵着,等于就是偏了,就着在色相上。实际上身体还是在这个回互当中,这个正也离不开偏,偏也离不开正,那么如果是见地和工夫都到了,在灵空不昧的状态里坐忘,或者是已经忽视掉,或者是抛却掉这些酸痛胀麻痒,事实上没有这个障碍,没有这个知见困惑的时候,也就自然通过了,所以到最后达到兼中到。这个时候已经能够入寂,寂就是本体,在这个灵明觉性当中,很清楚地观照到外界,包括身体的一些变化,实质上都是了知的,就像老师提醒我们所谓的定,并不是什么都不知道,而是了了分明,灵明不昧,这样才能达到寂照如一,体用不二。

F 同学:我们号称学佛的,到处参学,不管打坐念经,还是参究《指月录》,没有真正体悟之前,就像这里面的"正中偏。三更初夜月明前,莫怪相逢不相识",自性本来常在,但不相识,没有证得,这是第一阶段。

第二阶段,自己认为见到空性,或者是抓到自性,这是"偏中正。失晓老婆逢古镜",老婆我们平常是抓得很紧的,平常最爱的那个东西发觉不是那么爱了。逢古镜,他感觉自己抓到本来面目了。"分明觑面别无真,休更迷头犹认影。"但是那个不是真的,自己以为是真的,这是第二阶段。

接下来进到第三阶段,"正中来",这时候自己认为自性清净,或者空性啊,知性啊,发觉都不是,都放下了,"无中有路隔尘埃",

没有办法用言语去描绘,"但能不触当今讳,也胜前朝断舌才",这时候言语道断,但是还不能够真的入世。

到"兼中至。两刃交锋不须避",好的念头也好,坏的念头也好,都不怕的,就像大火聚一样,都烧掉了,而且越坏越炽盛,就像我们讲佛的名号里面有炽盛佛,这个时候才有办法真正做到,"好手犹如火里莲,宛然自有冲天志"。入世也不怕,出世入世都不在话下。

最终做到兼中到,这时候也没有所谓的成佛不成佛,没有所谓的入世不入世,时时刻刻,在在处处,"不落有无谁敢和,人人尽欲出常流,折合还归炭里坐"。哈哈大笑,入世也好,出世也好。报告完毕。

南师:还有没有?都来都来,各说各的,没有关系。没有处罚,也没有奖励。

古道师:"正中偏",刚开始修行,似乎认得一点,但是又不敢确认的那种状态,似乎觉得自己明白一点,到底是不是呢?不知道,但是不是吧,又忘怀不了,刚刚认识那个影子。"三更初夜月明前",那个月亮好像快要出来了,有点光,但是还没有见到月亮,不是那种全体光明,"莫怪相逢不相识",难道是这个?自己还不敢认,"隐隐犹怀旧日嫌",但是忘不掉,觉得就是这个,明白了一点,有点消息,还不敢完全认可。

"偏中正。失晓老婆逢古镜,分明觌面别无真,休更迷头犹认影。"明白了这个,就好像是逢到古镜,面对全体的面貌现前,这个分明就是,但是还是不敢肯定,还是迷头认影,自己还是第二月,不是这个能知的。比如我们坐在那里,感觉有时候身体舒适一点,特别是初上座,那一瞬间感觉挺好的,但里面有个能知道的,这个就是吗?那个状态很好了,但还会有一个知道在问,这就是禅吗?这就是空吗?等等等等,还是迷头认影一样,没有分清楚,境与自我还没有分清楚。

"正中来。无中有路隔尘埃,但能不触当今讳,也胜前朝断舌才。"这就有点深入了,工夫更深入一层,在这里面,好像什么都没有吗?但这种状态非常清净,隔尘埃,没有一切妄想杂念,也没有烦恼,身体的障碍也没有了,在这个状态下,"但能不触当今讳",应该这个就是,但又道不得,你说这个是什么?你给人家讲讲,也没有办法用语言文字表达清楚,感觉很美妙,但是你怎么给人说呢?没办法,道不得,但是自己很清楚了。

"兼中至。两刃交锋不须避,好手犹如火里莲,宛然自有冲天志。"这是完全自肯承当的状态,只认这个,这一念清净里,时时能够把握,无论是烦恼也好,清净也好,已经无所谓了,就是刚才同学讲的,无论入世出世,无论承担什么事情,已经不在话下了。没有恐惧烦恼妄想等等,也没有什么善恶等等,因为一心独明,明明觉了,时时刻刻都在。"宛然自有冲天志",看出家人有道无道,从禅堂那种环境下熏陶出来,走出来的时候那种道貌,很谦逊而又巍巍堂堂:心灯独明,一切不顾。

然后是"兼中到。不落有无谁敢和,人人尽欲出常流,折合还归炭里坐"。到这个阶段,工夫纯熟,打成一片,根本无所谓空啊有啊,还是出世入世,一切都没有了,一旦真正明白以后,原来道在平常中,还归在炭里,所谓炭,就是灰尘嘛,尘世也好,净土也好,都无所谓,这个时候想想,"人人尽欲出常流",都想出世解脱,那是可笑的事情,因为根本没有入与出的概念,还是做一个平常人。所以禅家说饥餐困眠,该做的做,事来则应,物去不留,就是这种状态,非常平常。报告完毕。

F 同学:我还有一个报告,是关于入世的,老师在上个月讲到入世应用方面,用老师以前讲领导学的话,领导就是君臣关系,四种再加一种,第一是王者师之,第二是霸者友之,第三是守者臣之,第四是亡者奴之,这是古人讲的,最后我再加一个君臣颠倒。

前面四个治理国家的原则,也就是君臣关系。王者师之就是"兼中到",霸者友之就是"兼中至",守者臣之是"正中来",亡者奴之是"偏中正",我们修行往往会走到顽空或者是枯禅境界,君臣颠倒根本不搭界的,这是君臣关系,所以讲五位君臣可以用到修行,也可以用到入世。我自己的体认,这至少对我是很受用的一个领导哲学的总结。

南师:我现在讲课,不是说我的对啊,你要真学佛啊,记住祖师的一句话:临机不让师。没有什么学生师父,没有佛,也没有众生,据理而言,不要有个我相的观念把自己盖住,不要总以为老师讲得对,我们好像都不及老师了,可是也不准傲慢,也不准谦虚。我到现在还是私塾里的老学究,带领你们很踏实地先了解文字。

刚才讲禅宗离不开文学,禅宗到了曹洞最麻烦,他们历代的传承是走文学路线,不像临济,气派很大,都是土话,一来,喝!你不晓得这一声是干什么的,所以临济宗的教育方法,就是燕赵那些英雄好汉,"路见不平一声吼啊,该出手时就出手"。曹洞不来这一套,他文武双全,所以你看洛浦见夹山,要用临济那一套,夹山马上手一比,你停,住住,不要来这一套,"云月是同,溪山各别"。你不要用临济门下的这一套,在这里喝个什么?天上的月亮是一个,走遍世界都是这个月亮,但是溪山各别,美国的山,中国的山,江西四川江苏各有不同,你不要来这一套,轻言细语,但威风很大。"云月是同,溪山各别。"你拿这一套莫名其妙在我这里乱吼一声,"鸡栖凤巢,非其同类"。出去!反而骂他们学这一套,像山鸡一样乱叫,我这里是凤凰的巢啊,不一样的啊。你不要来这一套,出去!一声就把他拿下了。《指月录》同中国文化密切相关,但是你学会了也可以做领袖,可以带兵打仗做元帅,统一天下,土匪投降过来怎么带领,正规训练的学生兵怎么带领,社会人事怎么带领,都是问题。

"正中偏。三更初夜月明前",更(音京)这个发音是唐宋时古音,譬如说唱京戏,"五更三点王登殿",古代皇帝上朝,做皇帝很苦的,等于现在四点半就要醒了。做领袖的都不容易,所以有人常说:"老师啊,我放假了来看你。"说得很轻松,你们放假来看我,我痛苦啊,我一年三百六十五天没有一天放假,放假都是给下面人放的,老板哪里有放假的,越放越忙。做皇上的也是这样,"五更三点王登殿",唱京戏讲音韵学,三更(音耕)唱不出来,三更(音京)唱得出来,所以古音读京,就是打更,古代也没有闹钟,白天六个时辰,夜里六个时辰。三更是初夜,佛经是印度文化,只讲前夜中夜后夜,中国讲五更,三更半夜月明前,半夜三更月亮刚刚出来。这不是十五吧?你要注意,如果研究天文学,洞山这一句话是不通的。如果是十五的月亮,晚上就出来是圆满的,怎么"三更初夜月明前",这是什么时间?每个月阴历的二十二、二十三,这是讲现象,像中国的一句诗,哲学科学文学政治都包括在内。此其一。

第二,要了解唐代的农村习惯,中国人讲养生之学,天一黑就睡觉了,节省灯油,鸡鸣而起,公鸡第一次叫是几时啊?你们现在都不知道,我们乡下知道,像我小的时候,钟表还是洋玩意,像我父亲,家里明天有事,夜里注意早一点睡,鸡初叫就起来,鸡第一次叫是半夜,第二次叫是两三点,第三次叫天快要亮了,这些知识你们都没有。

第三,庙子上和尚晚上八九点钟就睡了,我住过丛林,大家都早睡,到差不多一两点钟,已经睡得很足了。下半夜有时候看着月亮在天上,阴历二十八的眉月,像眉毛这样弯的,初月是倒转的弯。所以你看一幅古画,不懂的人随便一画,就是月亮,这张画一毛钱不值,不合时宜。还有"床前明月光,疑是地上霜",是什么时间?在什么地方写的?一看都是科学天文,不只是文学。

　　学中国道家的神仙之道，也讲究修行打坐。为什么丛林制度要那么早睡，四点钟就要你们起床了，后半夜多睡会漏丹的，尿一多，一胀起来，加上心里淫念不断，就完了，所以三四点钟要起来上殿，你看《禅门日诵》那么长，念完了以后，冬天冻得鼻涕直流，喝完两碗冷粥，再回房去睡个混沌觉。你要懂得中医，夜里十一点到十二点五十九分是子时，子时气在胆，阳气初生，"一阳初动处，万物未生时"。这是阴阳的道理，丑时走到肝了，一点到三点，气到肝。有的中医师晓得配合十二时辰扎针。肝病要在丑时用针，学医的这个不把握，那是白做了，尤其扎针要懂时辰，子时阳气出来走胆，丑时肝，寅时到肺，中午以后，到心脏。气顺着十二经脉走的，所以你按摩也要懂这个，那效果就大得很。白天十一点以后到一点钟，就是心脏，一点到三点到小肠了，下午是肾膀胱，戌时以后到三焦，三焦这一带的荷尔蒙系统，很难理解。所以"三更初夜月明前"，阳气刚发动，就睡醒了。

　　阳气发动时，你看小孩子的那个小鸡鸡会翘起来，他也没有男女淫欲的念头，这是生命的气。你们打坐用功，如果白天有这个境界来，这是活子时。什么叫活子时？不一定是半夜三更，随时阳气到了就动，念也动，气也动了。你以为洞山良价禅师不懂？他懂的，所以"正中偏。三更初夜月明前，莫怪相逢不相识"，这些笨蛋都不知道用功，"相逢不相识"，阳气来了，那个时候精神还特别好，心念清净，不要睡觉了。不要睡觉是什么？是觉嘛，觉醒了嘛，醒了才一念不生，一阳初动，万物未生，在你刚睡醒的时候，杂念没有动以前，这个是正道，可是大家都用偏了，所以"莫怪相逢不相识"啊。"隐隐犹怀旧日嫌"，过去的习气跟着杂念来了。所以孟子讲修行平旦之气，平旦也是天快亮以前，这个时候胸怀坦荡，人刚刚睡醒，眼睛还没有张开，还有一点睡意，那个时候杂念妄想厉害不厉害啊？不厉害。半阴半阳的懵懂状态，正是用功的好时候。

一般人没有这个知识，阳气不动，你坐在那里是枯禅，都在阴气中，"隐隐犹怀旧日嫌"，你刚刚半夜要醒以前，虽然没有妄想杂念，有一点糊里糊涂，是不是？好像清醒，又好像动不了，对不对？睡眠刚醒，那个阳气充满，没有动任何杂念以前，正是好时节，不过是正中之偏，你要认得。并不是只有打坐用功，行住坐卧，随时可能有这个境界。夜里睡醒为什么有这个境界？地水火风都调整过来，邵康节的诗，"一阳初动处，万物未生时"。密宗道家研究佛在菩提树下，睹明星而悟道，也在这个时候，不过迟一点点。这颗明星是哪一颗星？每天早上东方有颗星最亮，快天亮了，这个叫晨星，也叫启明星，这个启明星具体是哪一颗呢？不是固定的，天体是转的，哪一天我在这里，刚好我是启明星了，过几天你转到这里，你变成启明星了。

我叫你们研究什么？《参同契》，你们留意没有？我叫你们研究《宝镜三昧》，有没有研究？"当明中有暗，勿以暗相遇；当暗中有明，勿以明相睹。"都是工夫与见地，也都是生机与生命，你们一句都没有提，光在玩文字。还有多重意义，所以你看古人把那么高深的生命科学，用文学表达出来。

偏中正呢，"失晓老婆逢古镜"，他为什么来个失晓呢？天晓就天晓嘛，他难道字写错了？那是黑暗完全退了，天亮了，黑暗完全消失了。换句话说，为什么是老婆逢古镜？新媳妇不可以啊？每一个字每一句都有深意。老太婆，逢的是什么呢？不是玻璃，旧的镜子刚刚磨炼出来，是古镜。你看昨天夜里就是接着白天起来，这一天过去了，佛学分三世，过去世、现在世、未来世，"失晓老婆"，阴性的，我们每天起来都是照古镜，这个镜子是古老的。"分明觌面别无真"，早上起来朦朦胧胧，天刚亮，洗个脸，梳妆打扮，就像老太婆搓粉，还变年轻一点，头发梳一梳，镜子一照，分分明明，"觌面别无真"，你说看到影子，影子是你不是你？良价禅师过水看到自己的影子,为什么悟道?就在这里悟。

"我今独自往,处处得逢渠,渠今正是我,我今不是渠。"《楞严经》上有个迷头认影的故事,影子是我吗?不是我。不是你嘛?的确是你的影子。现在我们听话的讲话的是你吗?你在哪里?看不见。现在这个肉体就是那边我的影子,我们的身体就是心的影子。一切唯心,我们投胎做人,自己就晓得有这么一个身体,不是你选的,业报使这个影子变成这么一个形状,可是这个他不是我。我现在给你们讲话那个觉性是我,你们听话的也是这样,"分明觌面别无真",当面看到镜子里的人,是真的我吗?还是这个肉体是真的我?严格用推理,用物理科学分析,这个绝不是真我,这是借用了几十年,从父母那里借来用的。假的这个我一定死亡,那个真我不在这个上面。"分明觌面别无真",就是他,也不是他。真在哪里?在影子上?还是在肉体上?还是在镜子上?你要搞清楚,参啊。

"休更迷头犹认影",你不要以为这个身体就是你的生命了,在这个上面修行参究,你的话头落在这里,清清楚楚,工夫见地一齐来了,是不是啊?

F 同学:是。

南师:那你们刚才怎么那么讲呢?

F 同学:我们工夫见地都不到啊。

南师:是吗?你参参看,他每一句话都是给你点到彻底,此所以人家成为大祖师,你不能不怀念他,这样清楚吧。不要乱写文章,乱搞文字了,写文章一字之差,落因果报应,百年野狐身。要小心啊,除非你不学这一套,真见道了以后,有真见地,言满天下无口过,你的文字传遍天下,不昧因果,还如金刚王宝剑破除一切。

你看《指月录》上关于五位君臣,后代宋元明清有多少人注解,这十几页你读通了,可以写一本几百万字的唐宋元明文化发展史了,科学哲学政治都在里头。现在谈文化怎么谈得上啊!怎么读懂天下奇书,我告诉你,我几十年没有讲过禅啊,你们这次碰到是运气好。古道跟我比较有缘,那年在厦门打七,他怕我有危险,第一个站出来要救我,就是这样认识他。我说:唉,这个人有意思啊。

这个里头都是工夫,都是见地,不要白听啊,你们现在上座打坐,境界完全不同了。"休更迷头犹认影",你们打坐都在那里迷头认影,所以记住他的悟道偈子,"切忌从他觅,迢迢与我疏,我今独自往,处处得逢渠,渠今正是我,我今不是渠"。他现在正是我,我可不是他,"应须恁么会",要这样去体会,去修行认识,"方得契如如",差不多了,你可以上路了,契合如来自性,也是如如不动的境界,此心本来没有动过,"本来无一物,何处惹尘埃",要这样理解进去。

"三更初夜月明前,莫怪相逢不相识,隐隐犹怀旧日嫌。"尤其你们用功,现在有电灯的科学时代,不要被白天的光明骗住了,也不要被夜里的黑暗吓住了,阴中有阳,阳中有阴。像我现在眼睛不好,夜里更不要灯了,也很清楚地看嘛,你给阴暗骗住干吗?有些同学们知道,夜里看不见,我还给人家写毛笔字,必要的只好写了。D同学说:老师你跟能看见一样,你究竟能看见还是看不见?我说我都瞎摸在那里写,是用意识,不是用眼睛在写,你不要被光明与黑暗骗住了。所以进一步你不要被生来死去骗住,假使我们该死,就走嘛,但也没有走啊,还在这里,本来没有动过。所谓这里,不是太湖大学堂的意思,是这个本位上,要这样参进去。

第九讲　洞山良价禅师　五

二〇〇九年十二月十日

　　南师：洞山的偏正回互与五位君臣，你要注意石头希迁的《参同契》。对于禅宗止观工夫与开悟，他们提出中国文化的方法，取代了印度释迦牟尼的一代时教，把三藏十二部都浓缩在中国文学里，的确是一个很奇怪的文化革命，我已经提到其中牵涉到很多要点，包括中国文学的变更。

　　这个时候有白居易出来写《长恨歌》，在李白、杜甫之后，元稹、白居易已经开始走白话诗的路线。这个时候禅门文学的开创，也深深影响了唐代的文学学术路线。你看中国文学史的演变，汉文的代表作一个是司马迁的《史记》，成为几千年颠扑不破的文化体裁；第二是司马相如的文章，所以古人讲"文章西汉双司马，经济南阳一卧龙"。司马迁的传记体文章，司马相如的诗词歌赋，那是很了不起的文学典范。讲到中国的政治思想、经济社会教育，"经济南阳一卧龙"，只有一个诸葛亮。戏剧、小说中给他穿个八卦袍，变成道家人物了，那是演戏；其实诸葛亮是正统的儒家，政治上兼用法家，经济上他懂得商道，真是了不起的人。而人们更熟悉他在军事上的成就，我们研究世界战史，打胜仗不容易，打败仗而不乱更不容易，诸葛亮六出祁山，六次都败，可是他没有乱，而且六次退兵都是井井有条，可以说千古以来没有一个人能够做到，这是他善于用兵。譬如一个老板创业失败了，倒下来没有损失，没有是非，难不难？爬起来没有事，诸葛亮做到了。诸葛亮的文章简短，前后《出师表》流传千古，所以古人讲文章但在流传不在多，知识分子的著作难得在世间流传，你看历代有多少学者，著作能够留传后代的没有几个。两篇《出师表》流传千古，代表了汉文。

我年轻时看到日本人儿岛献吉郎写的《中国文学概论》，的确写得好，现在中国的一般学者教授还写不出来，但是我现在回忆，他还没有讲彻底，真正唐诗变成宋词，是因为禅宗祖师们的关系。唐诗四句，开始是唱出来的"小令"，当时祖师们写这个不是给徒弟们简单看看，是叫他们背会，不用再看佛经，已经懂得做工夫了。本来四句诗，变成"小令"长短句，"正中偏。三更初夜月明前"，你可以打着板念。我笑这一代人没有文化，现在街上到处都有黄段子，不过我也很欣赏，每次听了都很佩服，天才很高，只可惜这几十年的文化基础不够，文学都变成黄段子了。你看曹洞这个时期已经改变了唐诗，出现"小令"体，所以由此以后，渐渐变成宋词，所谓"小令"，就是我们现在北京说唱的快板书。

另外，这个时候的中国禅宗整合了儒家、道家文化，引用《易经》八卦，这个还不敢给你们讲，你们没有基础，听了会头痛。这个变化，可以说是由石头希迁禅师开始，完全要做工夫，换句话说，这也是参话头。我经常问你们，人怎么睡着了？又怎么醒来？实际上每一次睡觉就是一次死亡，小死亡，死了又会重生，在这个里头你去参究。三更半夜，子时一阳生，"莫怪相逢不相识，隐隐犹怀旧日嫌"。那是讲以前农村社会。我们现在的生活，一两点才睡觉，睡到八九点勉强起来，刚醒的时候那一念，是什么？从哪里来？这个你要观察清。等五位君臣讲完，再给你们补充《易经》，真讲起来，一卦可以讲一个学期，内容很深刻，都是生命科学，同医理，同政治社会都有关系。

正中偏是子时，你们查查宝志禅师怎么讲的。

半夜子　　　　心住无生即生死
生死何曾属有无　用时便用没文字
祖师言　外边事　识取起时还不是
作意搜求实没踪　生死魔来任相试

南师："隐隐犹怀旧日嫌"，是不是相似啊，懂了吧，偏中正是天亮，你们再看宝志大师的平旦寅。

平旦寅　　　　狂机内有道人身
穷苦已经无量劫　不信常擎如意珍
若捉物　入迷津　但有纤毫即是尘
不住旧时无相貌　外求知识也非真

南师：你看古今这些大祖师的文字语言，文学境界不同，内涵一样，而且很美。

D 同学：失晓不一定是平旦，平旦寅是太阳刚出来的时候，失晓已经大明了。

日出卯　　　　用处不须生善巧
纵使神光照有无　起意便遭魔事娆
若施功　终不了　日夜被他人我拗
不用安排只么从　何曾心地生烦恼

南师：其实你不要被半夜、白天这个境界困住，祖师用游戏文字说出一个真理，白天反是偏中正，迷头认影，这就是生死问题了。那么，你们看看《参同契》："当明中有暗，勿以暗相遇；当暗中有明，勿以明相睹。"还有《宝镜三昧》中讲"夜半正明，天晓不露"，这样给你一点,你应该参进去了。

正中来,这是讲正位了,中正之位,如果你研究中国儒家的《大学》:"知止而后有定,定而后能静,静而后能安,安而后能虑,虑而后能得。"得到"正中来",定慧双修,到达正中的境界。

正中来　　　　　无中有路隔尘埃
但能不触当今讳　也胜前朝断舌才

南师:古代的监察御史,对皇帝的错误举动,往往会出来当面顶撞。在春秋战国的历史上,有好几位舌头被割了,叫他不要乱讲,他硬是讲君王不对,这个不能做的,遇到暴戾的君王就把他的舌头割了。为什么?触当今之讳。上面的领导想那么做,他说:这个不行的,对天下老百姓有问题,不能这样做。因为反对,舌头被割了,割了就割了,他还是反对。中国历史上有好几个这样的直臣、忠臣、义士,这是中国读书人的精神,官尽管做得很大,那是拿命来做,为百姓讲话,随时准备死的。古人有四个字:批其龙鳞。龙是代表帝王,一身鳞甲,一片一片如同鲤鱼,或者像摸狗一样,你顺着它的毛摸,狗不会咬你,反着摸,它会咬你的。龙有一身的鳞甲,你打他他都不在乎,人家无所谓,但是在龙的项下三寸,喉咙中间这个地方,你不能碰,这个地方有胡子。批其龙鳞,大臣反对帝王,等于当面打他,只有死路一条。古时忠贞的大臣,敢于批其龙鳞,当面开会跟帝王过不去,自己先把纱帽摘下来,放在帝王面前,你的官我不做了,我就是反对,你杀我吧。

"但能不触当今讳",你不必再用一点心,只要做到当下即是,一用心就不会了。言语道断,心行处灭,"也胜前朝断舌才",舌头也不要割掉了。当你修养到刚一上座或者随时随地一念不生、身心皆空,身体也没有感觉,入定了。"无中有路隔尘埃",统统是空的,如果这个时候你起心动念还有一点作用,就不是了。"一念不生全体现,六根才动被云遮。"所以你用功到这个时候自然会悟,整个空了。"无中有路隔尘埃",六祖说"本来无一物,何处惹尘埃",就是无中有路。"但能不触当今讳",当下即是,再不起心动念,此时言语道断,心行处灭,见到空性了,到此自然"也胜前朝断舌才"。你看这些禅宗祖师们,对于中国文学太通透了,书读得那么好才出家,满腹经纶,再来求证这个,可不是走投无路去出家,他随便引用几句白话,就给你讲清楚了。

兼中至,更难懂了,大乘菩萨道的修行就在做事的当下,不一定靠出家打坐、修行、证果,菩萨道就在一切生活中。《华严经》告诉你:一切处皆成正等正觉。处处可以使你见道,见到本来面目,明心见性,在入世中出世,兼中至,换一句话说,出世入世没有分别。

兼中至　　　　　两刃交锋不须避
好手犹如火里莲　宛然自有冲天志

南师:日本在丰臣秀吉这个阶段,幕府的争斗,等于中国的三国时期一样,有两名武士最后一仗打下来,两个人英雄惜英雄,因为两人都学禅,其中一名武士已经败了,没有力气了,对方的刀举起来朝他头上砍下来,同时问他:此时如何啊? 他说:如红炉一点雪,砍吧。一刀砍下,就死了。

冬天的红炉,雪一落下去,嗞——就没有了。你看日本人的历史,很多禅宗对话,都是中国文化啊。

所以"两刃交锋不须避,好手犹如火里莲"。好手入世修行,不出家,不专修,入世修菩萨道,修布施、持戒、忍辱、精进、禅定,如在火中取莲,谈何容易啊! 等于天津人的炒板栗,火烧得那么红烫，手插进沙里翻出来。"两刃交锋不须避"，能干的好手，武功最高的人，犹如从火里摘莲。

"宛然自有冲天志"，古人有两句禅诗："丈夫自有冲天志，不向如来行处行。"大丈夫连佛走的路都不走，要超过了佛。如果有人问你将来是否出家，你可以答覆他这两句，不用剃光头了。

F同学：老师，两刃交锋是否可以讲是入世与出世的心理，各种矛盾的交锋、交集？

南师：这些矛盾多么痛苦，所以你与G同学这些做事业的人，这些年都在两刃交锋中，都在火中取栗啊。

G同学：手也烫啊。

南师：我看你的手还是好好的，所以你了不起啊。"丈夫自有冲天志，不向如来行处行"。所以兼中至，换一句话，大智者在烦恼即菩提，贪瞋痴即是菩提，在贪瞋痴上突然悟了，这个了不起。烦恼即菩提，就是工夫与见地兼到，有这个气派才可以学禅。

更进一步，"兼中到，不落有无谁敢和，人人尽欲出常流，折合还归炭里坐"。大彻大悟到家了，那不能说空也不能说有，尽管烦恼即菩提，已经没有烦恼了，既然没有烦恼，也不取菩提了。"不落有无谁敢和"，超然而独立，那么到家了，开悟成佛，结果如何呢？"人人尽欲出常流"，跳出世外，真正悟道的人，反而是我不下地狱，谁下地狱啊。地藏王菩萨的精神，也就是古人的两句诗："剑树刀山为宝座，龙潭虎穴作禅床。"内圣外王之学到家了，"道人活计原如此，劫火烧来也不忙"。真悟道的人，没有什么入世出世之别，很从容自在，从容中道，天天都是潇洒自在，处处在道中，身在地狱、天堂都是一样，烦恼、菩提都是一样。

志公大师的《十二时颂》更细密，第一首从平旦寅开始，十二时辰的道理就是十二因缘。中医针灸非常注重时辰、季节与十二经脉的配合，都有道理。

（大众念《十二时颂》）

南师：是不是与洞山祖师的《五位君臣颂》一样？由南北朝到志公大师，再到唐代，中国禅宗就不用佛经的语言文字，而是用中国文学来表达，呈现出轻松愉快的中国禅的路线，同时与最高的政治、军事、领导学都分不开，每个禅宗祖师都是奇才，都是帝王才，在那个太平治世没什么用，都跑到禅门里了，这些人在乱世可能都是土匪头子。

你们要研究中国禅宗，从志公禅师的《十二时颂》开始，加上傅大士的《心王铭》，三祖的《信心铭》，石头希迁的《参同契》，以及洞山这一系的《宝镜三昧》《五位君臣颂》，这一条路走下去，那真是"百花落尽啼无尽，更向乱峰深处啼"，那就不得了了。

从石头希迁禅师到洞山禅师，讲偏正回互，借用坎离的变化。离卦代表太阳、光明、火，本来先天八卦是三爻，这一画叫一爻，卦者挂也，挂在大自然里，你看得到的现象。画卦是从下面一爻一爻向上画，也可以说是从内心开始，心里念动向外发展的。离卦第一爻是完整的，叫阳爻，第二爻是破开的，叫阴爻。你把上下两爻连起来，就是一个圆圈，中间一点，这个就是太阳，几千年前老祖宗就知道，太阳至阳中有个黑点，阳极阴生。相反的是坎卦，外圈是阴，中间是阳，月亮本身不会发光，反映太阳的光，焦点集中到中心，所以月亮的中间是至阴中的至阳之气。学医更要懂得这个道理，阳极阴生，阴极阳生，用药也是这样。一件事发展到极点，反面就来了，反面在哪里？就在它本身的中心，一动就有一静，有阴有阳。离卦第二爻是阳中之阴，你把这一阴爻拉出来，同上面的第三、四爻连起来，这个中间变了，不是离卦了，刚好相反，中间变了，现象就变了。八卦你多去把玩，变完了，变出多少现象，每个卦名都要会背，你们没有这些基础，影子都没有，你们要先把八八六十四卦背了，再给你们讲离坎的变化，正中来、偏中至等等，你们现在用功,是从身体入手还是从心入手,这都是问题。

现在关起门来讲真话,这是一门关于身心性命的大科学,讲曹洞宗离不开《易经》这一套学问,卦象是什么？就是境界,打坐随时有各种境界的变化,是身心两方面的交互影响,不光是身体的变化,也就是地水火风空、金木水火土的变化。有时闭目打坐,在黑暗的房间里突然感到发光了,乃至五脏六腑都发亮,自以为得道了,那还不是,只不过是卦象的改变,是离卦中爻的转变而已,所以你不要着相。

第十讲 洞山良价禅师 六

二〇〇九年十二月十一日

南师：所有文化的基础在文学，文学不好，不要随便谈文化，外国文化也一样，现代西方没有文学，东方也没有了。曹洞这几代的祖师，你要注意他们怎么修行，怎么了脱生死，怎么参禅用功，这是重点，这些偈颂代表了他们的见地与工夫，至于文学内容是随便用的。

《指月录》的编者瞿汝稷，学问非常好，花了几十年的时间编辑这本书，集中了宋代以前禅宗的要点，可见人家学问非常渊博。可是你真要修持，不要被这个骗住了，这两天带你们在文字禅里一转，我发现你们全都被骗住了，你看看他的上堂说法和用功记录，就丢开了文学。洞山禅师的偈颂是从文言转向白话诗词体，表达了他的修证工夫与见地境界，也迷惑了大家，他不是故意显露他的文学才能，但他确实有这个本事，随便一玩，你们参去吧。

你看看和他同时代学佛的在家人，像白居易、杜牧这一批才子，他们的文学确实高明，白居易在修行见地方面也很高明，还做官呢，人也很风流潇洒，他有一首禅诗讲工夫与见地。

> 须知诸相皆非相　若住无余却有余
> 言下忘言一时了　梦中说梦两重虚
> 空花岂得兼求果　阳焰如何更觅鱼
> 摄动是禅禅是动　不禅不动即如如

这不光是文学,他自己是真用功。第一句用了《金刚经》诸相非相,把一切都推翻了,你再看《参同契》,"门门一切境,回互不回互",境就是相,你闭目打坐,那个清净就是相,你认为有个清净,就着相了。"若住无余却有余",你觉得心里一切空了,进入无余依涅槃,你不要吹了,你觉得有个空的境界,已经落在有余依了。这两句诗很彻底,就是白话诗。"言下忘言一时了,梦中说梦两重虚。"就像你抓住祖师的一句话"本来无一物,何处惹尘埃"。你抓住这句话去用功,那不是言下忘言一时了,那也是梦话,本来醒梦一如,还有个什么? 本来空的嘛,所以说"梦中说梦两重虚"。

"空花岂得兼求果",一切众生自性本来空,应无所住而生其心,拼命打坐要得个四禅八定,修个果位,那是"空花岂得兼求果,阳焰如何更觅鱼",佛经明明告诉你,一切所作所为,人生如梦。其实大智慧人听到一句人生如梦,已经悟道了,梦本来是空的,不需要再求个空。你打坐坐在那里三年不动,也不过是一堆梦而已。阳焰空花,到蓬莱海岛一看那个海市蜃楼,或者夏天在马路上开车,看到前面路上都是水,那是阳焰,不是真的有水,里头哪有鱼啊?

"摄动是禅禅是动,不禅不动即如如。"你说打坐,两腿一盘,万缘放下,念头都不起,认为这个是用功,把动的收拢来不动了,一念不生,以为这个是禅定。既然有个禅定,已经不是禅了,那还是你唯心所造。"不禅不动即如如",也不要禅,本来如是,此心放下,当下清净。

(大众唱念白居易的诗)

你看多清净,此所谓学佛的才子,此所谓千古名诗。白居易是真学佛,他透彻得很,这首诗名为《读禅经》,那个时候还没有《指月录》呢,但是从六祖以后,禅宗已经普及唐朝了。下面再看第二首。

> 吉凶祸福有来由　　但要深知不要忧
> 只见火光烧润屋　　不闻风浪覆虚舟
> 名为公器无多取　　利是身灾合少求
> 虽异匏瓜难不食　　大都食足早宜休

　　人生前途的一切命运，只要你知道，一切在知，你天然有个知性，人生命运还要问上帝、菩萨吗？一知便休，也是儒家的精神。"只见火光烧润屋，不闻风浪覆虚舟"，《大学》讲"富润屋，德润身"。现代人拼了命去买房子，暴发户赶快盖五星洋房，据我几十年在国内国外居住的经历，现代建筑最难的是防水防火。换句话说，只有升官发财的人才会倒楣，没有看到穷人倒楣，穷到了极点，还有什么楣可倒？空船在海上漂，即便遇到台风也不容易翻掉，反倒是装满的油轮最容易出事。人生就是这样，"只见火光烧润屋，不闻风浪覆虚舟"，把佛法给你讲完了。

　　世人只为两样事情奔忙，一是求名，一是求利。名为公器，那是命运的关系，前生的因，有的人会成大名。我常常回想当年多么了不起的人物、大学问家，看了他的著作，怎么会有这样的大名？名是公器，没有理由，这个人忽然出了大名，无多取啊！不要被名骗住了。"利是身灾合少求"，利多钱多祸害就多，所以人们常说一个人有没有福气，福有多大，气就有多大，天天都在生气。

　　你说不要名不要利去出家吧，那为什么还叫人家付钱烧香呢？匏瓜好吃，尝尝就算了，拼命吃饱了又拉肚子，那是何苦呢？哪个人不求名不求利？但是不要被名利骗住了，不要执着，不要贪求。

> 鱼能深入宁忧钓　　鸟解高飞岂触罗
> 热处先争炙手去　　悔时争奈噬脐何
> 樽前诱得猩猩血　　幕上偷安燕燕窠

我有一言君记取　世间自取苦人多

这就是人生的境界，人活到知足常乐，差不多就赶快放手，白居易是学通了的人。"鸟解高飞岂触罗"，鸟飞得高，就不会被别人用罗网抓住，人要学会处理自己的进退。"樽前诱得猩猩血"，古人去山上抓猩猩，用猩猩的血作药，或是作染料，故意在山里摆上酒菜，前面放一双木屐，猩猩看见了好吃的，左看右看，不敢上去吃，过了好久，闻了又闻，左右看看没有人，没有动静，上去又吃又喝酒，喝醉了就穿上木屐跳舞，一跌倒就被抓住了。"幕上偷安燕燕窠"，我们过去的老房子，梁上都有燕巢，燕子很辛苦的，有的是一根一根从海边衔来小鱼，堆成一个窝，结果还被人家偷去了。"我有一言君记取，世间自取苦人多"，白居易说以他的经验看来，世间人生的痛苦大多都是自己找来的。

白居易还有一首诗，说他晓得前世三生，自己打坐记起来了。

> 房传往世为禅客　王道前生应画师
> 我亦定中观宿命　多生债负是歌诗
> 不然何故狂吟咏　病后多于未病时

他说定中回忆起来，自己前生是这么一个人，搞诗文搞惯了，这一生被喜欢作诗词的习气困住了，"病后多于未病时"，乃至生病都在作诗，越病诗越多，嘲笑自己的习气之难改。你看这些名人的故事，就懂了佛法的道理。

本来研究曹洞宗，牵涉到《易经》的离卦，像白居易的诗一样，洞山禅师尽管出家了，他年轻时的基础教育对中国文化都是透彻的。从希迁、药山、云岩到洞山，不但通晓佛经，更通晓儒道两家的文化，所以你看洞山禅师的悟道偈，"切忌从他觅，迢迢与我疏"，这个他,就是这个身体生命的两重作用,一个受阴,一个知觉,色阴与受阴是一组,想阴与行阴也是一组,统统是心识所变。

以中国文化自身的立场而言,中国上古的帝王不仅是代表政治,都是内圣得道的人去做帝王,后来夏商周变成家天下,那已经落在小器中了。所以儒家文化,几千年来并不关心朝代的更迭,你翻开中国历史看看,上古的圣人出来做皇帝那是迫不得已,这不是"唯物史观",也不是"唯心史观",是"唯时史观"。根据什么?根据天文、《易经》的阴阳,告诉你们研究《易经》,先要懂得画卦。中国人上古的这个智慧,是上个冰河时期的文化,用佛学的话来讲,那是上一个空劫以前的人类文化,发展到最后,个个得道了,人类科技到了最后,毁灭了自己,智慧到了最高处,人都不用动脑筋了,坐在那里,真是佛经上的境界,思衣得衣,思食得食,想什么就有什么,科技会发展到这样。

乾为天,不只代表天,这个符号也代表阳,代表男人,在动物里面,代表龙,坤代表马。所以你说《易经》到底说些什么?只要一说,开口便错,什么都没有讲,但是又包罗万象。我们六七岁时就会背了,"乾三连、坤六断",连到是阳,断了是阴。"离中虚、坎中满",离卦代表太阳,代表火,坎卦代表水、月亮。"震仰盂、艮覆碗",震代表雷电,像一个碗一样仰着,上面空的开口,翻过来艮卦代表山,等于一个圆圈盖着下面四点。"兑上缺、巽下断",兑卦下两爻为阳,代表湖海,巽为风,代表天体,也可以代表生命,曹洞宗的这些祖师都透彻,偶然会提到。研究生命科学,研究中医,这个不懂,那不要谈了。请 A 同学画先天八卦给大家看看。乾在上面,坤在下面,就是"天地定位",即便你坐飞机飞到地球的下面,你头顶上的那个虚空还是天,落脚的地方就是地。"山泽通气",艮为山,在右下方,斜对面是兑,代表海洋,这个大陆是浮在海上的,四方都是水,中国几千年前就知道"山泽通气"。假设我生在汉唐，做大元帅带五十万雄兵到大沙漠里作战，到哪里找水喝啊？有山丘的地方可以找到水，"山泽通气"。"雷风相薄"，东北震为雷，斜对方西南为巽，巽为风，所以云南多风，下关的那个风之大，我们抗战的时候开卡车到下关，上面堆满了东西，司机只用扶好方向盘，那个风一吹，就把汽车吹动了。"水火不相射"，水与火两不冲突，也就是佛说的四大性离，这都是物理，都是自然科学。

后天八卦就不同了，离在南，坎在北，震在东，"帝出乎震"，太阳每天从东边出来，向西边落下，这个后天八卦可以放在手上，你们学会后天八卦，会有用的，所以诸葛亮掐指一算，用的就是这个。上古没有电脑，就用这个。

　　阴阳顺逆妙难穷　　二至还乡一九宫
　　如人识得阴阳理　　天地都来一掌中

这是依通，依靠卦象、数理来推测，什么都可以知道。"二至还乡一九宫"，这与气候有关，冬至的气与夏至的气，冬至是一阳生，夏至是一阴生，一到九，九是阳数之极，阳极阴生，阴极阳生，中国文化都在诗词里，古人把那么科学的算数、数理都变成文学。"如人识得阴阳理，天地都来一掌中。"掐指一算，天下大事都懂了，就不愿再出来做官发财，皇帝都不想做了，人会提升到那样的高度。

回转到我们自己的身体，乾卦代表头到虚空，坤卦代表肚子下面到脚，艮卦代表后背、督脉，学医的人必须要懂任督二脉。离卦代表眼睛，坎卦代表耳朵，巽卦是风，代表鼻子，兑卦代表嘴巴，震卦代表心脏、中脉。这是拿先天八卦做代表，拿中医来讲，不懂这些阴阳五行，就绝对研究不了《难经》，这是讲医理。

先天卦画三爻，后天画六爻，上面的三爻也叫外卦，下面的三爻也叫内卦,上下内外,所以《参同契》讲偏正回互。一年有十二个月,阴历从每年的十一月起,以太阴为标准,阴历每个月的十五,月亮都是完整的,从东方起来。天体是左旋,整个虚空都在转动,地气右转。我们身体的气,从娘胎里开始,就是生命的能量在转。天气左旋,地气右旋,地气以太阴为标准。外国以阳历算,但是这个原则可以反过来用,一样计算得出来,看你会不会活用,这就是智慧了。这个乾卦代表完整的一年十二个月,用子丑寅卯等十二地支;十天干与五行配合,分阴阳两类,代表天体的行为和动力。你们会背吗?

E 同学:东方甲乙木,南方丙丁火,西方庚辛金,北方壬癸水,中间戊己土。

南师:十天干配合十二地支,满六十为一周,称为六十花甲,里头有详细的数理,几千万年以前的事都可以推算出来,岂止你的命运而已,中国这一套科学,到现在还有人说是伪科学,我看他们才是伪科学。

这门学问是根据地球自然的变化,为了研究禅宗我们牵涉到这些,因为天地在变,所以无常。乾卦第一爻开始变,外卦还是乾☰,内卦变成巽卦☴,巽为风,所以是天风姤卦䷫,这个姤就是男女两个交媾的媾,本来下面也是纯阳,一动就破了,生命的气来了,变成阴的,所以"一阳初动处",你打坐本来坐得很好,到最后两腿发胀,下面的气动了,可是你下面的气脉不通,受不了只好下座。如果你受得了,气脉通了,阳气上升了,身体得定就直起来。你看唐代的佛像都是细腰,面带微笑。天风姤,就是自己体内的阴阳交合,譬如再过几天就是十一月了,就是子月,冬至一阳生,夜里最长,从第二天开始白天渐渐变长,到夏至白天最长,气候、光明、气脉统统在变化。所以好的中医懂十二经脉与节气的关系,你去看病,他问:"哎呀,几岁了,哪一天开始不行的?""前两天。"他掐指一算,看看二十四节气,可能那两天天气刚晴,又起大雾,身体气脉跟着起了变化。这是讲天风姤,一阴初生。阴极阳生,譬如我们夜里睡不着觉,因为你白天精神太旺,要给你吃一点降火药,他的精神平静了,就是天风姤。你夜里睡觉,阳气发动的时候,天风姤,这是活子时。这个原理你懂了,随时阴阳二气在身体内转动,当气很旺盛的时候,你精神百倍,性趣很高啊!情绪也冲动,容易闹事。就像我们这里的一位同学,我一看情况不对,大概天风姤来了,再变就是天山遁了。

第二爻再变呢,变成天山遁☰☶,遁者躲开也。阴气慢慢起来了,本来你买来一个小姑娘作童养媳,到十七八岁,你看了也受不了,这个阳气也不敢硬撑了,要躲着她了。

第三变是天地否☰☷,这时头脑的气象不同了,身体内部变化较大,男女有时候睡到半夜,气冲动起来就是这一卦来了,所以叫你赶快起来打坐炼精,就是偏正回互。当年我读到《易经》天地否就笑,古人讲得真好啊,本来空的世界蛮好,没有地球,没有万物,也没有痛苦,但是自从有了天地,有了万物,有了男女就有了痛苦,否就是"呸",变坏了,就否定了一切。

这三变完了,"道生一,一生二,二生三,三生万物"。三变就到头了,再变外卦就变成巽卦☴,上面是风,下面是地,风地观☴☷,宇宙开始了,社会文明开始看得见了。第五爻再一变,山地剥☶☷,阳气剥得只剩一爻,下面全是阴,等于一个老头子有五个太太,阳气只剩一口了,快要翘辫子了,阴盛极了,孤阳无偶啊,再一变就成纯阴的坤卦☷☷了。

冬至一阳生,下面坤卦第一爻变了,变成地雷复卦☷☳。我们打坐到后来,精神好了,腿也坐不住了,正在恢复生命的机能,你过了这一关,一座下来,生命又赚回来一点了,本来可能要早死的,所以长生不死是慢慢炼自己生命的气,十二经脉自然变化了。这个复卦是七日来复,女人全身都是阴,只有中间一点是真阳,而男人全身是阳,中间一点却是至阴。

地雷复卦是地底下的雷起来,当年我还在台湾的时候,美国有个教授研究雷电,他说:"打一次雷,地上就产生了好多肥料啊。"我说:"我们中国的老祖宗早就知道了,你知道雷有几种吗?""雷还有几种啊?"我说:"有十几种雷。"天雷无妄、地雷复等等,到了惊蛰那一天,那个地下的阳气一发动,农民就开始下种了。我们的身体也是这样,寒病到极点,要用附子引发你的生命复阳,可是还要配合别的药材,可不能乱用啊!

第二爻再一变呢,变成地泽临☷☱,阳气刚刚上来。再向上一变,变成地天泰☷☰,女人在上,男人在下,天下太平,男人在上,女人在下,天下大乱。再变就是雷天大壮☳☰,阳气从阴气中一路冲上来,阴气快要完了,阳气快要当家了,泽天夬☱☰,像一个老太婆快要死了,孙子要当家了。最后变成乾卦☰☰。所以一天十二个时辰,气脉的变化不同,你要观察清楚,那是止观,是境界般若,"门门一切境,回互不回互"。曹洞宗影响了唐代以后吕纯阳一系的神仙丹道学。石头希迁禅师写《参同契》,他难道不知道道家有一本《参同契》吗? 他当然知道,他就是要用这个名字,"竺土大仙心,东西密相付",仙佛两家都是一样。

第十一讲　洞山良价禅师 七

二〇〇九年十二月十二日

　　问：欲见和尚本来师，如何得见？师曰：年牙相似，即无阻矣。僧拟进语。师曰：不蹑前踪，别请一问。僧无对。

　　古道师：一个和尚问洞山禅师：怎么样能见到您的师父呢？云岩禅师已经圆寂多年了，这个时候他突然问这个问题，就比较严重了，等于我们自己家里已经过世的老人，你说怎么样才能见到呢？结果洞山禅师说："年牙相似，即无阻矣。"这句如果要注解，那就是我自己的注解了。

　　南师：你注解吧。

　　古道师：只要你有向道之心，自会进步，自有一天见到师父。那么，这个和尚不明白，还想继续再问，洞山禅师就把他挡住了说：这个问题先搁下，你还有没有别的问题？就是不要跟着那个思路，已经给他否定了，看他还有没有别的见解，结果那个和尚答不上话了。

　　师与泰首座，冬节吃果子次，乃问：有一物，上拄天，下拄地，黑似漆，常在动用中，动用中收不得，且道过在甚处？泰曰：过在动用中。师唤侍者，掇退果桌。

　　古道师：首座一般是方丈和尚座下，领众修行的楷模，如果以部队来讲,差不多相当于指导员,负责解决思想教育问题。有一年的冬天,洞山禅师与泰首座一起吃果子、喝茶,就像今天我们这里一样,老师慈悲请大家吃果子、喝茶,好像日常的聊天,但也是实实在在的用功。所以果子刚摆好,洞山禅师就问首座和尚:有一个东西,上面顶着天,下边抵着地,黑漆漆的,就在我们日常生活中,但就是看不清摸不着。那是为什么啊?

反过来说,为什么如来自性,人人具足,一切众生平等,时时都在日用中,那为什么我们在日用中不能明心见性?到底我们的本来面目是什么?

这位首座说:"过在动用中。"因为我们每天都在生活中,所以虽然有这个作用,但我们没有觉察到。结果,洞山禅师把侍者叫来:"来来来,把这些果子收掉。"

南师:这位首座灰头土脸,一口果子都吃不到。这个问题大家没有解决,所以大家也没有资格吃这个果子。

H同学:首座说:"过在动用中。"认为需要打坐修定,才能把持不动。洞山禅师就说那你还吃个什么果子,打坐去吧。

南师:你好像可以吃果子了。他认了一边,以为不动即是。

古道师:这个泰首座可能禅定工夫很好。

F同学:我代泰首座答一句:觉则无咎。

南师:如果你当时在座,洞山禅师这么一问,你干脆就说:老师啊,现在吃果子就吃果子吧。(众笑)

F同学:那我们还是吃果子吧。

G同学:如果有人接着说,果子别拿走,留下来吃,那也是在动中用啊!

南师:对啊,那样洞山禅师一定不反对了。

古道师:可惜他当时不在,否则可以给泰首座解围了。

> 问：蛇吞虾蟆，救则是？不救则是？师曰：救则双目不睹，不救则形影不彰。

古道师：一个和尚问洞山禅师：蛇正在吃蛤蟆，我救它好呢？还是不救它好呢？你说不救，那不慈悲，如果救了蛤蟆，蛇本来就是要吃这些东西，你为什么要偏向蛤蟆呢？顺其自然，又不慈悲，实际上是非常为难的事。洞山禅师说：如果救它，"双目不睹"，没看见一样，等于说你不要带任何成见，救就救了。如果不救他，"形影不彰"，没看到一样，实际上是一个道理。那到底如何是好？

南师：你该怎么办？

古道师：如果是我，我转身就走了。

南师：还有两个公案，可以作个参考。有两个和尚，都开悟了，两人出门带着方便铲，锄头一样背着，入山时可以当作武器驱赶野兽，也可以遇见死尸随时掩埋，慈悲方便。有一次两人在路上见到一个死人，好可怜啊，一个和尚赶紧就地挖土掩埋，另一个和尚看都不看，问都不问，两手一甩直接就走了。这件事后来传到他们师父那里："师父啊，他们两个都有道行工夫，到底谁对啊？"师父说：埋的是慈悲，走的是解脱。

另一段公案，有一位官员来拜见马祖道一禅师：师父啊，我们在家学佛的人吃肉呢，还是不该吃肉呢？马祖说：吃是中丞的禄，不吃是中丞的福。你们参参看。

> 问雪峰：从甚处来？曰：天台来。师曰：见智者否？曰：义存吃铁棒有分。

古道师：雪峰义存后来也是了不起的大禅师，云门就是从他手里出来的。他参过洞山，洞山指点他又去参德山，义存在德山座下饱受钳锤,有一次他和岩头和尚行脚,在岩头的指点下,大彻大悟,后来在雪峰宏化,雪峰就是现在福州闽侯县。有一天,洞山禅师问义存:你是从哪里来的? 义存说:从天台来。天台山是隋代智者大师的道场,洞山禅师就问他:那你见到智者大师没有? 结果义存没有直接回答,他说:我到您这儿来,还是值得您老人家教育的。所谓吃铁棒就是接受棒喝,接受禅宗的教育。

　　雪峰上问讯。师曰:入门来,须有语,不得道早个入了也。峰曰:某甲无口。师曰:无口且从,还我眼来。峰无语。

古道师:有一天雪峰义存去拜见洞山禅师,合掌问讯,洞山禅师一看他,好像有点问题,就说:你要入门,咱们有话要说,但你不能说早已经进来了。等于说你还没有真正明白,不用在那里吹牛了,没事你赶快回去吧。然后雪峰义存回答得也奇怪:老和尚要问,但我根本没有嘴。比师父还干脆,把那些问题都扫开了。洞山禅师说:你既然没有嘴,那把眼睛还给我。雪峰义存又答不上来。

南师:这都是师徒间临时的机锋对答。

古道师:"某甲无口",我还没有讲话啊。

南师:对,虽然没有讲话,但两个人已经眼对眼看到了,"无口且从",姑且不说,至少你进来向我合掌,已经看到了。

　　雪峰搬柴次,乃于师面前抛下一束。师曰:重多少? 峰曰:尽大地人提不起。师曰:争得到这里? 峰无语。

古道师:雪峰义存也是一场败阙,没事找事,替他惋惜。有一天,他挑柴火的时候在师父面前扔下一束,那不是轻轻地放下,师父可能正在那里打坐,他把一捆柴扔到师父面前:你看我们累成这

117

样,老和尚坐着倒是清闲。洞山禅师就问他:这捆柴到底有多重?义存说:重得很啊,全天下人一起抬都抬不动!洞山就问:全天下人都抬不动,那这东西怎么到我面前的?雪峰义存就没话说了。洞山问他多少斤,这个时候不回答还好,因为明明是他扛来扔到这里的,他说全天下人一起抬都抬不动,不是自说妄语吗?

南师:这是在因明逻辑上犯了错误。

古道师:所以还是老和尚高明,雪峰无语是自然的。

> 问:时时勤拂拭,为甚么不得他衣钵? 未审甚么人合得? 师曰:不入门者。曰:只如不入门者,还得也无? 师曰:虽然如此,不得不与他。却又曰:直道本来无一物,犹未合得他衣钵,汝道甚么人合得? 这里合下得一转语,且道下得甚么语? 时有一僧,下九十六转语,并不契,末后一转始惬师意。师曰:阇黎何不早恁么道。别有一僧密听,只不闻末后一转,遂请益其僧。僧不肯说。如是三年相从,终不为举,一日因疾,其僧曰:某三年请举前话,不蒙慈悲,善取不得恶取去。遂持刀白曰:若不为某举,即杀上座去也。其僧悚然曰:阇黎且待,我为你举。乃曰:直饶将来,亦无处着。其僧礼谢。

古道师:有个和尚问洞山禅师当年五祖传法的公案,神秀与惠能的两首偈子,一个说时时勤拂拭,一个说本来无一物。他说妄念来了,打扫干净,保任清净,那也没有错,为什么五祖不把衣钵传给神秀? 到底什么样的人有资格得到衣钵呢? 洞山禅师说:不入门的人可以得到。这个和尚就说:我就是不入门的,你把祖祖相传的那个传给我好不好? 洞山禅师说:"虽然如此,不得不与他。"六祖虽然没有入门,还没有正式剃头出家,但已经悟到自性本来如如不动,从来就没有染污过,威音王以前如此,到弥勒下世还是一样,那个佛性都没有缺失啊！无论帝王或是乞丐，本来如是，所以不得不给他。洞山禅师又说："直道本来无一物，犹未合得他衣钵，汝道甚么人合得？这里合下得一转语，且道下得甚么语？"惠能说本来无一物，实际上不该得人家衣钵，就在这里，你下一句转语，说说看什么人该得？这时有一个和尚可能辩才无碍，连说了九十六句，但是都不合洞山禅师的意，都不认可他。最后他又说了一句，洞山禅师终于满意了：老弟，你怎么不早说这个话呢？

　　另外有一个和尚听到这些话，但是他没有听到最后那一句转语，心里很纳闷，就一直追着那个和尚：你给我讲一下，你最后那一句到底是什么？那个和尚不肯告诉他。就为了这一句话，他就当侍者跟着那个和尚，服侍了三年，古人可爱到这样，恭敬做饭、洗衣，很辛苦的，三年下来很不容易啊！比六祖还辛苦，六祖跟着五祖捣米三年，一条腿变得很粗，我们小时候也干过，捣辣椒面，要把眼睛蒙起来，不然一刮风就很难受了。

　　他做侍者三年，你看多可怜，结果那个和尚就是不给他讲，他辛苦了三年，身体也生病了，快不行了，最后狠下心，拿了一把刀，逼着那个和尚：我跟了你三年，那么恭敬，你都不给我讲，反正我已经病得不行了，今天就给你来狠的，你再不给我讲，我就把你杀了。那个和尚也被吓到了：哎哟，法师法师，你别着急，我可以给你讲，但是那是我悟的境界，不是你的啊！老师常说不把佛法当人情，那个和尚被人拿刀逼着，还是坚持原则，也很了不起。结果这个和尚一听，就明白了，作礼拜谢，但他也没说明白了什么。

　　问：师寻常教学人行鸟道，未审如何是鸟道？师曰：不逢一人。曰：如何行？师曰：直须足下无私去。曰：只如行鸟道，莫便是本来面目否？师曰：阇黎因甚颠倒？曰：甚么处是学人颠倒？师曰：若不颠倒，因甚么却认奴作郎？曰：如何是本来面目？师曰:不行鸟道。

古道师:我一听这个就头痛了,鸟道不好走啊,想问个路都没有人,你说是什么滋味?一个和尚问洞山禅师:师父啊,你平常教我们要走鸟道,不知道什么是鸟道啊?一种理解可以说是崎岖的小路,孤寂寂寞。还有一种解释是没有踪迹,鸟在空中飞,影子都没有,修行人处处不留痕迹,不执着一切善与恶。洞山禅师说:"不逢一人。"这条路上见不到一个人的。

南师:从来古道少人行啊。

古道师:这个和尚问:那怎么走呢?洞山禅师说:"直须足下无私去。"你就当下一念,如石头沉水,一沉到底。你就那么走,不要有什么私心妄想,都别挂怀了,你就坦荡走下去就对了。你已经到洞山来了嘛,继续修下去就对了。这个和尚问:难道这样就是本来面目吗?洞山禅师说:你咋又颠倒了?刚才说的还像个道人的话。和尚问:我哪里颠倒了?洞山禅师说:你如果不颠倒,那为什么把奴才当成自己的儿子了?也就是认贼作主的道理,宗门下经常比喻把错误的妄想知见当作自己的主人公。

那个和尚又问:如何是本来面目?这样不对,那样也不对,那你说到底什么是本来面目?到底什么是佛性?洞山禅师说:不走鸟道。

问僧:名甚么?曰:某甲。师曰:阿那个是阇黎主人公?曰:见只对次。师曰:苦哉苦哉,今时人例皆如此,只认得驴前马后底,将为自己,佛法平沉,此之是也,宾中主尚未分,如何辨得主中主?僧便问:如何是主中主?师曰:阇黎自道取。曰:某甲道得即是宾中主,如何是主中主?师曰:恁么道即易,相续也大难。遂示颂曰:

嗟见今时学道流　千千万万认门头
恰似入京朝圣主　只到潼关即便休

古道师：洞山禅师问一个和尚：你叫什么名字？那个和尚回答了名字。洞山又问：哪个是你的本来面目？和尚说：就是当面这个，你不是见到了吗？洞山说：苦哉苦哉，现在的人大多跟你一样，只认得驴前马后，光影门头，似是而非，让你们这样玩下去，佛法就完了。像你这样，宾中主都不认得，如何辨得主中主？

老师经常说：好啊好啊，你们以这点水平学禅学道，不是浪费我时间吗？但是没有办法，只能说好啊好啊。六尘都算是宾，都在作用当中，我们的本来面目呢？也在作用中，在日常生活中要认得这个，在一切宾位中，有一个真正不变的主，连那个都没有认清楚，如何辨得主中主？一切日用中，本来清净，当下本来就遍一切处，连那个都不知道，你还问什么主中主啊？你想找这个，别扯了，赶快住茅棚去吧。

一提到主中主，那个和尚就借着这个话又问：如何是主中主？主人公就是主人公了，为什么还有个主中主？以唯识来讲，日常生活中，我们的妄想分别是第六意识的作用，非常能干非常了不起，上天入地无所不能，像喝酒不是我喝的，他的后面还有个主人呢，那个他不喝酒的，所以祖师讲一日三餐没咬过一粒米啊。

如何是主中主？洞山说："阇黎自道取。"你自己回答啊，主人公不在我这里，在你那里，你要认得自己的主人啊！那个和尚说："某甲道得即是宾中主。"我即便能回答这个，还是妄想分别事。军中挂帅的那个还是帅，不是王，所以还是您老人家慈悲，请您讲讲吧，到底什么是主中主？到底什么是本来面目？洞山禅师说："恁么道即易，相续也大难。"好啊，像你这样说还好，做到相续就难了，那就给你说一首偈吧：

嗟见今时学道流　千千万万认门头
恰似入京朝圣主　只到潼关即便休

　　洞山禅师非常感叹,现在学道修行的人千千万万,大家都是在光影门头认那一点影子而已。本来我们是要到京城见皇上的,结果还没有到长安,走到潼关就休息了,误以为已经到长安见到皇上了,得少为足。

第十二讲 洞山良价禅师 八

二〇〇九年十二月十三日

有僧不安,要见师。师遂往。僧曰:和尚何不救取人家男女? 师曰:你是甚么人家男女? 曰:某甲是大阐提人家男女。师良久。僧曰:四山相逼时如何? 师曰:老僧日前也向人家屋檐下过来。曰:回互不回互? 师曰:不回互。曰:教某甲向甚处去? 师曰:粟畬里去。僧嘘一声曰:珍重。便坐脱。师以拄杖敲头三下曰:汝只解与么去,不解与么来。

古道师:有个和尚身体不舒服,快要走了,一定要见洞山禅师,洞山就去看他了。这个和尚问:师父,你要赶快救救人家的儿女啊! 洞山问他:你是什么人家的儿女? 和尚说:我是大阐提人家的儿女。大阐提就是没有善根的大恶人,历史上佛教曾经讨论过大阐提人能不能成佛,道生法师主张可以,因此被大众赶走,后来的佛经翻译过来,原来佛说大阐提人也有佛性,也能成佛。

南师:地狱众生有一天悟道了,也可以成佛,无间地狱的众生是大阐提。这个和尚问洞山:师父啊,你怎么不救救人家的儿女啊? 洞山问:你是什么人家的儿女? 他回答:我是大阐提人家的儿女,永远不会成佛的人。洞山禅师沉默了很久,没有讲话。这个人是很有心得,自己快要死了,讲这个话,洞山听了就不讲话了。

古道师:和尚又问:"四山相逼时如何?"我们色身是地水火风四大所成,四大逼迫的时候,非常痛苦,我该怎么办? 洞山说:"老僧日前也向人家屋檐下过来。"

南师：我们都是一样从娘胎里出来的。

古道师：那个和尚问："回互不回互?"

南师：这里问题就严重了，死去还再来不来? 前生后世有没有关系? 也可以用工夫转变色身，好不好? 内容包含很多了。

古道师：四大色身快不行了，但他有工夫可以回互，这个时候要不要留下来?

南师：也可以说走了以后，还来不来? 很多意义都在内，这个和尚很了不起。

古道师：洞山说："不回互。"别管他了，该走就走吧。然后那个和尚又问：你叫我去哪里? 你既然说不管了，那我到哪里去好呢?

南师：洞山说不回互，当下即是，还问什么来去? 那个和尚又问：那你叫我去哪里啊? 洞山说："粟畲里去。"等于稻谷，脱壳就走了嘛。

古道师：你把这个扔了就走了。

D 同学：粟畲这个词没有查到，畲本意是在播种前把地上的草木烧了，用作肥料，指刀耕火种的田地。也可以说这个"粟畲里去"，就是四大还归于四大，归于大地。

古道师：四大想扔哪儿扔哪儿，别管他了。

南师：四大归于本位。

古道师：这个和尚一听，嘘——明白了。

南师：嘘——，这口气一呼出去，就走了。

古道师：他说了一声珍重，师父啊，你保重，然后两腿一盘就走了。洞山禅师用拐杖敲了那个和尚的头三下，说：你只知道这样走，不知道怎么来。

南师：坐脱立亡有把握，怎么再来转生，还不懂呢。

古道师：等于道虔禅师说他的师兄："坐脱立亡即不无，先师意未梦见在。"等于说还没有究竟，还没有大彻大悟，但是工夫已经很了不起了。

南师：既然有这个工夫，就把这个烂房子重修一下嘛。

因夜参不点灯，有僧出问话，退后，师令侍者点灯，乃召适来问话僧出来。其僧近前，师曰：将取三两粉来，与这个上座。其僧拂袖而退，自此省发，遂罄舍衣资设斋。得三年，后辞师。师曰：善为。时雪峰侍立，问曰：只如这僧辞去，几时却来？师曰：他只知一去，不解再来。其僧归堂，就衣钵下坐化。峰上报师，师曰：虽然如此，犹较老僧三生在。

南师：洞山座下众人的用功，非常注重禅定工夫与般若见地。

古道师：有一天夜参，没有点灯，有个和尚出来问话，问过以后就退回僧众中去了，洞山禅师赶紧叫侍者点灯，并问刚才是谁问的啊，快站出来。那个和尚就从僧众中走出来，洞山禅师说：给这个上座拿三两粉。上座是对出家人的一种尊称，但是这个和尚把袖子一甩又退下去了。

南师：洞山禅师说给他拿三两粉，擦得白亮一点，以免夜里看不清楚。这个和尚听到这样讲，把袖子一放下来就归队了。

古道师：这个和尚自此省发，"遂罄舍衣资设斋"。若有省悟，得了个入处，就把自己的财物都变卖了，换钱用来设斋供养大众，这样过了三年。

南师：什么身外之物都舍掉了，供养大家吃饭，修一些功德。

古道师：这样过了三年以后，有一天他向洞山禅师告假，洞山说：你好自为之吧。这时雪峰义存作侍者站在旁边，他问洞山：这个和尚告假，不知道他什么时候再来啊？洞山说：以他的程度，只知道怎么走,还不知道怎么来。他走的时候有把握,没有痛苦,再来就没有把握了。那个和尚回到住处,把衣钵放得很恭敬端正,自己搭衣坐好,非常庄严地走了。雪峰就把这件事上报给洞山禅师,洞山说:你别看他走得这样潇洒,他要真的成就,还要再来三次。

南师:他还不晓得过去现在未来三世的自由来去,自由转化还不懂。也可以说,虽然如此,还不如老僧现在还在。总之,还不许可他,当年禅宗的道场,大家坐在一起是这样用功,尤其洞山门下,坐脱立亡也是常事。

　　问僧:甚处来? 曰:游山来。师曰:还到顶么? 曰:到。师曰:顶上有人么? 曰:无人。师曰:恁么则不到顶也。曰:若不到顶,争知无人。师曰:何不且住。曰:某甲不辞住,西天有人不肯。师曰:我从来疑着这汉。

古道师:洞山禅师问一个和尚:你从哪里来? 和尚说:我刚游山回来。洞山问:那你到顶了没有? 你工夫咋样了? 和尚说:到顶了。洞山问:山顶上有人吗? 你还有个悟道的在吗? 和尚说:没有人。等于人我皆空了,这是非常自肯的话。洞山说:那你还不算到顶。人我皆空还不算数。和尚说:如果没有真正到那里,我哪里知道上面没有人呢?

南师:以教理而言,是证到人空境界。

古道师:洞山说:"何不且住?"你为什么不住在那个境界上呢? 等于说把持住那个境界。

南师:就是刚才讲的,不是四大痛苦吗? 真有见地工夫,也可以把四大重改一下,你怎么不定住在那里?

古道师:那个和尚说:"某甲不辞住,西天有人不肯。"洞山就说:"我从来疑着这汉。"

南师：我是可以住在那里，但是西天的一切大阿罗汉、菩萨说不好。洞山禅师说：我从来对他就注意了。这个和尚有成就，比前面两个都高明。

古道师：洞山一直关注着他，还不错的意思。大丛林里跟着洞山禅师的人很多，没有白注意他。

　　僧问茱萸：如何是沙门行？萸曰：行则不无，有觉即乖。别有僧举似师。师曰：他何不道未审是甚么行？僧遂进此语。萸曰：佛行佛行。僧回举似师。师曰：幽州犹似可，最苦是新罗。僧却问：如何是沙门行？师曰：头长三尺颈长二寸。师令侍者持此语问三圣然和尚，圣于侍者手上掐一掐。侍者回举似师，师肯之。

古道师：有个和尚去请教茱萸和尚：如何是沙门行？怎样才是出家人的修行？茱萸说："行则不无，有觉即乖。"出家人的修行，说起来是有方法的，但是一起心动念，一沾上思虑，那已经错误了，就不对了，与自性是不相应的。

南师：可以那么说。茱萸说修行是有，如果认为自己真得道了，有个觉在，已经不对了，有个悟在，就不对了。认为圆明觉性有个圆坨坨、光烁烁在，早就不是了。

古道师：另外有个和尚把这段对话讲给洞山禅师，洞山说：为什么不问他到底什么是沙门行呢？实际上都是在问到底什么是明心见性，祖师们对具体的修行法门不在意，听都不听，都是在讨论如何明心见性，所谓沙门行，就是祖师意。这些话又传到茱萸和尚那里，茱萸说："佛行佛行。"我的理解这是夸奖洞山禅师，然后这个和尚又跑去给洞山讲了。这个和尚跑得蛮勤的，不知道两地隔有多远？

A 同学:茱萸在湖北鄂州。

I 同学:"佛行佛行。"这是他夸洞山,还是指自己的行为是佛行?

南师:是夸洞山。

古道师:这个传话的和尚给洞山禅师讲了,洞山说:"幽州犹似可,最苦是新罗。"

南师:幽州在河北,新罗是韩国了,不要到了河北就以为到了韩国,那还差一点。

古道师:洞山禅师对茱萸和尚的答覆是不认可的。

南师:一半认可。

古道师:我查了一下,朝鲜北部的一些地区,当时都属幽州管辖,幽州再往北才是新罗,等于还在路上。

南师:工夫、见地还差一段。

古道师:这个传话的和尚就问洞山禅师:那请您说说看,到底如何是沙门行?

南师:这个传话的和尚也是内行。

古道师:洞山禅师回答:"头长三尺颈长二寸。"你别问这些颠倒话了。

南师:那不是头上安头吗?

古道师:"师令侍者持此语问三圣然和尚,圣于侍者手上掐一掐。侍者回举似师,师肯之。"老和尚们也喜欢玩这个,一句话说过了就过了吧,还让侍者去问三圣然和尚,三圣然听了就在侍者的手上掐了一下,也没有讲话。侍者回来向洞山禅师一说,洞山对三圣然和尚还是认可的。

D 同学:如何是沙门行? 茱萸和尚回答:"佛行佛行。"这个地方露出破绽,所以洞山不肯,只讲佛行,没有讲非佛行,只说了一半。

A 同学：鄂州茱萸和尚在《指月录》卷十一,镇州三圣慧然和尚在卷十七。

古道师：看来古代这些师父们也是经常互通信息。

南师：和尚们吃饱了饭,跑来跑去,只为这件事,认真得很,为这个跑江湖,不知道磨穿了多少草鞋。

> 洗钵次,见两乌争虾蟆。有僧便问:这个因甚么到恁么地? 师曰:只为阇黎。

古道师：有一天,大家吃完饭洗钵的时候,看到有两只鸟在争一只蛤蟆,一个和尚就问洞山禅师:这是什么原因让两只鸟争来争去? 洞山说:就是因为你啊。

E 同学：本来是很平常的现象,是你在这里妄起分别。

南师：都是因为人、我、众生,都要为了自己吃饱。

古道师：因为都有个我。

> 问:三身之中,阿那身不堕众数? 师曰:吾尝于此切。

古道师：有个和尚问:法报化三身,哪个不堕入轮回? 洞山禅师说:"吾尝于此切。"

E 同学：可不可以这样理解,这个和尚问三身中哪个不堕入轮回,事实上洞山回答得很巧妙:我也曾把他们分开。事实上三身是不能分的。

南师：E 同学讲得对。要堕轮回,三身都在轮回,要跳出来,都跳出来。你说地狱众生有三身吗? 有啊,自性本自具足,下了地狱,三身都下地狱。

　　问僧：作甚么来？曰：孝顺和尚来。师曰：世间甚么物最
孝顺？僧无对。

　　古道师：洞山禅师问一个和尚：你来干什么？和尚说：我是来
孝顺您的。洞山就问：世间什么东西最孝顺？那个和尚答不出
来了。

　　南师：如果 I 同学当时在，他会答覆：《指月录》最孝顺。

　　陈尚书问师：五十二位菩萨中，为甚么不见妙觉？师曰：
尚书亲见妙觉。

　　古道师：有一个陈尚书问洞山禅师：五十二位菩萨中，为什么
没有妙觉菩萨？洞山说："尚书亲见妙觉。"

　　南师：换一句话，你就是嘛。

　　E 同学：每一个人都是妙觉。

　　僧问：如何是青山白云父？师曰：不森森者是。曰：如何
是白云青山儿？师曰：不辨东西者是。曰：如何是白云终日
倚？师曰：去离不得。曰：如何是青山总不知？师曰：不顾视
者是。

　　D 同学："青山白云父"，可以说青山白云是从哪里来的，"不
森森者是"，森森就是森罗万象，超越相外的法相是根本，能生万
相但不住于一相。

　　南师：如何是白云青山儿？"不辨东西者是。"一念无明。什
么是"白云终日倚"？你们每天在这里干什么？

　　古道师：洞山禅师说："去离不得。"想丢也丢不掉，想离也离

不了。

南师：想进进不了，想退也放不下，一片白云横谷口，几多归鸟尽迷巢。

古道师："如何是青山总不知？"洞山说："不顾视者是。"

南师：我们现在就是青山总不知啊。

古道师：生生世世在轮回中，但是又不知道。

E同学："不顾视"，没有攀缘，一攀缘就不是了。

D同学："顾视"是识阴境界，有动念分别，有所不安，有所追求，都是识阴境界，也包括行阴，本来不知不觉，有所知有所觉就是顾视，形象化地看这儿看那儿，就是有所不安，有所判断。

> 师与云居过水。师问：水多少？居曰：不湿。师曰：粗人。居却问：水深多少？师曰：不干。

古道师：一个说不湿，一个说不干。有一天，洞山、云居师徒二人一起走路，路过一条河，洞山问：这水有多深？云居说："不湿。"没有关系，不会湿鞋的，过去吧。洞山说："粗人。"你这个粗心大意的人。云居反问他：师父，那你说说水有多深？洞山说："不干。"干不了，浸到水里还能干得了，有染污了嘛。

E同学：般若本自具足，不会蒸发也不会干枯，用般若比水，用水来起话头。云居说"不湿"，是想跳开不管水深水浅，都湿不到我，我不染就是了。洞山说他真是个粗人，这只是初步的认识。云居就反问：师父，那您说水有多深啊？洞山说："不干。"这个般若本体了了常明，不生不灭，不增不减，不会干，也不会不干。

> 上堂：有一人，在千人万人中，不背一人，不向一人，你道此人具何面目？云居出曰：某甲参堂去。

古道师：有一天上堂,洞山禅师说有一个人在千人万人里,不会违背一人,也不会向着一人,你说这是什么人? 云居出来说:我去禅堂打坐去。

E 同学：人在人群中,因为有前胸后背,不可能既不背着谁,又不向着谁,这是不存在的。但他说的实际上不是人的身体,是指人的本来面目是什么。这也没法回答,云居就说:我去打坐吧。

官人问:有人修行否? 师曰:待公作男子即修行。

古道师：有一个做官的人来问:这里有修行人吗? 洞山禅师说:等到你做男子时就修行。

上堂:还有不报四恩三有者么? 众无对。又曰:若不体此意,何超始终之患? 直须心心不触物,步步无处所,常无间断,始得相应,直须努力,莫闲过日。

古道师：有一天上堂,洞山禅师问:你们有谁不报三界众生的四重恩? 大家都答不上来。佛教常讲:上报四重恩,下济三途苦。肯定都是想要报恩,他这样说,等于问有没有忘恩负义的人。所以谁也不敢出来回答。然后洞山又说:"若不体此意,何超始终之患?"如果不明白这个道理,那怎么可以超脱生死轮回的忧患呢?"直须心心不触物",一切时时处处,每一念都不能执着于某一境界,"步步无处所",一切不执着,"常无间断",觉性灵明,事来则应,事去不留,"始得相应",修行才有希望,"直须努力,莫闲过日",就这样好好努力,不要空过光阴。

南师：行住坐卧打成一片,这才是真修行。

D 同学：前面问还有不报四重恩的人吗? 应该是指证到无相

的人。

南师:那是大彻大悟了。

D同学:洞山禅师说如果没有这个体会,那怎么了生死呢? 只好从"心心不触物,步步无处所"这样渐渐修习。

师有时曰:体得佛向上事,方有些子语话分。僧问:如何是语话? 师曰:语话时阇黎不闻。曰:和尚还闻否? 师曰:不语话时即闻。僧问:如何是佛向上人。师曰:非佛。

古道师:有时洞山禅师开示:向上一路,你真的明白了,也就是当下大彻大悟,才跟你有说话的分。有人问:大彻大悟的人,准备讲什么话? 洞山说:真正讲话时,法师你听不到了。那个人说:你说我听不到,那师父您能听到吗? 洞山说:不说话时能听到。那人问:怎么样才是大彻大悟的人啊? 洞山说:那不是佛了。还有个大彻大悟在,就不是了。

师不安,令沙弥传语云居,乃嘱曰:他或问和尚安乐否? 但道:云岩路相次绝也。汝下此语,须远立,恐他打汝。沙弥领旨去,传语声未绝,早被云居打一棒。

古道师:洞山禅师身体不安,快要辞世了,让侍者去给云居传个话:他如果问我身体好不好,你也别说好不好,只跟他讲云岩先师传下来的这个法脉快要没人接了。但是你说完这个话要赶快躲开,小心云居打你啊。侍者带着话去见云居,结果话还没说完,就被云居打了一棒。

将圆寂,谓众曰:吾有闲名在世,谁人为吾除得? 众皆无对。时沙弥出曰:请和尚法号? 师曰:吾闲名已谢。

古道师:洞山禅师快要圆寂了,他说:这几十年来,我在外有点小名,谁能帮我抹去这个虚名?大家都没有说话,有一个沙弥出来说:师父,您法号上下? 洞山说:我已经没有虚名了。洞山说他有虚名在外,那个沙弥说我们都不知道你叫啥,你说你有啥虚名?

僧问:和尚违和,还有不病者也无? 师曰:有。曰:不病者还看和尚否? 师曰:老僧看他有分。曰:未审和尚如何看他? 师曰:老僧看时不见有病。师乃问僧:离此壳漏子,向甚么处与吾相见? 僧无对。

古道师:洞山禅师快要圆寂了,有个和尚问:师父,你四大违和,身体欠安,那还有个不生病的没有? 洞山说:有啊。和尚问:那个不病的看着你吗? 洞山说:我看他没有问题。和尚问:不知道师父您怎么看他? 洞山说:看他的时候,病就没有了。洞山又问那个和尚:我离开这个身体以后,在什么处再相见啊? 那个和尚答不上话了。

师示颂曰:

学者恒沙无一悟　过在寻他舌头路
欲得忘形泯踪迹　努力殷勤空里步

古道师:洞山禅师临走作了一首偈,感叹学道的人像恒河沙一样多,却没有一个真正悟道的人,什么原因呢?“过在寻他舌头路”,都在抓着佛陀、祖师的教语,把别人悟道的话横在心中,当作真实,自己在光影中打妄想。“欲得忘形泯踪迹”,真正做到忘身,身心脱落,见到本来面目,"努力殷勤空里步"。

南师:那要认识空了。

> 乃命剃发澡身披衣,声钟辞众,俨然坐化。时大众号恸,移晷不止,师忽开目谓众曰:出家人心不附物,是真修行,劳生惜死,哀悲何益? 复令主事办愚痴斋,众犹恋慕不已,延七日食具方备,师亦随众斋毕。乃曰:僧家无事,大率临行之际,勿须喧动。遂归丈室,端坐长往。当咸通十年三月,寿六十三,腊四十二,谥悟本禅师。

古道师:头发剃好,洗澡披衣,向大家敲钟辞别,安然坐化。这时大家放声痛哭:我们还没有成就,师父把我们扔下就走了。对洞山禅师非常依恋。

E 同学:"移晷不止",就是一直哭到天黑,大家还不停,洞山忽然眼睛睁开了。

古道师:洞山睁开眼说:出家人哪还有什么好留恋的? "心不附物",才是真修行人,"劳生惜死",是不应该的啊! 你们这样有什么意义? 让当家和尚过来,安排这些愚痴的和尚们再吃一顿斋饭,大家非常留恋师父。

E 同学:"延七日食具方备。"这些和尚们故意搞了七天,才把食物、用具准备好,故意拖延时日。

古道师:"师亦随众斋毕",洞山禅师请大家吃愚痴斋,吃完饭说:出家人没什么了不起的事,但是,一般出家人要走的时候,还是要安静一点,不要喧闹打扰他。然后回到自己的方丈室里,结跏端坐,这回真走了。当时是唐懿宗咸通十年三月,世寿六十三年,做和尚四十二年,可见他是二十一岁到嵩山受戒。后来皇帝追谥,称为悟本禅师。

第十三讲　曹山本寂禅师　一

《指月录》卷十八

二〇〇九年十二月二十日

南师：六祖以后，他的两位大弟子推开了中国禅宗的内涵，一位是南岳怀让，一位是青原行思。行思下来是石头希迁、药山惟俨，药山有三位了不起的弟子道吾、云岩、船子，然后是夹山、洛浦，这一系后来受中国文学的影响太大了，他们的说法、修行、见地与工夫，大部分走唐代文学的路线。

以中国文学的演变史来看，初唐诗文是一种风格，中唐又是一种风格，到晚唐元稹、白居易以后，配上这些禅宗大师，文学气味非常深厚，所以大家读起来比较难了。可是从云岩以后，到洞山、曹山这一路的风格不同，如何了生死的修持另走一路，流传至今，自有它的道理。前几天你们讨论为什么称为曹洞宗，那是从曹山禅师开始，因为尊重六祖的曹溪，然后在江西另开一个曹山道场，他同夹山、洛浦这一边的门派特征、教育方法完全不同。

抚州曹山本寂禅师。泉州莆田黄氏子，少业儒，年十九，往福州灵石出家，二十五登戒，寻谒洞山。山问：阇黎名甚么？师曰：本寂。山曰：那个聻。师曰：不名本寂。山深器之。自此入室，盘桓数载，乃辞去。山遂密授洞上宗旨，复问曰：子向甚么处去？师曰：不变异处去。山曰：不变异处岂有去耶？师曰：去亦不变异。遂造曹溪礼祖塔，自螺川还，止临川，有佳山水，因定居焉。以志慕六祖，乃名山为曹。

古道师：抚州就在现在江西临川附近，实际上江西中部的宜黄，欧阳竟无的家乡也在那边。

南师：宋代的欧阳修、王安石、黄山谷、文天祥这些人都是临川文化的人物，与江浙文化不同。

古道师：禅师出生福建莆田，俗家姓黄，从小读儒家经典，十九岁的时候到福州灵石出家，二十五岁受具足戒成为比丘了。后来慢慢寻访到洞山那里，洞山禅师就问他：和尚你叫什么名字？他回答："本寂。"洞山说：是哪个寂？曹山又说："不名本寂。"

南师：等于没有本寂，本寂是本体的意思，没有本体。

古道师："山深器之。"一看这个年轻人非常不一样，很器重他，"自此入室"，就跟在洞山身边，学习了好几年。曹山要离开的时候，洞山把禅宗密付给他，然后又问他：你准备去哪里呢？曹山说：去一个没有变化的地方。洞山问：没有变化的地方还有个来去吗？曹山说：去了也不变。

南师：他还是在师父的附近，不会离开多远。

古道师：曹山本寂禅师游方至曹溪，朝拜六祖塔，从螺川回到临川，在宜黄附近看到山水非常漂亮，就在那里定居下来。因为非常仰慕六祖大师，就把这里名为曹山。

示众曰：凡情圣见，是金销（锁）玄路，直须回互，夫取正命食者，须具三种堕，一者拔毛戴角，二者不断声色，三者不受食。时有稠布衲问：拔毛戴角是甚么堕？师曰：是类堕。曰：不断声色是甚么堕？师曰：是随堕。曰：不受食是甚么堕？师曰：是尊贵堕。乃曰食者即是本分事，知有不取，故曰尊贵堕。若执初心，知有自己及圣位，故曰类堕。

南师：这里的"金销"应该是"金锁"。以前我亲眼看到刻经的徒弟少刻两笔就交差了,所以不要认为古书一定不错,古书的错字很多的。"凡情圣见,是金锁玄路",我们学佛,以世俗的观念,凡夫的感情,那是迷信,想跳出三界外,想得道,那是普通人的情绪,读了佛经以后,要怎么样四禅八定,要怎么修行,怎么得道,要持戒布施,这些信解,不过是凡夫普通的知识,你想用功得到明心见性,统统不对,都把你困住了。真要入乎其内,出乎其外,既非凡夫的见解,又不落在宗教经典的文字困扰中,则可以参禅修行了。所以凡情圣见都不对,"直须回互",你佛学不通,道理不明,学佛干什么? 这些都有关联。

佛法讲"正命食",我们活着要谋生,无论在家出家,要吃正饭,就是应该吃的饭,像现在庙上和尚卖香、算命,诱骗人家乱七八糟,那叫邪命食,吃这一口饭不是正命。我们读书毕业以后,做生意也好,教书也好,或者规规矩矩找个工作,辛苦赚钱吃饭,都是"正命食"。

出家学佛修道,首先要发心,具备三种精神:第一种"披毛戴角",准备作牛作马。牛是给人家耕田,马是给人家骑的,学菩萨道要发心为众生服务,得道以后也不是自己高高在上,而是大慈大悲,为度众生披毛戴角。以政治而言,作公务员为人民服务,中国一百年来,讲在政府里做事是人民的公仆,人民的用人,推翻清朝以后,开始有警察,说警察是人民的保姆,同样的道理。出家人修行,首先准备自己掉下去,要有地藏王菩萨的精神,我不下地狱,谁下地狱。

第二种堕,"不断声色"。现在全中国的市民,吃饱饭没有事,卡拉OK,吃花酒,看电影,都是声色。"不断声色",就是混迹其中,在声色场中,在混乱中看你怎么修行。

第三种堕,"不受食"。人怎么可以不吃饭,学佛修道,不食人间烟火,那是工夫了。

曹山禅师这样讲,下面有个很有名的稠布衲,一年到头只穿一件衣服,他出来问:披毛戴角是什么堕? 曹山说:"是类堕。"学菩萨道要学布施、爱语、利行、同事。布施自己的所有,供养众生;爱语是对待别人,不要自己高高在上,看到人摆起死相,学佛学道的面孔,对任何人都很亲切;利行,自己一切的动作行为,都利益他人,做世间应该做的事,孝顺父母,利益社会;对老板,对同事、下属,都要做到这些,一切众生平等,不要高高在上。

古道师:稠布衲又问:不断声色是什么堕?"师曰:是随堕。"

南师:随顺众生。我讲《一个学佛者的基本信念》,普贤菩萨告诉我们:恒顺众生。大家需要的,我就帮助大家做到。

古道师:稠布衲又问:不受食是什么堕?"师曰:是尊贵堕。"

南师:最高贵的人不食人间烟火,世俗要吃,我不吃了,这是太高贵了。出家学佛独立而不倚,跳出三界外,不在五行中。

古道师:"乃曰食者即是本分事,知有不取,故曰尊贵堕。"

南师:大家都要吃饭。曹山为什么这样讲呢? 以前北京白云观有副对联讲得好:"世上莫若修行好,天下无如吃饭难。"人世间的大好事就是修行,但是人在这个世界上,要吃一口饭,是非常困难的。我们现在开放发展,拼命做生意赚钱,最初目的是为了吃饭。朱元璋做皇帝以后,与马皇后私底下谈话:我们当时没有饭吃,为了一口饭出来打天下,谁知道做了皇帝。

A同学:我们现在知道有佛可求,认为有一个佛可以成,认为有六道众生的分类,那就叫"类堕"。

南师:"知有"是一个名词,知道有这件事。你打坐一念清净,就更有信心了,知道有这一件事。

　　若初心知有己事,回光之时,撇却色声香味触法得宁谧,即成功勋,后却不执六尘等事,随分而昧,任之则碍,所以外道

> 六师,是汝之师,彼师所堕,汝亦随堕,乃可取食,食者即是正命食也。

A 同学:假如你一开始发心,认为有一个佛可成,认为有这个事情,立志要修行,那么回光之时,摈却了色声香味触法,六根六尘,都不受外境的困惑,得到灵明清净,"即成功勋",有了一点工夫,你虽然是摈却外境,也是用硬工夫,等于强迫自己,慢慢也可以不动心。

工夫再进一步,"随分而昧,任之则碍",偶尔也可以跟着喝酒、卡拉 OK,但是过分放任了,还是会迷糊。下面提到外道六师,他们或是修苦行,或是认为生命源头有一个东西,或是认为有一个最高的梵天,这样虽然也证到很高的境界,也很清净,也能够从六尘中得到解脱,不受困惑,但是,还有一件事是没有办法突破的。所以说菩萨是不断惑,是不断烦恼的,因为菩萨就在烦恼当中证到解脱。

这也是老师刚才讲的同事摄,你要度外道,就必须和他们同类,比如对于爱喝酒的人,也得和他们混在一起,喝得醉醺醺的,放松一下。你自己虽然内心很清净,这也是一种堕落,如果有这种工夫,你就可以取食,这个食就是"正命食"了。

> 亦是就六根门头,见闻觉知,只是不被他染污,将为堕,且不是同,向前均他本分事,尚不取,岂况其余事耶?师凡言堕,谓混不得,类不齐。凡言初心者,所谓悟了同未悟耳。

A 同学:你有这种工夫了,自己可以跳脱出来,可以清净,又可以入世。在这个六根门头,眼耳鼻舌身意的功用,可以看,可以听,可以感觉,可以分别,但是被染污了,这也是一种堕。你可以混世入俗，但同别人不一样，你自己很清楚，这一切都是本分事，能够清净，能够慈悲度化众生。

D 同学："向前均他本分事，尚不取，岂况其余事耶?"明心见性的这个事，我都不理会，何况这些堕落啊，都根本不去理会。

南师：自己有相当的修养工夫，不标新立异，跟着世俗一样，别人还看不出你有工夫。你跟大家一样唱歌、跳舞、吃喝玩乐，一样做事，做个普通人，可是自己内心有个界限，都在清净中。外表给人家看不起，你始终在修行用功，混进世俗中一样修行用功。

　　僧问：学人通身是病，请师医。师曰：不医。曰：为甚么不医？师曰：教汝求生不得，求死不得。

古道师：有个僧人问：我一身都是病，请师父给我治一下。曹山说：不给你治。他问：为什么不给治？曹山说：就是要你求生不得，求死不能。对于心病，要你自己跳出来，所有的医药、佛法、教育，都是白教的，没有用，必须要你自悟自省。

　　问：沙门岂不是具大慈悲底人？师曰：是。曰：忽遇六贼来时如何？师曰：亦须具大慈悲。曰：如何具大慈悲？师曰：一剑挥尽。曰：尽后如何？师曰：始得和同。

古道师：有人问：出家人不是具备大慈大悲的人吗？曹山说：是啊。他又问：忽然六根面对六尘，色声香味触法各种境界现前，该怎么办呢？曹山说：那也得以慈悲心去对待。又问：如何具大慈悲？曹山说："一剑挥尽。"一剑把它们都杀掉。又问：杀掉以后如何呢？曹山说："始得和同。"那才天下太平了。

A 同学：打成一片，和光同尘。

问：眉与目还相识也无？师曰。不相识。曰：为甚么不相识？师曰：为同在一处。曰：恁么则不分去也？师曰：眉且不是目。曰：如何是目？师曰：端的去。曰：如何是眉？师曰：曹山却疑。曰：和尚为甚么却疑？师曰：若不疑，即端的去也。

南师：眉毛认得眼睛，眼睛认得眉毛吗？

古道师：曹山说："不相识。"为什么不相识？曹山说：因为在一个地方。

南师：清净了就认不到。

古道师：那样就没有区别了吗？曹山说：你说没有分别，但眉毛不是眼睛，那还是有区别的。那人又问：那到底什么是眼睛呢？曹山说："端的去。"面对面当下就是。又问：那什么是眉毛呢？曹山说：我也搞不清楚。那人就说：和尚你怎么也搞不清楚？师曰："若不疑，即端的去也。"

南师：如果没有问题，面前就是。

古道师：这个公案是想说明什么呢？

南师：参一参吧。两夫妻过一辈子，相互永远搞不清楚，不清楚嘛永远在一起。中国人讲得很有意思，儿女是眉毛，结婚生了儿女，没有儿女不好看。

师示众云：诸方尽把格则，何不与他道却，令他不疑去。云门在众出问：密密处为甚么不知有？师曰：只为密密，所以不知有。门曰：此人如何亲近？师曰：莫向密密处亲近。门曰：不向密密处时如何？师曰：始解亲近。门曰：喏喏。

古道师：曹山禅师开示说：他方很多道场都有自己的一个规则。

南师：各方学佛学道，都有一套规则，不如明白告诉大家，让大家一下明白了。云门这时候还在参学，他站出来问了：这个秘密到底是个什么东西？学密学禅念佛，究竟心性是个什么？找也找不到。

古道师：曹山说："只为密密，所以不知有。"

南师：因为你要找个秘密，越找越找不到。云门又问：那怎么亲近啊？怎么去摸呢？曹山说："莫向密密处亲近。"很平凡嘛，你不要想去找个密密处。云门问："不向密密处时如何？"那我放下一切，也不找，也不修，那怎么样？曹山说："始解亲近。"那就对了，当下清净。

> 云门问：如何是沙门行？师曰：吃常住苗稼者是。曰：便怎么去时如何？师曰：你还畜得么？曰：畜得。师曰：你作么生畜？曰：着衣吃饭有甚么难？师曰：何不道披毛戴角。门礼拜。

南师：云门问：怎么样是出家人的行为？曹山禅师说：你每天吃庙里的饭，这就是沙门行。庙里的饭都是十方布施来的，吃这碗饭就是沙门行。云门又问：就是这样啊？曹山问他：你能受得了吗？都是十方布施，你吃下去没有事啊？受得了吗？云门说："畜得。"那还可以。曹山说：你凭什么本事可以吃十方布施？云门说：穿衣吃饭有什么难呢？曹山说：这样简单啊？"佛门一粒米，大如须弥山，今生不了道，披毛戴角还。"出家做了和尚，饭来张口，衣来伸手，你以为那么好吃，都要还债的，"今生不了道，披毛戴角还"。云门说吃饭有什么难的，曹山说这一生不了道，来生变牛变马去还账吧。云门一听，就跪下拜了。

> 问：家贫遭劫时如何？师曰：不能尽底去。曰：为甚么不
> 能尽底去？师曰：贼是家亲。

古道师：家里本来穷，又遭了小偷。

南师：这些都是代表，空了又空。曹山说："不能尽底去。"不
能抢光啊，还留一点。"贼是家亲"，有时候还用用。贼代表什么？
妄念是贼。

古道师："家贫"代表工夫很好。这个时候偶尔起一妄念，怎
么办啊？

南师：万缘放下，一切皆空，空也是一念嘛。这个是贼，也是家
亲，烦恼即菩提。等于一个故事：有个穷人，天气很冷，家里什么都
没有，只有一个水缸破了一半，就当被子盖在身上过冬了。有个小
偷进来，到处摸，什么都没有，摸到水缸边上，这个人说：哎，老兄，
别的都可以拿，这个被子你不能拿。

> 师问德上座：菩萨在定闻香象渡河，出甚么经？曰：出
> 《涅槃经》。师曰：定前闻？定后闻？曰：和尚流也。师曰：道
> 也太煞道，只道得一半。曰：和尚如何？师曰：滩下接取。

古道师：曹山问德上座：菩萨在定中听到香象渡河，到底出自
什么经典？德上座说：出自《涅槃经》。曹山又问：是入定前听到，
还是入定后听到？德上座说："和尚流也。"

D 同学：香象渡河，水就不流了嘛，曹山问定前闻还是定后闻，
德上座就批评他：你被流水冲走了。

古道师：曹山说："道也太煞道，只道得一半。"德上座说："和
尚如何？"曹山说：你到下边去接。

南师：菩萨入定，香象渡河，一切念头都切断了，万缘放下，一

念不生,大象截流而过,功力要到这样。德上座说:你好像给流水冲走了。曹山说:你讲得好,但也只讲了一半。德上座问:那你怎么讲? 曹山说:冲走就到下面去接啊。一念不生,有时候你念头又起来,又来切断。

　　镜清问:清虚之理,毕竟无身时如何? 师曰:理即如此,事作么生? 曰:如理如事。师曰:谩曹山一人即得,争奈诸圣眼何? 曰:若无诸圣眼,争鉴得个不恁么? 师曰:官不容针,私通车马。

A 同学:有一个镜清问曹山禅师:非常清净、非常空灵的本性,本来无一物,清净法身,毕竟无生,这个时候怎么样呢? 曹山说:照理说是这样,事相上你怎么解释?

南师:工夫证得怎么样?

A 同学:镜清说:"如理如事。"在事相上其实也是清虚的,因为本来无相,理就是事,离开了事,找不到一个理。曹山说:你这样说,是可以骗得过我,但是骗不过其他佛菩萨的眼睛。镜清就说:如果没有这些佛菩萨的眼,那谁来说我不对呢? 曹山说:"官不容针,私通车马。"法律虽然严格,这不可以,那不可以,结果私下什么都可以。

I 同学:曹山可能是骂镜清,镜清说如果没有诸圣眼,谁又能说我怎么样呢?"官不容针",还是不可以,不行嘛。

J 同学:如果一定要让我开口肯定,那么"官不容针",我不能说一句话;如果私下表态的话还可以。(众笑)

　　问:教中道:大海不宿死尸,如何是大海? 师曰:包含万有者。曰:既是包含万有,为甚么不宿死尸? 师曰:绝气息者不着。曰:既是包含万有,为甚么绝气息者不着? 师曰:万有非其功,绝气息者有其德。曰:向上还有事也无? 师曰:道有道无即得,争奈龙王按剑何?

J同学:经教中说:"大海不宿死尸。"涅槃境界,大海中包含万有。

南师:海那么大,死鱼也好,死人也好,断气以后,海水就把它抛上来了。大海是包罗万有,不要加上涅槃不涅槃,又变成学问了。

J同学:那个人问:既是包含万有,那为什么不宿死尸呢? 曹山说:"绝气息者不着。"那个死的东西是不要的。

南师:没有气了就不要,重点是"气息"二字。

J同学:曹山说:"万有非其功。"万有不是人为的造作,"绝气息"自有他的执着,所以"大海不宿"。"德"就是功用的意思,"绝气息"恰恰是有功用。那人问:"向上还有事也无?"那么这之后呢? 还有更究竟的一句吗? 曹山说:"道有道无即得,争奈龙王按剑何?"说空说有都可以,但是在龙王的剑面前,你还有个无,还有个有吗?

南师:用功用到气住脉停,呼吸都停止了。

J同学:在龙王的剑前,你还能说出个有无吗? 这个向上一路,不能说有,也不能说无。

南师:今天的讨论都在昏沉中,都没有找出问题,文字语句没有解释好,都给龙王抛出海面了。你看曹山禅师悟道没有那么多话,他出家后很快来见洞山,只说了几句话,洞山就把他带在身边了。也没有讲怎么用功,怎么悟道,可是几年以后,曹山就出去弘法了,创立曹山道场,曹洞宗弘扬开来,都是他手里的事。

第十四讲 曹山本寂禅师 二

二〇〇九年十二月二十一日

　　问：具何知解善能问难？师曰：不呈句。曰：问难个甚么？
师曰：刀斧斫不入。曰：恁么问难，还有不肯者么？师曰：有。
曰：是谁？师曰：曹山。

　　I 同学：一人问曹山禅师：具备什么样的知解，才能善于问问
题？曹山说："不呈句。"就是不说了。那人说：那我问个什么？曹
山说：刀斧砍不入。那人说：还有谁能不肯定我？曹山说：有啊。
那人说：是谁啊？曹山说：就是曹山。这是曹洞的门风，这样一来
一去。

　　问僧：作甚么？曰：扫地。师曰：佛前扫？佛后扫？曰：前
后一时扫。师曰：与曹山过靸鞋来。

　　I 同学：曹山问一个和尚：在干什么？和尚说："扫地。"曹山
问：你在佛前扫呢，还是在佛后扫？和尚说："前后一时扫。"曹山
说：你这个样子，帮我把拖鞋拿过来吧。

　　曹山其实是考一考这个和尚，问他是佛前扫还是佛后扫，这里
还有个分别计较在。这个和尚想避开问题，所以说"前后一时
扫"，曹山一看还是不到家，你还是帮我把鞋拿过来吧。

　　南师：怎么叫佛前扫、佛后扫呢？未悟以前，等于神秀大师讲

的:"时时勤拂拭,勿使惹尘埃。"悟后念头是不是还是这样?这个和尚说要前后一起扫。曹山一听,还没有到家:你把我的拖鞋拿过来吧。因为地还没有扫干净,我不能光脚走路啊。

古道师:还是得有个方法才对。

南师:方法对不对没有讲,那是你下的注解。有个方法还是穿拖鞋,还是有灰尘。他们常常用普通生活中最粗浅的话表达高深的佛法,佛前扫佛后扫,用功要万缘放下,一念不生,一切扫掉;悟后扫不扫呢? 当然也是扫,可是这样对不对呢? 还是没有到家,所以曹山还是不同意他。

古道师:这个和尚如果当时把扫把递给曹山,转身就走,你自己去扫吧。

南师:那就看曹山接不接了。

古道师:肯定会拿扫把打他一顿。

　　问:亲何道伴,即得常闻于未闻? 师曰:同共一被盖。曰:此犹是和尚得闻,如何是常闻于未闻? 师曰:不同于木石。曰:何者在先? 何者在后? 师曰:不见道常闻于未闻。

I同学:有人问曹山禅师:应该亲近什么样的道友,才能"常闻于未闻"? 听而不听,不听而听。

南师:这是观音法门了。

I同学:曹山说:"同共一被盖。"听不听是一条被子,一样的。那人问:那是你的意见,我还是不明白,到底什么是"常闻于未闻"? 曹山说:"不同于木石。"这里是否有一层转进,听就是不听,但这个不听又不像木头石头,是个死东西。那人又问:闻与未闻,哪个在先? 哪个在后? 曹山说:"不见道常闻于未闻。"

南师:这一段与观音法门一样,你们看《楞严经》:"初于闻中,入流亡所,所入既寂,动静二相,了然不生。如是渐增,闻所闻尽,尽闻不住,觉所觉空,空觉极圆,空所空灭,生灭既灭,寂灭现前。"中国禅宗是一句教理都不讲,只用普通土话谈这个事,闻而不闻,不闻而闻,简单明了,这不是空话啊,在一切声色场中,一点都不沾,修持工夫真到这个程度。

他问:哪个先?哪个后?《楞严经》上有次序,"初于闻中,入流亡所"是一步,之后"所入既寂,动静二相,了然不生"。他们不是随便答话,木石对一切声色不会动心,修观音法门,一切声色现前都知道,可是都不沾染,"不同于木石"。

问:一牛饮水,五马不嘶时如何? 师曰:曹山解忌口。

I同学:有人问曹山禅师:一头牛正在喝水,旁边有五匹马,也不嘶叫,那个时候怎么样? 曹山说:我不会给你讲那个情况。

南师:我不会喝这个水。

I同学:他是讲这个意识,"五马不嘶",前五识都不用。

南师:一念专一了。

I同学:牛饮水就是把头沉在水里,那个时候的境界怎么样?

南师:"五马不嘶",五根都不用了,一念专一。

I同学:曹山说那个时候的境界,我也不说。

南师:我不能再讲了,开口又散乱了。

纸衣道者来参。师问:莫是纸衣道者否?者曰:不敢。师曰:如何是纸衣下事?者曰:一裘才挂体,万法悉皆如。师曰:如何是纸衣下用?者近前应诺,便立脱。师曰:汝只解与么去,何不解怎么来?者忽开眼问曰:一灵真性,不假胞胎时如何?师曰:未是妙。者曰:如何是妙?师曰:不借借。者珍重便化。师示颂曰：

觉性圆明无相身　莫将知见妄疏亲

念异便于玄体昧　心差不与道为邻

情分万法沉前境　识鉴多端丧本真

如是句中全晓会　了然无事昔时人

南师：洞山、曹山的门下，经常碰到这些当时流行用功的人，生死随时有把握，要走就走，来不来再说。纸衣道者是当时非常有名的真修行人，修苦行，衣服破破烂烂，没有粗布补，就用纸来贴一贴。他来请教，曹山说：你就是纸衣道者吗？他说："不敢。"古人比如说：你就是戴老板吗？不敢不敢。这是中国人的礼貌。

I同学：曹山又问："如何是纸衣下事？"就是你那个内在怎么样？

南师：见地工夫到什么程度了？

I同学：纸衣道者说："一裘才挂体，万法悉皆如。"

南师：我这个身体不管，借这个纸衣来讲。现在大家都是纸衣挂体，从妈妈那里借来这件衣服，皮肉做的。"万法悉皆如"，他工夫、见地已经到家了，万法如如不动，随便出世入世都一样。曹山又问："如何是纸衣下用？"那怎么起用？他靠到曹山跟前，站着就走了。曹山说：你啊，只晓得坐脱立亡，怎么来还不知道啊。

I同学：然后，纸衣道者忽然睁开眼睛，你说我不知道怎么来，我不就来了吗？

南师：他请教曹山："一灵真性，不假胞胎时如何？"如果不经过娘胎，怎么再来？

I同学：曹山说："未是妙。"你这样还不算精妙。纸衣问："如何是妙？"曹山说："不借借。"不借这个东西，但还是要用这个东西。

南师："不借借。"要修到入胎不迷,住胎不迷,出胎不迷。譬如志公大师,不晓得是哪里生的。有人听到树顶上鸟窝里有哭声,就爬上去一看,是个婴儿,抱下来养到七岁就出家了,志公大师是这样,这是"不借借"。还有明代的逆川大师,她的母亲本是大财主家的女孩子,还没有出嫁,一天在河边洗衣服,碰到一位老和尚——小姐啊,天黑了,我借你家里住一晚好吗?女孩抬头看看老和尚:师父啊,我作不了主,要回去问问家人。就讲了这么一句话,女孩回来肚子渐渐大了,很冤枉,家人气死了,就把她赶出去。这个女孩在外面讨饭,等到生下来看看是个男孩,怎么办?她把这个婴儿包起来,写了生辰,放在一个菜篮里,扔到温州永嘉的河中,结果这个篮子逆流而上,被一个和尚发现,抱回去养大,就是逆川大师。朱元璋非常佩服他,当时气候干旱,就请逆川求雨,大师一来就下大雨了,神通广大。像这样都是"不借借"。(编按:此段掌故亦有不同记载。)

纸衣道者听曹山这么一说,讲珍重啊,这下真走了。人的生命就是变化,生死没有什么了不起。

觉性圆明无相身　　莫将知见妄疏亲
念异便于玄体昧　　心差不与道为邻
情分万法沉前境　　识鉴多端丧本真
如是句中全晓会　　了然无事昔时人

南师:这个偈语看着是文学,都是工夫,都是见道的话。自性本来无相,烦恼即菩提,菩提即烦恼,工夫到了,不必讨厌妄想,妄想转过来就是菩提。

问强上座曰:佛真法身犹若虚空,应物现形如水中月,作么生说个应底道理?曰:如驴觑井。师曰:道则太煞道,只道得八成。曰：和尚又如何？师曰：如井觑驴。

I同学：曹山禅师问强上座：自性无形无相，像水中的月亮，你说说到底是什么意思？强上座说：就像驴瞥一眼那口水井。

南师：驴朝井里看，你体会体会。不要说驴，我们朝井里看看。曹山祖师一听，说：你说得真好啊，但只说了八分。强上座说：师父啊，那你怎么说？曹山说：就像井看驴。这是禅宗的机锋，机锋下面有转语，你还要转一转才参透。

　　僧举药山问僧年多少，曰七十二。山曰是七十二那？曰
　　是。山便打。此意如何？师曰：前箭犹似可，后箭射人深。
　　曰：如何免得此棒？师曰：王敕既行，诸侯避道。

I同学：一个和尚拿药山禅师的公案，来问曹山禅师。药山问一个老和尚：多大岁数了？七十二了。药山又问：七十二了？老和尚说：是。药山拎起棒子就打他。这是什么意思啊？曹山说："前箭犹似可，后箭射人深。"

古道师：药山禅师的这一段对话，前面还可以，后面就厉害了，挨打了嘛。

南师：这个老和尚当然很有修行，不然药山不会随便问他。师父啊，你多大岁数了？七十二了。是七十二吗？是。一棒！为什么？修行到现在，年龄还记得那么牢，修行人应该忘了时间，忘了空间，忘了年岁啊。

I同学：所以曹山说他前面还答得马马虎虎，我问多少你答多少。

南师：曹山说：这个问题你还不懂，还来问我啊？这个后箭厉害了。

古道师:看来要学那个老道,问他多大了,他说:早记不得了,从小出家,长长就这么大了。

南师:古人说"山中无甲子,寒尽不知年"。从小出家,在山中不晓得住了多少年,都忘了时间空间的观念。

I 同学:那个和尚又问:如何免得此棒?曹山说:"王敕既行,诸侯避道。"

南师:工夫到了,正念一起,其他这些都不理了。这些机锋转语,真是妙语如珠。

　　僧问香严:如何是道?严曰:枯木里龙吟。曰:如何是道中人?严曰:髑髅里眼睛。僧不领。乃问石霜:如何是枯木里龙吟?霜曰:犹带喜在。曰:如何是髑髅里眼睛?霜曰:犹带识在。又不领。问师:如何是枯木里龙吟?师曰:血脉不断。曰:如何是髑髅里眼睛?师曰:干不尽。曰:未审还有得闻者么?师曰:尽大地未有一人不闻。曰:未审枯木里龙吟是何章句?师曰:不知是何章句,闻者皆丧。遂示偈曰:
　　枯木龙吟真见道　髑髅无识眼初明
　　喜识尽时消息尽　当人那辨浊中清

南师:中国称龙吟、虎啸、猿啼、鹤唳,发音不同,也都是咒语。枯木里有个龙叫起来,这是什么意思?大死以后大活。髑髅中还有眼睛吗?人死了,肉都化了,什么都没有。这个和尚完全不懂,又去问石霜。

I 同学:他问石霜:"如何是枯木里龙吟?"这次他没有问道,因为香严告诉他道就是枯木里龙吟。石霜说:"犹带喜在。"还有个法喜。又问:"如何是髑髅里眼睛?"石霜说:"犹带识在。"识还没有断。他还是不懂,又转头来问曹山:"如何是枯木里龙吟?"曹山说:"血脉不断。"

南师:对嘛,不然枯木就没有声音了。

I同学:他又问:"如何是髑髅里眼睛?"曹山说:"干不尽。"还没有完全干。

南师:这很平实,答得很妙。三位都没有手机沟通,答得都很妙,工夫到家了都一样。他又问:"未审还有得闻者么?"还有真懂的人吗?

I同学:曹山说:"尽大地未有一人不闻。"满世界没有一个人不懂。

南师:意思是就你这个笨蛋不懂,所有众生都明白。

I同学:他又问:"未审枯木里龙吟是何章句?"这有什么文章道理啊?曹山说:"不知是何章句,闻者皆丧。"

南师:这是禅师自己造的讲法,没有什么章句,不晓得是哪本经典,可是大家听到命都没了,头昏脑涨。曹山很慈悲,最后写了一首偈给他。

师读杜顺、傅大士所作法身偈,曰:我意不欲与么道。门弟子请别作之,既作偈,又注释之。其词曰:

渠本不是我(非我)

我本不是渠(非渠)

渠无我即死(仰汝取活)

我无渠即余(不别有)

渠如我是佛(要且不是佛)

我如渠即驴(二俱不立)

不食空王俸(若遇御饭直须吐却)

何假雁传书(不通信)

我说横身唱(为信唱)

君看背上毛（不与你相似）

乍如谣白雪（将谓是白雪）

犹恐是巴歌（传此句无注）

示学人偈曰：

从缘荐得相应疾　就体消停得力迟

瞥起本来无处所　吾师暂说不思议

南师：这一段内容很多，引用洞山悟道偈，把一切都搓面粉一样搓进去了，最后说："从缘荐得相应疾，就体消停得力迟。"有人睹桃花而悟道，有人因声音而悟道，这是"从缘荐得"，"就体消停"是自己用功，渐渐一念不生。"瞥起本来无处所，吾师暂说不思议。"念念皆空，即空即有，非空非有。吾师就是佛陀，在《楞伽经》上说不思议变，不思议熏。

师作四禁偈曰：

莫行心处路　不挂本来衣

何须正恁么　切忌未生时

南师：你做工夫，有一个境界在，或者有感觉执着，那都不是，有个空还不算数，父母未生以前，你在哪里？无梦无想时主人公何在？

第十五讲 曹山本寂禅师 三

二〇〇九年十二月二十二日

古道师:昨天讨论到曹山禅师作四禁偈:"莫行心处路,不挂本来衣,何须正恁么,切忌未生时。"

南师:"不挂本来衣",不起现行烦恼,旧的习气也要转。"何须正恁么",没有这个那个的,"切忌未生时",父母未生以前的本来面目是什么?

> 示众曰:僧家在此等衣线下,须理会通向上事,莫作等闲,若也承当处分明,即转他诸圣,向自己背后,方得自由。若也转不得,直饶学得十成,却须向他背后叉手,说什么大话。若转得自己,则一切粗重境来,皆作得主宰。假如泥里倒地,亦作得主宰。如有僧问药山曰:三乘教中,还有祖意也无? 答曰:有。曰:既有,达摩又来作么? 答曰:只为有,所以来。岂非作得主宰,转得归自己乎?

古道师:曹山禅师开示说:出家穿上这件僧袍,必须先明白向上一着。

南师:怎么成佛作祖,怎么明心见性。

古道师:如何是佛,如何是道,如何是西来意? 禅宗祖师们常说这句话,那个不生不灭的是什么?

南师:等于大家为什么学佛? 为什么研究《指月录》? 自己要

搞清楚,为了向上一路,超凡入圣,跳出三界外,不在五行中,要有这个志向,再来研究这个。"莫作等闲",不要马马虎虎,装模作样。

古道师:这个不是随便玩的,要认真对待。"若也承当处分明,即转他诸圣,向自己背后,方得自由。"如果一句言教中,或在瞬目扬眉间,明白了这个,当下承当。

南师:一句话,或一句佛经,自己能够了悟,"即转他诸圣",你就成功了,成佛作祖去。

古道师:超佛越祖,方得自由,才能够真正达到自在,活泼泼的。

南师:才能达到出家学佛的目的。

古道师:"若也转不得,直饶学得十成,却须向他背后叉手,说什么大话。"如果还没有真正言下体悟,真正达到超佛越祖。

南师:虽然道理讲得很通,要反过来看看自己,不要再说什么大话了。

古道师:"若转得自己,则一切粗重境来,皆作得主宰。"境界来的时候,细微的先不说,对于那些粗重的无明妄想、习气烦恼,决定能作得了主,也就是对付得了,不被这些习气所转。

南师:"假如泥里倒地,亦作得主宰。"哪怕死了,下了地狱你也能作主啊。你还没有修成,正在学习,死了还要自己作主,就要很高的定力了。

古道师:下面举个例子。"如有僧问药山曰:三乘教中,还有祖意也无? 答曰:有。曰:既有,达摩又来作么? 答曰:只为有,所以来。"有个和尚问药山禅师:三乘教中,还有没有祖意? 所谓三乘,就是声闻、缘觉、菩萨,三藏十二分教中,经典里有没有真正的佛祖的意思啊?

南师:有没有祖师西来意? 不要言语文字,单刀直入,明心见性。

古道师:药山禅师说有。那个和尚问:既然三藏十二部中都有直指明心见性的法门,为什么达摩大师还大老远地跑来? 药山禅师说:因为有这个法门,所以他才来嘛。如果没有这个,他就不来了,本来传承的就是这个直指明心的不二法门,所以他来了。但是呢? 他来不来不要紧,只要你作得了主啊,你能转得过来吗?

南师:不要菩萨,不要祖师,你自己都会。

古道师:曹山禅师引用过药山禅师的公案,又引用经典:"如经曰:大通智胜佛,十劫坐道场,佛法不现前,不得成佛道。言劫者滞也。"

南师:这四句话是《法华经》的重点,大通智胜佛本是上古的一个国王,他有十六个儿子,个个都成佛了,包括阿弥陀佛、释迦牟尼佛。他自己也出家,打坐都得定了,工夫很高,不是定个一支香、两支香,十劫入定,心念都不动,工夫那么高,坐着动都不动,比山还静定,地球翻了几个身,他还在入定。这是佛法吗? 不是,"佛法不现前,不得成佛道。"学佛开悟是证得菩提,打坐入定是工夫,不是究竟,还没有成佛。修行打坐是入门的一个重要路线,不能认为得定了就是得道,佛法的道理在一悟,证得菩提。

古道师:曹山禅师说:"言劫者滞也。"十劫坐道场,他停顿在那里了,定在那里不动,没有进步。

南师:一念不生,一定那么久,你以为一念不生就是,其实不是,空也不是。

古道师:"谓之十成,亦曰断渗漏也,只是十道头绝矣,不忘大果,故云守住耽着,名为取次承当,不分贵贱。"因为前面也讲到十成的问题,"若也转不得,直饶学得十成"。十劫定在那里,等于也是断了很多渗漏,比如情渗漏、语渗漏、见渗漏,还是达到了十成。

南师:什么是情渗漏、语渗漏,你再解释一下。

古道师：见渗漏是见地上的渗漏，语渗漏是语言文字方面，情渗漏包括喜怒哀乐，执着于那个定，也是一种渗漏，他欢喜嘛，后面提到即使证得涅槃菩提，只要喜心在，有个欢喜的心，那已经不对了，都是情渗漏。

D同学："十道头绝"，密宗讲身三意三口四，这十业加在一起，恶业断绝，就是"十道头绝"。大通智胜佛这些都做到了。

古道师：但是他不忘大果，没有忘记，还想得个什么菩提，这些成佛的念头还没有断掉。"故云守住耽着，名为取次承当，不分贵贱。"他停留在那边，还有个成佛涅槃的希望，实际上这也是一种执着。

南师：不但大通智胜佛这样讲，后来许多学佛的人，以为盘腿打坐就是入定，就得道了，一样的道理，守住那个空的境界。

古道师：这些都是执着，名为"取次承当"。

南师：一个一个境界，一步一步渐修。

古道师：祖师门下说的直下承当，直接达到圆满的证悟，与渐修"不分贵贱"。

　　我常见丛林，好论一般两般，还能成立得事么？此等但是说向去事路布，汝不见南泉曰：饶汝十成，犹较王老师一线道。也大难事，到此直须子细，始得明白自在。不论天堂地狱饿鬼畜生，但是一切处不移易。元是旧时人，只是不行旧时路。若有忻心，还成滞着，若脱得拣什么？

南师：《楞严经》说："归元性无二，方便有多门。"

古道师："理则顿悟，乘悟并销，事非顿除，因次第尽。"实际上也都说的这个理，明白了那个，但是还有个打磨习气的过程，水分两路走，终究目的还是一个，所以说"不分贵贱"。但是曹山禅师又说:"我常见丛林,好论一般两般,还能成立得事么?"现在丛林中这些学佛的人,都好争论顿渐,这就是禅宗的南顿北渐之争,最尖锐的时期已经过了,后世的子孙可能还执着于这些顿渐的问题,喜欢讨论二者一样还是不一样,这个好还是那个好。不管如何说,你证得怎么样了?你工夫怎样了?你还能证得这个事吗?

"此等但是说向去事路布",路布是广告、布告,这些好论一般两般的人,只是吹牛作广告,口头禅,自己没有真正达到,等于作广告一样到处瞎吹。"汝不见南泉曰:饶汝十成,犹较王老师一线道。"这里又举了南泉禅师的话。

南师:南泉是马祖的弟子,俗姓王。他说你们东吹西吹,以为懂得佛法,知识说了十分,比起我南泉还是差一截。

古道师:"也大难事,到此直须子细,始得明白自在。"刚才说大通智胜佛达到十成,工夫到了,恶业断绝,但还想执着个什么菩提涅槃,那还不一定对,到这个时候更要仔细,分辨清楚。

南师:有一点工夫,有一点见地,不要自己满足,还差远了。

古道师:"不论天堂地狱饿鬼畜生,但是一切处不移易。"真正解脱自在,明白了那个祖师意,大彻大悟了,无论是在天堂、地狱、饿鬼还是畜生,那个见地,那个自在,都是没有动摇,没有变化。一切烦恼业障来时,都像水中的泡沫一样,自生自灭,根本没有挂碍。如果达到这样,"元是旧时人,只是不行旧时路。"人还是那个人,悟道以后,该吃就吃,该穿衣还是穿衣,"只是不行旧时路"。

南师:心里知道原来的习气都变了。

古道师:跟过去走的路不一样了,现在的作为全变了。"若有忻心,还成滞着,若脱得拣什么?"到了这个境界,心里还有个欢喜,还有个情执在,如果是真正解脱,那还拣什么?还执着什么?

南师:得道成佛,没有个什么了不起,很平凡。

古德云：只恐不得轮回。汝道作么生？只如今人，说个净洁处，爱说向去事，此病最难治。若是世间粗重事，却是轻，净洁病为重。只如佛味祖味，尽为滞着。

古道师：古德说就怕你不轮回。你说你不轮回，跳出三界五行，五行之外还有个什么？世界万物都是五行构成的，五阴包括万有，你跳出五阴、五行、六尘，你那个菩提自性往哪里安立啊？本来就是一体不二，所以真正悟道的人会说，就怕你不轮回，不轮回就断灭了。

D 同学：执着有个轮回与涅槃的对立，就困在涅槃上。

古道师："只如今人，说个净洁处，爱说向去事，此病最难治。"就像现在人说个清净无为也好，菩提涅槃也好，常乐我净也好，他就趋向那个，都想得个什么东西，曹山禅师说这个毛病最难治了。

"若是世间粗重事，却是轻，净洁病为重。只如佛味祖味，尽为滞着。"世间这些贪瞋痴慢疑的粗重习气，跟这个比起来，还是轻的，净洁病更重。佛味祖味，就是老师经常讲的最怕那些学佛人，一脸佛气，满口佛语。这种执着是非常严重的病，现在看来还是这样。以前我去过一个禅堂，行香时非得规定只摆动一个手臂，一看你摆动两个手臂，就说你是没住过禅堂，害得我那天在那里把一个手臂收起来，不敢摇。你说这种知见多可怕？这就是所谓的"佛味祖味"，所以有时候我们一看，这个和尚像个和尚，也不一定对啊，要看见地如何。有的禅师只问见地，不管你的行履，你爱怎么玩就怎么玩。

然后，曹山禅师又引用洞山禅师的话。"先师曰：拟心是犯戒，若也得味是破斋。"起心动念就是犯戒，你吃东西，有个味道可得，这个好吃，那个不好吃，那你已经破斋了，不是吃素不吃素的问题。有个什么可得啊？你说有一个可得，那已经不对了，已经破戒了。

南师：你自己觉得学问很好，已经完了。

古道师："且唤什么作味？只是佛味祖味。才有忻心，便是犯戒。若也如今说破斋破戒，即今三羯磨时，早破了也。"只知道这个是佛味也好，祖味也好，"才有忻心，便是犯戒"。就像老师问我："怎么样啊？""老师，这几天感觉打坐很舒服，心里安静啊。""好啊，好啊。"老师很慈悲，没有拿棒子打我。平时感觉有一点清净的境界，如果才有欢喜的心，你已经犯戒了。佛教里的三羯磨，就是初一、十五诵戒，男女大众各拿各的戒本，读到哪一条，你犯了就要发露忏悔，为什么犯了？向大家忏悔。我以前在雪峰的时候也曾经这样修过一年。祖师说大家在发露忏悔的时候，早已经破戒了，说得非常痛快。

"若是粗重贪瞋痴，虽难断，却是轻。若也无为无事净洁，此乃重无以加也。"粗重的贪瞋痴，虽说不好断，还算轻的，真正一心勇猛，完全断掉不是不可能的。但是如果染着清净无为，执着禅定，这个病重得没法说了，"无以加也"。

"祖师出世，亦只为这个，亦不独为汝。"贪瞋痴虽然粗重，但还好办，如果执着于清净无为，那什么事都做不成，这不能干那也不能干。

南师：一副学佛学道信教的样子。

古道师：这个问题是最可怕了，最好不要沾上，祖师们出世，都是为了这个事，给大家说明。

南师：不是为了某个人，是为大众。

　　今时莫作等闲，狸奴白牯修行却快，不是有禅有道，如汝种种驰求觅佛觅祖，乃至菩提涅槃，几时休歇成办乎？皆是生灭心，所以不如狸奴白牯，兀兀无知，不知佛不知祖，乃至菩提涅槃,及以善恶因果,但饥来吃草,渴来饮水。若能恁么,不愁不成办,不见道,计较不成,是以知有。

古道师:现在不要马马虎虎,如果执着无为清净,以为究竟,那些狐狸、猫狗、水牛,岂不是修得更快? 先不说有禅无禅,有道无道,像你现在求个佛,想明白祖师意,想求个菩提涅槃、本来自性,你这么追下去,"几时休歇成办乎?"啥时候休歇? 啥时候能得道啊? 这些都是妄想生灭心,都是不对的。所以说你还不如那些猫牛,兀兀无知,饿了吃草,渴了喝水,它们不知道佛祖道禅,虽然你知道,但是你要是能这样,饥餐渴饮,不愁不成办,不愁不成道。

我们都斤斤计较,想得个成佛,菩提涅槃,你知道有那个菩提涅槃,已经造了那么一个东西,抓住前人的知见、佛经的名言,但那是别人的,不是你的,然后把那个想象完美化,建立那么一个境界,实际上你没有悟道以前,那个不一定正确。

乃能披毛戴角,牵犁拽耒,得此便宜,始较些子。

南师:当年我们在四川,峨眉山的稻子下来,那些耕牛劳作得很累,农夫把牛背上的架子拿下来,绑在树边吃草,它吃得饱饱的,瞪着眼睛,嘴里若有若无地在动,眼睛直直地一动都不动。我给同学们说:你看,它入定了。它并不要用心入定,只要心里没有事。

古道师:所以披毛戴角,给人家拉犁也好,得此便宜,比我们省事多了。我们学佛,如果真正到这个境界,"始较些子",有点像样了。当然不是叫我们去披毛戴角,只是注意那种状态。

不见弥勒阿閦及诸妙喜等世界,被他向上人,唤作无惭愧懈怠菩萨。亦曰变易生死,尚恐是小懈怠在。本分事合作么生？大须子细始得。人人有一坐具地，佛出世，侵他不得，恁么体会修行，莫趁快利。欲知此事，饶今成佛成祖去，也只这是，便堕三涂地狱六道去，也只这是。

A 同学：弥勒菩萨、阿閦佛以及妙喜世界的菩萨，被那些开悟的人，称为没有惭愧心的懈怠菩萨，为什么呢？因为他们还有变易生死，还觉得有一个佛可成，还有这一念，就是生死了。像这些菩萨还被批评，何况我们这样的妄想众生，放逸懈怠。

我们对于自己的本性，要怎么理解呢？大家要仔细参究，人人生来就有，佛出世也没有变化，别人想拿走也拿不走，你必须要这样体会修行，不要追求什么快捷，也不要追求什么特别秘密的法门，请老师传一个咒，或是请法师灌一个顶，马上成佛，都别贪这个便宜。你想要明白这个，当下成佛，其实只要当下认清楚，当下这一念，心就是佛，信得过这个，即使你堕到地狱、饿鬼、畜生，或是上生天道，也是这样信得过，一信就到了，心就是佛，佛就是心。

虽然没用处，要且离他不得，须与他作主宰始得。若作得主宰，即是不变易，若作主宰不得，便是变易也。不见永嘉云：莽莽荡荡招殃祸。问：如何是莽莽荡荡招殃祸？曰：只这个总是。问曰：如何免得？曰：知有即得，用免作么？但是菩提涅槃，烦恼无明等总是，不要免，乃至世间粗重之事，但知有便得，不要免，免即同变易去也。乃至成佛成祖，菩提涅槃，此等殃祸为不小，因什么如此？只为变易，若不变易，直须触处自由始得。

A 同学：虽然知道这样，有什么用啊？知有有什么用啊？所有成佛作祖都离不得这个，"须与他作主宰始得"，你必须自己能够作得主宰。

南师：作得自己的主宰。

A同学：若作得主宰，就是不变易了，这样才是真正的了脱生死，假如你主宰不了，那就是变易生死了。永嘉大师说："莽莽荡荡招殃祸。"前面还有一句"豁达空，拨因果"，这里没有讲。你相信这一念心，因中有果，果中有因，你认识到了，那么自然不会莽莽荡荡招殃祸，不会去造业，善业即不为，何况恶业呢？

有人问：什么是莽莽荡荡招殃祸？还是这样，一切唯心。又问：怎样能免得不遭殃祸呢？"曰：知有即得。"你有这个确信即得免，又何必想要去免个什么呢？你信得过这一念，要用便用，要修便修，要喝就喝，要睡就睡，"用免作么？但是菩提涅槃，烦恼无明等总是，不要免"。永嘉大师也讲过："无明实性即佛性，幻化空身即法身。"要信得过，当下即是。"乃至世间粗重之事，但知有便得，不要免，免即同变易去也。"不管是干苦力活，还是坐办公室，乃至吃喝拉撒，都是他的作用，但知有便得，你有一个想要避免的念头，已经是变易生死了。"乃至成佛成祖，菩提涅槃，此等殃祸为不小，因什么如此？只为变易，若不变易，直须触处自由始得。"假若我们有一个观念想要成佛作祖，想要去烦恼得菩提，想要得到涅槃的境界，这个殃祸大得很啊，为什么呢？"只为变易"，因为我们的心还是在变易，没有坚信，佛也告诉我们"信为道源功德母"，所有的功德只有信才能入，进入法性之海，能够一信到底。"若不变异，直须触处自由始得"，我们真信得过，随时随地就是这一念，天上天下，唯我独尊。"触处自由"，就是观自在菩萨。

古道师：南平钟王对曹山禅师特别尊重，非常恳切地派了使者来请教，曹山禅师只把大梅和尚的一首山居诗写给他。

大梅和尚是在马祖座下得了一句即心即佛，当时就信入，到大梅隐居去了，后来马祖为勘验他，派个侍者去找他，说现在马大师不说即心即佛,改说非心非佛了。大梅和尚说:不管他,我还是即心即佛。侍者回去禀告马祖,马祖赞叹道:梅子熟也。当时大梅住山修行非常刻苦,避世犹恐不及,入山唯恐不深。我们念一下这首诗:

> 摧残枯木倚寒林　几度逢春不变心
> 樵客遇之犹不顾　郢人那得苦追寻
> 一池荷叶衣无数　满树松花食有余
> 刚被世人知住处　又移茅舍入深居

天复辛酉夏夜,问知事:今日是几何日月?对曰:六月十五。师曰:曹山平生行脚,到处只管九十日为一夏,明日辰时吾行脚去。及时,焚香宴坐而化,阅世六十有二,坐三十有七夏。门弟子葬全身于山之西阿。

古道师:那年夏天的晚上,曹山禅师问知客师:今天是什么日子?知客师回答:今天是六月十五日。曹山说:我平生行脚,到哪里都没有久住,是以九十天为一夏,明天辰时我要行脚去了。第二天辰时,曹山点支香,就坐化了,世寿六十二岁,出家三十七年。他的弟子们把他葬在曹山西面的山坡上,那里我去过,是一个非常优美的山谷,灵塔还在,前面还有一头缺口的石狮,瞪着眼睛。

A 同学:"天复辛酉"是唐昭宗的时候。

南师:那是晚唐了。

第十六讲　五位君臣　一

《指月录》卷十六

二〇〇九年十二月二十三日

南师:《指月录》中禅宗祖师的对话,称为机锋转语。所谓机锋,比如两个人射箭,相对站着,各人拿了弓箭,要射倒对方。那个机一动,指头一扳,同时开始,你的箭射过来,我的这个箭就把你的顶回去,这么厉害,这叫机锋相对,没有思考的余地,自然的,这叫机锋。

转语等于我们中国人讲的歇后语,比如瞎子吃汤圆,下面转一句:肚里有数。还有很多,比如麻子上台阶——群众观点;瘸子放屁——邪门。那个人瘸一条腿,屁股歪的,屁是从一边放的,所以放屁下面转语邪门。被窝里放屁——能闻能捂(能文能武),一个人在被窝里放屁,自己闻到了赶快盖住,比如人家问古道是什么人?哎哟,这个人厉害,被窝里放屁——能文能武。所以禅宗讲的机锋转语,用文学性的奇言妙语,讲高深的佛法,明心见性,宇宙万有生命的本来,通过打坐用功,修禅定来求证,有戒有定,定而生慧,智慧透过来。

佛经讲了那么多,到中国唐代,把佛经上这些最高深的道理变成中国的土话,有时还带着文学艺术的味道,对答如流,只有中国人干得出这种事。

比如有个和尚问香严,香严说枯木里龙吟,然后又说髑髅里眼睛,这个和尚不懂,这叫书中取则,祖师们讲学佛不要言中取则,念了《阿弥陀经》《金刚经》,知道个般若、禅定,统统被言语文字困死了,这样不行。祖师们故意不让你从言语文字上着手,枯木里怎么会有龙吟?这个话很奇怪,髑髅里怎么还有两个眼睛?这个和尚又问了几位大师,每个回答都不一样,都很有意思,可是他越来越不懂了。

这些都与工夫有关,你打坐修行到身体都不动了,气脉变化,人好像死了,这是枯禅,也没有腿痛,也没有酸胀麻痒,里头气动了,自己嗯——气会上来。然后又说髑髅里眼睛,你打坐什么都忘了,但面前那个亮光还在,好像两个眼睛还没有烂完,换句话说,你所有的境界空掉,还看到光明,还有境界在。

我只是勉强给你们做一个解释,学禅要有第一等智慧,反应快的一听就懂,就证入了。所以这些禅宗祖师们,从唐宋以来,个个都是知识渊博,佛经都通,然后等于用现在手机上的黄段子讲个笑话,透过这个笑话背后,或者讽刺人,或者骂人。这一套看似与佛学没有关系,其实统统有关联,而且不能讲道理,禅宗只能参究,接引上上智,有时一个动作,一句话,他就懂了。有这个道理。

禅宗到了曹洞宗,已是晚唐时期,当时的祖师们对于中国文化的阴阳八卦都很熟悉,他们画的太极图,黑的一半是阴,白的一半是阳,阳中有阴,阴中有阳,用这个表达两方面,打坐禅定与智慧配合,脱开了印度佛经的那一套。在唐代,对于阴阳八卦,老百姓们都知道,所以祖师们用这个说法,等于现代人用自然科学的话来陪衬。

这样的奇言妙语,变成唐代禅宗的土话,土话变文学,文学又变成学问。比如禅宗文集中的"阿甚见解",就是土话屙屎,等于我们现在说放屁的话,屁话一堆,可是在禅宗语录上,用那两个字,好像文雅一点,变成"阿甚见解",不懂这个土话,你永远考证不出来。这些奇怪的话,妙语如珠,像一个珠子在盘子里滚来滚去,没有滞碍,怎么说都对,要你智慧透进去,不要被话头困住了。有的朋友跟我谈话,讲得很好,我们关系也很好,我会说:你这个牛吹得太好了。看起来像是在骂他,其实是恭维他。有这个意识,才能研究《指月录》。

今天重新提出五位君臣,要知道在那个时代,有些出家人是不认识字的,但是工夫很高,也有学问很好的,各种人物都有,甚至是土匪强盗去出家,聪明绝顶和笨蛋透顶的都在一起,所以祖师们会用土话讲法。

"奉",就是专门捧一个东西,比如念南无阿弥陀佛,光念就是奉。生理与心理两方面的影响,使你打坐不能得定,不是生理上地水火风空的障碍,就是心理上有贪瞋痴慢疑,这些统称为妄想。你打坐想入定,妄想下不去,对不对?(众答:对。)有时候一个感觉,一个知觉把你拉住,你清净不了。

"共功",心理同生理,工夫都到家了。换句话说,六祖以后,由石头希迁、药山到云岩,曹洞这一派也影响了中国道家,修神仙之道长生不老,他们也用离卦代表,后来道家称为性命双修,反过来笑学佛的人,光念一句佛号,一个咒子,就想明心见性,成佛得道,不可能。道家怎么讲?"只修命不修性,此是修行第一病;只修祖性不修丹,万劫阴灵难入圣。"登琨艳才来的时候,打坐专搞身体气脉,不懂得明心见性,你那个心在哪里啊?气脉工夫修得再好,谁在修啊?心在修,反应在身体上。反过来,学佛的人只念一句佛号,只念个咒子,观空,只要明心见性,身体转不了,痛苦转不了,病也转不了。

那么,曹洞宗用离卦说法,离中虚,坎中满,取坎填离,影响了唐代以后的道家,变成性命双修。比如道家修神仙的丹经《性命圭旨》,包括《易经》的算命、风水,可以说都受洞山这一脉的影响,这是大学问,现在很多人只知其一不知其二。禅宗祖师把这些学问的精华收拢来集中在一处,化腐朽为神奇,这里面包含了见地工夫，所以难懂了。

你看当时那几个和尚，要死就死，要来就来，曹山禅师说那个纸衣道者：你就晓得这样去，还不知道怎样来啊。纸衣就睁开眼睛了，那你怎么来呢？"不借借。"我们现在活着都是借来的，我们的生命是从父母那里借来用的，你看借得很辛苦吧，自己莫名其妙，一个男的，一个女的，突然变成爸爸妈妈，借来一个身体，先住十个月旅馆，只能用几十年，结果一辈子账都还不清，你不还账人家说你不孝，可是不经过这个住胎，你还不能变成人。要怎么做到不借而借，借而不借，借了债还是要还。你看释迦牟尼，他一出生，妈妈就去世了，姨妈把他带大，这是不借而借。我们的身体都是借来的，用了几十年，这个债是很大的。

以前我讲过笑话，因为我是独子，没有兄弟姐妹，出来做事很难，没有一个亲戚帮忙，孤单可怜。后来我自己有了好几个孩子，我来生再来还愿意作独子，有兄弟姐妹太麻烦了。而且我来生再来，要找最有钱、最有地位的父母，母亲怀孕了，父亲先死了，母亲生下我，她也走了，然后有个姑妈或者姐姐管着，刚刚带大，她也走了，这样所有的财产由我乱花，花光再去出家。这个不借之借，福报就太大了。

入胎不迷，住胎不迷，出胎不迷，那真是佛菩萨再来，《楞严经》说："自未得度，先度人者，菩萨发心；自觉已圆，能觉他者，如来应世。"就是这个道理，这都是工夫见地，所以学密宗的人说真正的秘密在中国禅宗，你看着祖师们讲话乱七八糟，其实饱含深意。

佛法到了唐代，变成中国文化的禅宗，可是并没有离开戒定慧的佛经道理。你看他们乱七八糟的问答，都是工夫，都是见地，你不知道他们在讲些什么，好像完全是鬼话，那是对着当时的时代，当时的环境，当时那个程度的人讲的，不是对你们讲的，你们一点影子都没有,还摸不到。

现在一般禅学流行,茶道是禅,气功是禅,练拳也是禅,对不对呢?都对。为什么?《参同契》讲"门门一切境",都相关,"回互不回互",都不相关。文学也好,武功也好,吹箫也好,练到最高无形无象。譬如我们练少林拳、太极拳,真到了打仗的时候,不是这样用的啊。我是学太极的,你慢一点啊,我姿势还没有摆好,不是这个道理;而是上来就打,你管我怎么打,那是没有章法。但他练过工夫,出手就是有章法,习惯性地就出来了,这个道理你懂了吧。

> 僧问曹山寂"五位君臣旨诀"。山曰:正位即空界,本来无物;偏位即色界,有万象形。正中偏者,背理就事。偏中正者,舍事入理。兼带者,冥应众缘,不堕诸有,非染非净,非正非偏,故曰虚元大道无着真宗。从上先德,推此一位,最妙最元。当详审辨明。君为正位,臣为偏位。臣向君是偏中正,君视臣是正中偏,君臣道合是兼带语。

古道师:洞山禅师作的《五位君臣颂》,第一个正中偏,"正"是我们的本性,所以曹山本寂禅师说正位就是空界,就是我们的本性。

南师:一念不生,你也不必用功,自己天生就有,从妈妈肚里生下来,你那个能知,不是你做工夫修出来的,那个是本来空,随时有,讲理又多余了,说空已经多余了,本来大家都会的。

"偏位即色界,有万象形",色界拿世界来讲是物理的,拿人的身体来讲,地水火风随时变化,也有感觉知觉,各种变化,饭吃多了不舒服,等一下又饿了,又觉得不舒服,都是现象。

古道师:"正中偏者,背理就事。"自己当下一念起用,这个自性就事背理。

南师：我们生下来就有嘛,等到长大成人,能够说话,能够做事,却忘记了那个本来,跟着现象在跑,跟着感觉知觉跑。

"偏中正者,舍事入理。"修行要一切不执着,妄念放空,本来清净,不是你去造出来一个空,本来空的,可是听了本空这两个字,偏偏要去找一个空。

"兼带者,冥应众缘,不堕诸有。"我们现在起用都是兼带,缘起性空,性空缘起,用过便休嘛。"冥应众缘",饭来了就吃,"不堕诸有",吃完了还是空的。

古道师：这才是非染非净,无所谓清净不清净。

南师：提起即用,用过即空,有这个气派,你可以学佛了。

古道师："非正非偏",本来万法就是一体的,没有事与理分开,所谓本性、烦恼,都是不二的,没有什么偏正,那些都是为了教育的方便说法。

"故曰虚元大道无着真宗。从上先德,推此一位,最妙最元。当详审辨明。"一切都是圆融不二,所以宗门下不执着一切。"虚元大道无着真宗",以前的祖师们都推崇这个最高的法门,最妙最玄,但是需要详审辨明,当下认清,自肯承当。

下面又说君臣,"君为正位,臣为偏位。臣向君是偏中正,君视臣是正中偏,君臣道合是兼带语"。

南师：古代的政治体制主要是皇帝与宰相,等于我今天对 G 同学讲:你啊,你这个老板很好,但我替你难过啊,你的部下要找一两个到这里来。有明君,没有能臣,或是有能臣而无明君,所以要"君臣道合"。

洞山禅师怎么悟道的啊? 他看到水里的影子,悟了,那个影子等于臣位,身体等于君位,没有身体哪有影子? 换句话说,没有看到影子也不知道有个身体,因为你忘记了。"切忌从他觅,迢迢与我疏。"假使只练身体,以为是修道,你完了,走偏了。洞山禅师从小念《心经》就开始起疑：无眼耳鼻舌身意？自己摸摸脸上，我明明都有，为什么佛经说没有呢？第二，他参无情说法，为什么自己听不到？参了几十年，最后过水时看到影子悟了，一切都懂了，就知道祖师们的奇言妙语，也不妙，也不奇，什么君臣宾主，其实一样，世间法就是佛法。

> 僧问：如何是君？山曰：妙德尊寰宇，高明朗太虚。曰：如何是臣？山曰：灵机弘圣道，真智利群生。曰：如何是臣向君？山曰：不堕诸异趣，凝情望圣容。曰：如何是君视臣？山曰：妙容虽不动，光烛本无偏。曰：如何是君臣道合？山曰：混然无内外，和融上下平。

南师：功德圆满、智慧成就的人是君，所有老百姓都佩服他，恭维他，他的智慧像太阳一样照耀一切。如何是臣？好的宰相与皇帝同心合德，政治清明，工夫与见地都到了的意思，这时临机能够决断。

你们看历史，齐桓公本来不敢做国君，他问管仲：我可以吗？管仲说：你绝对行，放心去干吧。他又问：为什么？管仲说：你反应得快，临机决断。一件事情很快就决定了，这个对，那个不对，他反应得快，决断下得快，这是临机决断。所以管仲帮助齐桓公一匡天下，九合诸侯，几十年中，九次召集联合国来开会，各国侯王都要听他的，这是君臣相合。管仲在世的时候，齐桓公非常英明，但是管仲死了以后，齐桓公还是个混蛋。

修行也是这个道理，气脉调顺了，饮食男女都调整了，打坐得定，心里智慧也打开了。臣道调整好了，工夫还是从身上来，身体健康，容易得定，智慧就打开了，"君臣道合"，天下太平，就是这个道理。"如何是臣向君？"怎么做个好部下呢？完全懂得皇帝的意思,自己没有乱搞,不要被外面的环境搞乱了。

古道师:"凝情望圣容",等于专心致志用功。

南师:凝情是专心致志,一念不生。侍奉皇帝,心意相通,不要忘记了圣容,自己乱动,那不是臣向君了。比如你本来坐得好好的,本来很空,忽然背上有一点痛,你就用气功来治背痛了,那就不对了,君也不现,臣也搞乱了。

古道师:那就不是"不堕诸异趣",而是堕了诸异趣了。

南师:对了,就那么简单,你懂了。"如何是君视臣?"

古道师:君视臣,"妙容虽不动,光烛本无偏"。皇帝很威风,智慧觉性遍照着一切,本来没有偏向。"如何是君臣道合?"

南师:身心两面都对了,做工夫的生理心理都平衡。"混然无内外,和融上下平。"得道了,天下太平。

你抓住这个原则,洞山用坎离两卦比方,临济用宾主,两种教育方法不同,其实是一个道理。

山又曰:以君臣偏正言者,不欲犯中,故臣称君,不敢斥言是也,此吾法宗要。乃作偈曰:

　　学者先须识自宗　莫将真际杂顽空
　　妙明体尽知伤触　力在逢缘不借中
　　出语直教烧不着　潜行须与古人同
　　无身有事超歧路　无事无身落始终

G 同学:"不欲犯中",这个中是不是中庸的中?

南师:对啊,是中庸的中。

古道师:"不欲犯中,故臣称君。"有时君臣颠倒,臣反而称君。

南师:对啊,妄想作主,就是臣称君,一念清净就是君作主了。

古道师:这才是曹洞宗最重要的宗旨,"学者先须识自宗",真正学道先要明白那个,所谓自宗,也就是自性。

南师:自性本来是空的,不是你造出来一个空。"莫将真际杂顽空",本来空的,结果你打坐拼命造一个空的境界,那不是真空了。"妙明体尽知伤触,力在逢缘不借中。"没有个中,一切妄念都空。

古道师:真正达到那个境界,"妙明体尽",那个妙明的体会真正达到穷尽的时候。

南师:一切妄念都没有了,见到本来面目。

古道师:无所谓臣,也无所谓君,一片和合,"出语直教烧不着",等于羚羊挂角一样,都是无处可寻。"潜行须与古人同"。

南师:念念清净,念念不着。

古道师:自己心心念念的修行,还同古人一样,那么修去。"无身有事超歧路,无事无身落始终。"真正明白了那个,在日用中还是一样应对,但自己已经解脱自在,无所挂碍了。在日常事务中,好像没有他一样,虽然平常,但是已经超越歧路了,已经超越生死了。看着好像也有这个事相,跟平常一样,但是果位上已经不同了,已经超越常人了。

南师:鼓掌。(众鼓掌)

古道师:再进一步,内心无事,没有挂碍,刚才是无身有事,这会儿是无身无事,更超越了一步。

G 同学:是不是得真空以后,无所谓始终了?

南师:父母生来就是投影一样的,也可以说无生无灭,无去无来,没有什么倒过来,翻过去的。

　　复作五相。●偈曰:
　　白衣虽拜相　此事不为奇
　　积代簪缨者　休言落魄时

南师：就是画个图作代表。白衣是没有功名、没有文凭的老百姓，一步登天。

古道师：当了宰相，这也没有什么奇怪的。

南师："积代簪缨者"，历代那些高干子弟，都没有用了。

古道师：像朱元璋当了皇帝，以前当叫化子的事就不谈了。

A 同学：这个图案是正中偏，上面黑的，下面白的。

⊖偈曰：

子时当正位　明正在君臣

未离兜率界　乌鸡雪上行

古道师：这是偏中正。

南师：还没有完全到家呢，但是有工夫有见地了。

古道师："乌鸡雪上行"，有点明白了，像老婆看那个古镜一样，好像有点明白，但不一定完全认得，还有疑惑。"子时当正位"，快要转到天亮了，"明正在君臣"，这个时候要切入这个，要明白，或臣或君，你自己要分辨清楚。

南师：弥勒菩萨现在兜率天作天主，不是成佛，还是菩萨位。

古道师："乌鸡雪上行"，自性本来就在那个位置上，从没有离开过。这时候有点消息了，偏中正是见道位，然后是修道位，慢慢保任，断除习气。然后是正中来，一个圆圈，中间一个黑点。

◉偈曰：

焰里寒冰结　杨花九月飞

泥牛吼水面　木马逐风嘶

古道师：火里结着寒冰，那是不可能的，颠倒的话。"杨花九月飞",杨花本来是春天飞的。"泥牛吼水面",泥牛遇水就化掉了,自身难保,哪里还能在水面上吼?"木马逐风嘶",木头做的马还追风嘶鸣。

A 同学:也是枯木龙吟。

古道师:实际上没有这个事,了不相干,如如不动。

南师:打坐修行,如果抓住一个境界,以为是见道了,那是颠倒,凡所有相,皆是虚妄。

古道师:这也是修道位,等于我们修行用功,视一切如梦幻。臣可以换,但是皇帝不是随便换的,来来去去的境界都是虚妄。然后是兼中至。

○偈曰:

王宫初降日　玉兔不能离

未得无功旨　人天何太迟

古道师:像释迦牟尼降生王宫一样,"未得无功旨"。

南师:还没有完全到家。

古道师:"人天何太迟",虽然佛是乘愿再来,还有很多余习未断,所以兼中至还是修道位。我们再看一下洞山禅师那首偈语:"兼中至。两刃交锋不须避,好手犹如火里莲,宛然自有冲天志。"等于工夫已经纯熟了,一切事情不需要回避,两刃交锋,持刀上阵,我们日常生活中的一切妄想也好,善恶都不怕,没有关系,就像火里栽莲一样,在烦恼中修行,但是"宛然自有冲天志",他内心见地明了,巍巍堂堂,这是悟道以后对境炼心,打磨自己习气的过程。

南师:讲得好!(众鼓掌)

古道师:然后是兼中到,已经圆满了。

●偈曰：

浑然藏理事　朕兆卒难明

威音王未晓　弥勒岂惺惺

古道师：按洞山前面说的，"兼中到，不落有无谁敢和，人人尽欲出常流，折合还归炭里坐。"功德圆满，等于是证道位，"浑然藏理事"，虽然看着大智若愚，但一切都是如理如法，不成障碍，跟平常人一样，但是他的行履，他的品格，已经超越凡情了。

南师：威音王是佛经中代表空劫的开始，从空变成有的时候，第一个王叫威音王。已经证到理事无碍的程度，那里面的消息，"卒难明"，威音王本来空的嘛。

古道师：威音王都不知道，弥勒佛哪能搞得清楚呢？

又僧问：五位对宾时如何？山曰：汝即今问那个位？曰：某甲从偏位中来，请师向正位中接。山曰：不接。曰：为甚么不接？山曰：恐落偏位中去。山却问僧：只如不接，是对宾？是不对宾？曰：早是对宾了也。山曰：如是如是。

古道师：一个僧人问曹山禅师："五位对宾时如何？"曹山问他：那你是从哪个位上问的？你到底是什么境界？僧人说：我从偏位中来，请师父您接到正位上。等于说您再接我一层，让我彻底证道。"山曰：不接。"为什么不接引呢？"山曰：恐落偏位中去。"我是主位，接你就落到偏位去了。曹山又问他：我这样不接，是对宾还是不对宾？这个和尚回答得很好：早是对宾了也。你已经是偏了。"山曰：如是如是。"你说得对啊。

第十七讲 五位君臣 二

二〇〇九年十二月二十四日

内容提要：

陆亘大夫

投子青

丹霞淳

陆亘大夫问南泉：姓甚么？泉曰：姓王。曰：王还有眷属也无？泉曰：四臣不昧。曰：王居何位？泉曰：玉殿苔生。后僧举问曹山：玉殿苔生意旨何如？山曰：不居正位。曰：八方来朝时如何？山曰：他不受礼。曰：何用来朝？山曰：违则斩。曰：违是臣分上，未审君意如何？山曰：枢密不得旨。曰：恁么则燮理之功，全归臣相也。山曰：你还知君意么？曰：外方不敢论量。山曰：如是如是。

古道师：陆亘大夫与南泉禅师的一段对话，有人拿来问曹山禅师。洞山禅师在嵩山受戒以后，第一次出去就是参访南泉。陆大夫问南泉：你姓什么？南泉说：姓王。一般见僧不问姓氏，见道不问年龄，因为道士追求长生，僧人追求脱俗，问这些就显得外行了。

南师：不是外行，他明明知道南泉禅师姓王，故意问的。"王还有眷属也无？"推开姓王不姓王，问君臣的问题。眷属包括皇后、妃子、太子、大臣这些，普通人的父母、妻子都是眷属。

古道师：等于现在白话来讲还有什么亲戚没有。南泉禅师回答："四臣不昧。"

A 同学：这些大臣都有，还是了了分明的。

南师：当然有，可是不空。

A 同学："四臣不昧"，了了分明，也可以说是我们身体的四大,虽然王居其位,四大还是在的。

南师:一念清净,自性是王。这都是比方,地水火风四大构成身体,心肝脾肺肾,几十亿的细胞,这些都是眷属。"师父您贵姓啊?""我姓王。""那王有很多眷属,你有没有?""有啊,四臣不昧。"即使出家得道了,这个肉体还在嘛。

古道师:陆大夫又问:"王居何位?"南泉说:"玉殿苔生。"大王住在哪里呢?召见大臣们的玉殿,像大雄宝殿一样,也就是心宅,心王所居。"玉殿苔生",大殿前面的台阶上杂草丛生,没人来往,念念俱寂。

D 同学:他问:"王还有眷属也无?"南泉说:"四臣不昧。"四大本不妨碍,本性空王是主,四大当然是臣了,因为你认得主人了,四大没有关系,自然会转变。他又问:"王居何位?"本性在哪里呢?南泉说:"玉殿苔生。"皇帝如果在金銮宝殿上作威作福,到处都会打扫得干干净净,台阶不可能生了青苔。"玉殿苔生",没人打扫,可见这个金銮宝殿里没有皇帝,就是说他圣位也不居,不住在金銮宝殿里,不以为成圣,也无所谓圣,无所谓凡。

南师:讲得好!(众鼓掌)

古道师:"后僧举问曹山:玉殿苔生意旨何如?"后来有个僧人举这段公案,问曹山玉殿苔生的含义。"山曰:不居正位。"

南师:就是 D 同学刚才讲的圣位亦不居。

古道师:圣位亦不居,也没有凡,也没有圣,凡圣一如的境界。僧人又问:"八方来朝时如何?"曹山说:"他不受礼。"等于八风顿起的时候,怎么办呢?七情六欲也好,一切外在的烦恼忽然起来,这时君王会怎么样呢?曹山说:"他不受礼。"他也不受这些打扰的,根本就跟他没有关系,自性本明,如如不动。

J 同学:八方系指所有的色相,杂七杂八的工夫境界,一切展现在面前的时候,你怎么办?既然已经悟道了,不居圣位,也不居凡位,当然也不会执着这些境界,反正一切都不受。

南师:这是圣明天子,端居正位。

古道师:僧人又问:"何用来朝?""山曰:违者斩。"实际上我们四大色身也好,种种触受,一切自觉自受,以及日常生活中面对的种种事物,那是必须面对的。圣人如何不面对这些? 我们的自性本体,都在日常起用,但是我们看不到他,认识不到他,一旦真正认识到的时候,实际上这些起用本来就是,本体与起用不二。为什么起这些作用? 曹山说:不起用不行啊。"违者斩。"

D同学:老师常说:你们不叫我老师是你们没礼貌,我如果自认为是老师那是我糊涂。我觉得这句话可以作一个参照,既然不受礼,为什么还来朝呢? 你不来朝,说明我已经没有君位了,已经迷惑了,离开了那个觉悟的本位。

南师:"违者斩。"佛来斩佛,魔来斩魔。

古道师:本来体用不二,不起用,那就是死水一潭了。

南师:你这样懂了以后,再看《指月录》就像看小说一样了。

古道师:反正慢慢啃吧,先把握重心,祖师们对话不会闲扯,都是直指向上一路,往这边领会,好像有点味道。接下来,那位僧人再问:"违是臣分上,未审君意如何?"臣分上八风起用,也都不离本体,但本体到底是个什么东西? "未审君意如何?"到底是什么? 等于西来大意如何? 外面境界是臣工作用,那背后的老板是什么?"山曰:枢密不得旨。"

南师:枢密就是宰相、首相。

古道师:中枢大臣没有领到圣旨,等于没有办法用语言文字去表达。

南师:皇上没有动念,宰相站在旁边也不晓得皇上想些什么。

古道师:乱传圣旨也是该斩的,君王一念不生,大臣也不敢妄加猜测。僧人又问:"恁么则燮理之功,全归臣相也。"

A 同学：燮理,调和阴阳,治理天下。

古道师：调和天下内外大事,治理得好,都是宰相的功劳,跟君王没有关系啊。君王没动念头,我们都不知道君王的意思。"山曰:你还知君意么? 曰:外方不敢论量。山曰:如是如是。"这回你知道君王的意思了吧,那个僧人回答:我们局外人谈不得的啊。曹山禅师回答:"如是如是。"好啊好啊,就是这样。

下面是投子义青禅师。洞山禅师涅槃以后,云居与曹山齐名。因为洞山把云岩禅师传的《宝镜三昧》传给曹山了,我们从法统上认为曹山是得法弟子,实际上在洞山座下悟道的人很多,都可以说得到了洞山心法,所以有人说曹洞宗的法脉传了几代就断了,实际并非如此。投子义青系云居道膺门下法脉,一直延续着,根本就没有断。如果太执着于传个什么东西,那种理解是不对的。

南师：讲得好。

投子青《五位颂序》云:夫长天一色,星月何分,大地无偏,荣枯自异。是以法无异法,何迷悟而可及。心不自心,假言象而提唱。其言也偏圆正到,兼带叶通,其法也不落是非,岂关万象。幽旨既融于水月,孤踪派浑于金河,不坠虚凝,回涂复妙。

古道师：这些老祖宗们的文采,让人读得高兴,但是用白话解释就头痛了。"夫长天一色,星月何分。"大地长空,本来是浑然一体。

南师：万里青天,一片云都没有。

古道师：哪里分什么星星月亮。"大地无偏,荣枯自异。"像大地一样,没有偏袒,但是万物的命运不等,荣枯生死各有不同的际遇,这与大地没有关系啊。"是以法无异法,何迷悟而可及。"

南师：真正的佛法并没有一法可得，《楞伽经》说无门为法门。有一法可得，已经是妄念分别了。但妄念分别也是不错的。

古道师："法无异法"，实际上和大地一样，平等对待一切万物，没有偏袒，遍一切处，没有不同的法，就是不二法门，一真法界。哪有什么迷、悟、生、死、轮回，哪有这些分别呢？都是我们妄想分别来的。从本体来说，本来永恒如此，威音王以前就是那个样子，弥勒佛以后还是那个样子。"心不自心，假言象而提唱。"

南师：所谓明心见性、证得菩提，都是空话，都是假借一个名相来表达。

古道师：所谓心也好，法也好，明心见性也好，都是种种比喻，无所谓见性不见性，本来都在性中，还来个什么见性？但还是要修行，不修不行。

南师：讲得好。

古道师："假言象而提唱。其言也偏圆正到，兼带叶通，其法也不落是非，岂关万象。"本来不需要用语言文字的假象，但是没有办法，用语言文字作种种比喻来说明。这些种种比喻的方法，有偏圆正到，因为接引不同根器的众生，而有不同的比喻，所以有的是圆教，有的是顿教，有的是渐教。

南师：有的是禅宗，有的是密宗，有的是净土，都是方便。

古道师：所以就有了不同的教育方法，"其言也偏圆正到，兼带叶通"。

A 同学：叶念协，协同的意思。

古道师：虽然有种种言语，但说的义理都是相通的，直指本性。

南师：等于《楞严经》讲"归元性无二，方便有多门"。

古道师：虽然说法不同，教育方式不同，都是为了达到那个目的。"其法也不落是非，岂关万象。"真正标指明白的那个不二法门，没有这些是是非非，世间万象纷然，从那个君位上去看，哪有什么分别,都是妄想而已。

南师:好啊,讲得好,你到洞山开堂说法,讲这些就好。

古道师:"幽旨既融于水月,孤踪派浑于金河。"水天一色,去哪里找个月亮的踪迹?根本找不到,本来圆融一体,这个如如本性。你说我们日常的情绪也好,思想也好,身体也好,以及外在的一切万象,本性就隐藏在里面,都是他的作用,你怎么去区分?黄河那么浑浊,如果有人踏河而过,你在黄河里找不到他的踪迹,根本分不清楚的。

"不坠虚凝,回涂复妙。"修道的工夫,真正达到心一境性,不受外在一切的干扰,但是感觉自己已经无为自在,这本身就是一个很大的毛病,你不能坠在那种凝定的状态里,这还是不究竟的,必须要回互,你再回过来起用,才是真正的妙用。

D 同学:前天讲到纸衣道者,我查了一下,可能是克符。临济宗的两个老前辈,一个克符,一个普化,帮临济在河北开山,都是高人。克符平时常穿纸做的衣服,所以人称纸衣道者,他和临济、洞山都是一个时代的,所以克符的年纪大概也不小了,可以修到说走就走。他也去考验一下曹山,曹山说:不借借。说完他就走了。当时的临济宗与曹洞宗,《指月录》记载的奇言妙语比较多,因为教理方面,他们都很有基础了,所以才讲这些向上一路的话。

古道师:下面的丹霞子淳、芙蓉道楷都是洞山门下了不起的大禅师,他们对五位君臣的解释,越往后文采越好。丹霞子淳,不是现在的丹霞山,而是河南南阳的丹霞寺,现在那个寺院还在,等于曹洞宗慢慢北上了。

丹霞淳《五位颂序》云:夫黑白未分,难为彼此;玄(元)黄之后,方见自它。于是借黑权正,假白示偏。正不坐正,夜半虚明,偏不坐偏,天晓阴晦。全体即用,枯木花开,全用即真,

芳丛不艳。摧残兼带，及尽玄微，玉凤金鸾，分疏不下。是故
威音那畔，休话如何，曲为今时，由人施设。

古道师："黑白未分"，等于天地未开一样，一派混沌。

南师：你先要说明，洞山五位君臣的阴阳图案。

古道师：正中偏，底下有一点点白，大部分都是黑的，等于我们
凡夫位，黑是无明，白是灵性，本来在的，人人具足。我们通过学习
佛法，知道有那个，有时候打坐有点体会，自己还蛮高兴的，明白了
那个，自性的光明才一点点。所以说"三更初夜月明前"，刚刚露
出来一点芽儿，但是"莫怪相逢不相识"，我们在日用中只是认不
到而已。宇宙阴阳未分，太极未生以前，那种黑白未分的状态，哪
有什么彼此？"玄黄之后，方见自它。"天地分开以后，才有你我的
这些区别。

南师：《千字文》讲"天地玄黄，宇宙洪荒"。天地分开了，物理
上面有个青天，那叫玄色，大地是黄色。天地分了以后，才有彼此。
念头一动就有彼此了，父母未生以前，你什么都不知道，父母生了
以后，就有人我是非，杂念妄想。所以叫你参"父母未生以前是什
么"。

古道师："于是借黑权正，假白示偏。"于是用黑白的图像，正
中偏是这样，黑多白少，像月亮一样。如果没有这个图，简直没办
法用语言去解释。我们在凡夫位的时候，黑多代表无明，无明是正
位，那个灵明自性反而落在偏位，我们日常思维都是随着妄想习气
奔走，等于把皇帝晾在一边，大臣们各行其是。这里借用白色代表
自性光明，但是这个时候还没有大放光明，落在偏位上，所以称为
正中偏。"正不坐正，夜半虚明，偏不坐偏，天晓阴晦。"灵明自性
没在正位上，偏居一隅。

南师：夜半正明，你们好好体会，譬如我们睡觉也好，打坐也

好,有时候会昏沉,有时候好像睡着了,什么都不知道,有时候将睡未睡,将醒未醒,你有点知道,并不是黑漆一团,有一点知觉,那个是夜半正明的影子了。我们打坐有时没有妄想,好像昏沉了,但是有人说话,你也听到,那个糊涂里有点灵光,等你真清醒了,反而这一点灵光看不到了。

所以洛浦见夹山,问:"佛魔不到处如何体会?"夹山回答:"烛明千里像,暗室老僧迷。"答得太好了,等于那个昏沉的人,半夜醒了,身体还没有感觉,一点灵明起来了,好像还有一点消息;完全醒了,这点灵明反而没有了。洛浦又问:"朝阳已升,夜月不现时如何?"夹山回答:"龙衔海珠,游鱼不顾。"一念清净下去,对于气脉、身体一概不理,自然会起变化,就是这个道理。

古道师:"全体即用,枯木花开,全用即真,芳丛不艳。"在那种状态里,全体即用,像枯木花开一样,有这个奇迹出现。

南师:自性本来清净光明,妄念都是他的起用。科学家的发明可以上天入地,可以使死人说话,枯木开花,可见这个力量有多大。

古道师:"摧残兼带,及尽玄微,玉凤金鸾,分疏不下。"万物的荣枯变化都是他的兼带作用。

南师:一年春夏秋冬都是他的变化作用,太微妙了,不可思议,玉凤金鸾,你分不清楚。

古道师:分不出哪个是凤,哪个是鸾。"是故威音那畔,休话如何,曲为今时,由人施设。"空劫以前,威音王以前,本来空的,"休话如何",你不要再说什么了,一个念头都没有的。这种玄妙的曲子,如果今天来弹,每个人的弹法都不一样,由人施设,所以有曹洞的君臣,临济的宾主。

南师:有人用棒,有人用喝,教育方法不同了,密宗念咒,净土念佛,禅宗参话头,各有一套了。

第十八讲 五位君臣 三

二〇〇九年十二月二十五日

古道师：接下来是长芦歇禅师。出家人法名相同的很多，所以必须在前面缀以居住地，或是山名，或是寺名。六祖门下从青原行思、石头希迁开始，随着《参同契》的问世，真正有了一套修行方法与哲学理论。当时禅宗的兴旺，特别是马祖道一禅师在南昌这个地方，古称洪州，直指人心，即心即佛，这两种直截了当的法门，如火如荼。石头希迁禅师在南岳的茅棚中静修，静观天下，他说祖师门下，不要擅立规矩，门门一切境，都能通达真如，不必单举某一个派，某一个宗，某一个思想，某一个方法。他对禅宗命运的发展，就提出《参同契》，直接用道家的丹经鼻祖来命名，这也是非常大胆的举动。

所以有人说，禅宗是从道家演变来的，实际上在中国文化传承的过程中，特别是中国禅宗的发展历程中，不无道家的因素；同时，佛法传入中国以后，对道家的种种启迪也是有非常密切的关联。但是你不能下一个定义说禅是从道家来的，或者说佛教启迪了丹道，这两种说法都是不全面的，因为其中有千丝万缕的瓜葛。中国文化的包容融汇性太强，一切外来的文化，一旦融入到中国文化里，渐渐就融为一体了，不能明确分出一个界限。

中国禅宗的主题，只是让人明白本来面目，明白到底什么是我，什么是佛法大意，或者如何是西来意？这些问法很多，实际上都是直指如如不灭的自性，灵明不昧的那个，禅宗说得最直接，就是那个。从洞山禅师到曹山禅师,确实形成了一种风格,一种教育勘验学人的方法,提出五位君臣的功与位,有的人是从功中修来,努力修行,达到明心见性;有的是从位向功,已经言下顿悟了,回过头来在日常生活中打磨习气。还有功与位同时达到的境界。

现代中国佛教史并没有详细谈到禅宗的发展历史,只是很笼统地概述,其中往往有一两百年的跨越,实际上禅宗的发展历史也跟演义小说一样,是很有意思的故事。洞山门下实际上有很多得法弟子,当时就有朝鲜、日本的僧人来洞山求学,后来青林师虔禅师接任洞山主持,也在阐扬洞山宗旨。我们从历史角度去详述曹洞宗的发展历程,却无法全面提及,只有对曹洞宗发展有重要历史影响的人物,专门提出研究。

曹洞宗门下最有影响力的两个人,一个是曹山本寂,一个是云居道膺。曹山本寂得到洞山禅师传授的《宝镜三昧》,离开洞山以后,去云游礼拜六祖,回到江西宜黄的曹山,当时还不叫曹山,因为出于对曹溪六祖的景仰,就把自己居住的地方命名为曹山,真正把洞山禅师的思想发展起来,他有关于五位君臣的详细论著,还有一个专门的《曹山本寂禅师语录》,将来我们再深入研究学习。

另外一位云居道膺禅师,他也继承了洞山禅师绵密的禅风。相比曹山本寂禅师,云居的传授更为简洁明了,所以后世的曹洞子孙多是从这一脉下来,曹洞宗的影响直到现在的少林寺,延续下来的还是云居一脉。而曹山本寂禅师相传五代以后,几乎没有什么记载了,没有人能继承这种繁琐的禅法,实际上禅宗本来直指人心见性成佛的一脉,与中国的《易经》八卦结合在一起,就变得太复杂了,很难继承下来。要接这个棒子,不但要懂佛法,懂禅宗,还要懂中国本有的历史文化,毕竟世间通才少,很可惜没有传下来。

南师:讲得好。

古道师:云居道膺以后,曹洞宗的禅法慢慢北移了,道膺传道丕,道丕传观志。宋代以后,梁山缘观禅师又传回湖南,当时的国家并不完整,不像汉唐那样一统天下,虽然文化貌似繁荣,非常发达,歌舞升平,实际上充满外患。禅宗也和国家的命运一样,有如悬丝。缘观以后,只有大阳警玄影响最大,这个人非常了不起,不但见地超越,修行非常刻苦,以身作则,胁不至席者五十年,长坐不卧,五十年刻苦修行,就没倒下睡过。所以曹洞宗从青原行思、石头希迁下来,都是坐禅的高手,真实用功,源远流长,实际上当时的年代,已经满天下都是狂禅。

当时的方言记录,现在读起来非常晦涩难懂,因为古人说话简洁了当,而且语言随着时代不断变迁,这种年代隔阂给我们的研究带来困难。老师常说学禅文采要好,很多祖师们不是婆婆妈妈地告诉你该怎么做,而是随口就是潇洒优美的诗文,对仗工整,需要自己去意会。除了文学功底,还有一个方言问题,你最好要懂闽南话或客家话,因为那是真正的唐音,比如:狗子有佛性也无? 无。老师经常讲"莫啊",古代记载是无。

研究禅宗发展的历史,曹洞一系是非常坎坷的,大阳警玄以后,没办法传下去了,交由浮山法远代传,浮山远本是临济宗的禅师,让他将来觅得一个两个,把曹洞宗传下去。后来浮山远找到投子义青,才有之后的芙蓉道楷、丹霞子淳、长芦清了,到宋代末年的天童如净禅师,把曹洞禅法及芙蓉道楷的法衣传给日本的永平道元。(众鼓掌)

今天我们先来复习一下丹霞子淳的颂。

丹霞淳《五位颂序》云:夫黑白未分,难为彼此;玄(元)黄之后,方见自它。于是借黑权正,假白示偏。正不坐正,夜半虚明,偏不坐偏,天晓阴晦。全体即用,枯木花开,全用即真,芳丛不艳。摧残兼带,及尽玄微,玉凤金鸾,分疏不下。是故威音那畔，休话如何，曲为今时，由人施设。

古道师：这里的正中偏、偏中正，不是修行方法的次第，而是直接位上境界的定格。灵明本性，本来如此，但我们在日用中没办法认得，虽日用而不知，就是这个境界。比如失晓老婆逢古镜，照镜子一样，对面这个就是我们自己，虽是一个影像，但直接透过这个明白真正的那个，离开这个假影，又找不到一个真的，所谓这个就是那个，当下认得那个，从凡夫位到见道位。后面两个正中来、兼中至是修道位，到了兼中到，就是一切圆满的证道位。所谓君就是我们的本体，臣是我们的用，本体示现的相，包括外在一切事物。

"夫黑白未分"，黑夜白天没有分，一片混沌状态，"玄黄之后"，分了之后，才有你我等等一切妄念，实际上这个本来浑然，却可以起灵明的作用。老师让我们注意在睡觉的时候，我们的主人公在哪里。你说那个起作用了吗？我们睡得很好，但是你睡醒了不知道睡觉的时候有没有思维，做梦是独影意识的作用，有时候我们没有做梦，无梦无想，就那么安安静静，主人公在哪里呢？第六意识没起现行，但是有人喊你的名字，或是闹钟响了，电话响了，你就会醒，这是什么在起作用？所以说这个起作用以后，"玄黄之后，方见自它"。人我是非，一切妄想分别都起来了。

芙蓉楷上堂：唤作一句，已是埋没宗风，曲为今时，通涂消耗，所以借功明位，用在体处，借位明功，体在用处。若也体用双明，如门扇两开，不得向两扇上着意。不见新丰老子道：峰峦秀异，鹤不停机，灵木迢然，凤无依倚。直得功成不处，电火难追，拟议之间，长途万里。

古道师：本来如是，一切现成，电光石火间去领略。用语言文字及后天的思维去描述,那已经不是了,离祖意很远了。"唤作一句,已是埋没宗风。"

南师:有一个道可得,有个菩提可成,不是一句话吗?有个佛可求,有个佛可成,这些都是一句话,学密宗的求个灌顶,修个加行,都是一句话。学禅的人,说个直指人心,明心见性,这两句话就埋死人了,心是个什么东西啊?性是什么东西?怎么见?怎么悟?说这一句,就不是禅宗了。

古道师:"曲为今时,通涂消耗。"像我们今天晚上的这个课程一样,大家一起学习探讨,一切都错了,都是在浪费精神。

D同学:释迦牟尼及先圣们觉悟的道理,流传到现在,已经变样了,"通涂消耗",每个人都有自己的解释,乱七八糟。三藏十二部,各代有各代的解释,我们有我们的解释,初学佛的人,不知道听谁的对,搞不清楚,掉到名相堆中,越听越糊涂。心是什么东西?性是什么东西?本来就不是东西,所以才有那么多的注释,每一种注释都是包装。你说王老五天生下来就是王老五吗?因为他爸姓王,追上去找最初这个王是从哪儿来的?没有。心是什么东西?佛是什么东西?这个问题本身就是答案,不是东西。所以越解释越迷惑,都没有用,胡扯也是一种解释。

南师:好啊,讲得好。

D同学:"所以借功明位,用在体处,借位明功,体在用处。"为什么呢?曹洞宗要讲五位君臣,因为过去说的名相太多了,不是佛就是道,要么有为,要么无为,已经被名相困住了。要改变一种方式,用别的语言来表达这个,重新施设五位君臣,从不同的角度来教育启发,从大家没有经验过的陌生角度去启发。

"借功明位",功就是工夫,包括打坐修禅定,乃至做功德,通过做人做事改变习气,为什么要做功德?为什么要打坐修禅定?为什么要宁静?为什么要读经?所有这些都是功,为什么要持戒、布施、忍辱、精进？到处去参学，都是功，为了"明位"，明白什么位呢？明白你自己本身，你的根本是什么？你的心，本位是什么？本性是什么？

南师：讲得好。

D同学："借功明位"，目标是在这个本性上。"借位明功，体在用处。"反过来说你真的明心见性了，再去好好用功，不要再迷惑。傅大士讲稍微一念不慎，没有善护念，又返俗归尘，堕落迷惑掉了。虽然初步见道，还需要好好修，好好打坐，行住坐卧都在禅定中。第二，要在做人处世中练习反省，这个贪瞋痴慢疑的习气，随时要照见，要观照到，然后去纠正，随缘帮助别人，这都是见性之后的功，这是"借位明功"。明白了本位，继续用功，高高山顶立，然后深深海底行，八万细行，好好修过。"体在用处"，本体就显露在功用上。

"若也体用双明，如门扇两开，不得向两扇上着意。"等于文质彬彬，文武双全，明心见性了，同时工夫也很好，做人做事都不错，修行很好，要静能静，要动能动，不会迷惑，不会死守着一个宁静，说话做事，动静之中都不会迷惑，两个车轮一样，一起转动，"如门扇两开"，一起打开，光明大放。"不得向两扇上着意"，不能困在任何一个方面，定、慧、体、用，不能偏向，要两个轮子一起转，就比较稳妥。

"不见新丰老子道"，新丰老子就是指洞山祖师了，这里引用洞山的两句话："峰峦秀异，鹤不停机，灵木迢然，凤无依倚。"一只仙鹤在天上飞，下面山峰迭起，风景秀美，可是仙鹤不会停留在任何一个地方。工夫境界非常多，有时候神通也来了，定力也很好。刚才古道师讲到大阳警玄胁不至席五十年，开始是刻苦，到后来我觉得可能是舒服，带着禅定的喜悦。随着工夫日进，智慧上也有不断的开发，像甘泉一样涌出，很多学问都触类旁通，突然会作诗，突然说法无碍。可是这些都是境界，就像峰峦秀丽，风景很美，可是真正自在的仙鹤，一个自在无碍的智慧，不会停留在任何一个美好的境界上。因为落在一个境界上，已经被挂住了，挂住一个，一即一万，等于被所有东西挂住。《金刚经》说："若心取相，即为着我人众生寿者。"其实若着佛相，也是着我人众生寿者，你着任何相都是一样。

"灵木迢然，凤无依倚。"凤凰一般是落在很奇特有灵气的梧桐树上，有灵气的神木长得很高很漂亮，但是凤凰并不当作归宿，只是偶尔落下。修行不管是坏境界、好境界都不要执着，这样才能进步，如果停留在一个车站，那就到达不了下一站，必须一路走下去，一直到功德圆满。

南师：讲得好。

D同学："直得功成不处，电火难追，拟议之间，长途万里。"道家讲：功成名遂身退，天之道。你或是初步见道，或是像释迦牟尼一样功德圆满，依然圣位也不居，一切不执着。《金刚经》讲："如来昔在燃灯佛所，于法有所得不？"须菩提，你以为燃灯佛有个法传给我吗？没有。所谓如来者，"若见诸相非相，即见如来"。把佛否定了，把法也否定了，所以佛说四十九年住世，未曾说一字。这也是"功成不处"，绝对不会有一点执着贪恋。

"电火难追"，《金刚经》讲："一切有为法，如梦幻泡影，如露亦如电，应作如是观。"所有的有形有相，所有的思想文化，都是有为法，就是有所作为，当然有生有灭，像电火一样生生灭灭，难以追寻。你追求功名富贵也好，作官也好，有生有灭都是缘起，很多因缘配在一起，有一天因缘变了，官也没了，财也花完了，生命也有尽头，从历史的长河来看，不过都是一瞬间，电光石火一样，所以千万不要追这些，你修行工夫也是这样。

南师：懂了这些，也懂了大政治的道理。

D同学：出世入世都一样，做人做事都一样，古往今来多少圣贤，多少英雄将相，电光石火一刹那就过去了。"拟议之间，长途万里。"你分别之间，想去作一个判断，已经不对了，还不要说下一个结论，你稍微一怀疑，稍微一想去判断，这已经迷惑了，因为本来整个一体，永远在这里作用，没有随着一切生灭而迷失，而你所有的思惟、怀疑、判断，这些念头本身就是生灭法，不管你说佛也好，说狗屁也好，都没有用。

祖师说：空中不运斤。斤在古代指刀斧，为什么说空中不运斤呢？我们拿刀砍虚空，不能左右劈开，这就代表要分别凡夫与佛，烦恼与菩提，此岸与彼岸，都是在空中砍一刀，人为地想要分开，是东还是西，其实完全是假设。你的判断，在唯识来讲就是比量，你把它当成真的时候，就是非量，凡夫之所以是凡夫，就是把所有的假设、比量当成真实，所以困住了。（众鼓掌）

　　　　长芦歇上堂：转功就位，是向去底人，玉蕴荆山贵。转位就功，是却来底人，红炉片雪春。功位俱转，通身不滞，撒手亡依，石女夜登机，密室无人扫。正恁么时，绝气息一句作么生相委？良久曰：归根风堕叶，照尽月潭空。

D同学：长芦歇是宋代大禅师丹霞子淳的弟子，他说"转功就位"，就是通过工夫功德，回归本位。

南师：念佛、打坐都是功，诸恶莫作，众善奉行也是功，位就是本来面目。

古道师："转功就位"，就是慢慢渐修达到一个地位，或是一个境界。"向去底人"，这个人呢，是往那个目标奔去的人，趋向那边的人。"玉蕴荆山贵"，就像卞和献玉一样，虽然几经挫折，一旦剖开以后，就见到这个无价宝玉了。下面"转位就功"，你真正明白心地,明心见性以后,回过来做工夫,这就好办了,生活日用中面对一切八风境界,就像片片春雪,落在红炉上,不用费劲就化掉了,比较得力。

南师:妄念本空,一来就没有了。

古道师:然后是"功位俱转",等于真正顿悟的人,见地与修行同时达到,这种大根器人,"通身不滞",没有一点挂碍。"撒手亡依",连那个通身无碍也放下,涅槃都不要,才是真正无碍自在,就像"石女夜登机,密室无人扫"。石女什么心机都没有,半夜点灯也跟她没有关系,一切外在的境界、因缘,都毫无挂碍,八风不动。所谓密室,我们这个心房,本来不需要时时勤拂拭,"本来无一物,何处惹尘埃"。还打扫什么呢?

南师:石女在医学上讲,有人生来是女人的身体,但没有月经,不能结婚做这个事。

D 同学:她夜里还在纺织,为什么? 因为她没有配偶,代表没有对待,是绝待的一个状况,无所住而生其心。是、非是对待,佛、众生是对待,有个此岸,就有个彼岸,有个涅槃,就有个轮回,都是对立的,而这个石女已经没有对立了。

古道师:"正恁么时,绝气息一句作么生相委?"

南师:什么是绝气息啊?

古道师:一念不生。

南师:死了的人没有气息,工夫修到气住脉停,等于死了,尸体摆在那里,你怎么去转呢?

古道师:你纵然修到气住脉停,但是依靠什么呢?

D 同学:比如生死关头,怎么办? 你怎么生来死去? 看你的工夫见地怎么样? 那是真考验。

南师:讲到这里,"良久",有意停一下,自己也不说,看你们有没有答案。谁也不敢说话,他就接下去了。

古道师：一句很美的诗偈，"归根风堕叶，照尽月潭空"。

南师：这两句要注意啊，工夫与见地到了，等于那个石女，真的修到气住脉停，到这里怎么样？半天停留，他眼看着大家没有回答，不是故意作诗，脱口而出"归根风堕叶，照尽月潭空"。工夫到了气住脉停，还有妄念没有？

古道师：没有了，全陨落了。

南师：那也不见得。气住脉停是生理上四大的工夫，"归根风堕叶，照尽月潭空"。镜子里迷头认影，不认得那个灵明自性，月潭空影，月影不是真月，但没有真月也没有月影。

D 同学："照尽月潭空"，月亮没了，潭中的影子也没了，所谓的真假都空。

古道师：这个灵明觉性的照，有一个相对的影子，但是真正明白那个，统统放下，连影子都没有了。

南师：祖师说"千江有水千江月，万里无云万里天"。月亮只有一个，可是只要随处有水，里头就有一个月亮，一切众生的自性本是一个。月影不是真的，天上明亮的月亮也不是真的，月亮本来不发光，是反射太阳而发光，最后太阳也不是真的，那个能生明暗，非明暗之所生，那个你找到了，一切性空。历代禅师的文学之高明，那不是杜甫、李白所能达到的，而且不但文学，包括哲学、逻辑、科学，随便讲一句，都是妙不可言，你们参一参。

第十九讲　五位君臣　四

二〇〇九年十二月二十六日

内容提要：

僧问雪窦宗

涌泉景欣

天童觉四借颂

僧问雪窦宗：如何是转功就位？宗云：撒手无依全体现，扁舟渔父宿芦花。云：如何是转位就功？云：夜半岭头风月静，一声高树岭猿啼。云：如何是功位齐彰？云：出门不踏来时路，满目飞尘绝点埃。云：如何是功位齐隐？云：泥牛饮尽澄潭月，石马加鞭不转头。

古道师：听起来都挺美的，不知道说些什么。雪窦宗是宏智正觉的法子，都是宋代了不起的大禅师，后来住持浙江雪窦山，古称明州。有人问他：什么是"转功就位"？从修行达到证悟，是个什么状况呢？他说："撒手无依全体现，扁舟渔父宿芦花。"全体放下，不依靠任何法门，任何经教，妄想不断，六根寂寂，自然明白那个。渔父可以说是主位，芦花等于一切外相，住在万象中，觅不到他的踪影，那个渔父划着小扁舟进到芦苇荡中，找不到踪影了。但你不能说这个渔父没有了，他就在芦花丛中，我们的自性也是这样，在一切中不显踪迹。

又问："如何是转位就功？"他说："夜半岭头风月静，一声高树岭猿啼。"因为祖师们住在山里，这些诗句随手拈来，用自然景物来描写某种境界。他说明心见性的人，回过头来打磨习气，就像半夜万籁俱寂，风清月明，正在这个时候，远处的高树上，一只猿猴长啸一声，历历在耳。（众鼓掌）

D 同学：烦恼都调伏了，夜半正明，智慧明朗。

古道师：沩山禅师说："只贵子眼正，不说子行履。"你怎么修行的不问，只问你有没有明白这个事。如果明白了这个，一切都好办，只要一念回光，都在本来的境界中，而外面的境界影响不了他。

那人又问："如何是功位齐彰？"祖师说："出门不踏来时路，满目飞尘绝点埃。"真正果位成就，种种习气，包括自己曾经刻苦修过的种种法门，都放下了，不踏来时路，不会再迷惑了。"满目飞尘绝点埃"，在一切尘境中，面对八风境界，不会再有一点动摇，不会再受染污了。满眼都是灰尘，但是一点儿都不会沾上。

再问："如何是功位齐隐？"这个更高一层，所谓得道也好，工夫也好，统统放下，一无所得，无菩提可证，无烦恼可除，不二法门，一切真实，生死涅槃一如。"泥牛饮尽澄潭月，石马加鞭不转头。"用泥牛石马来比喻，泥牛把湖水里的月影都吃完了，这是很奇怪的事，石头做的马，用鞭子打它，可是它连头都不回，没有反应。一切了无挂碍，如如不动，常乐我净。

D 同学：泥牛入水就化掉了，饮尽潭月，月亮也没有了。

古道师：也就是老师讲过的《十牛图》，牧牛的人睡着了，牛也睡着了，就是那种状态。

南师：牛、猴子都代表妄念、思想、情绪，都清净了。

D 同学：我执、法执都空了。

南师：圣位亦不居。

涌泉景欣禅师云：我四十九年在这里，尚自有时走作，汝等诸人莫开大口，见解人多，行解人万中无一个。见解言语总要知通，若识不尽，敢道轮回去在。为何如此？盖为识漏未尽。汝但尽却今时，始得成立，亦唤作立中功，转功就他去，亦唤作就中功，亲他去我，所以道，亲人不得度，渠不度亲人。恁么譬喻,尚不会荐取浑仑底,但管取性乱动舌头,不见洞山道,相续也大难。汝须知有此事,若不知有,啼哭有日在。

古道师:很有意思,等于老和尚上堂法语一样。涌泉景欣禅师说:住山四十九年,"尚自有时走作"。有时候还有微细的妄念会起来,或被外境所干扰。他说你们这些人啊,别说大话了,"莫开大口,见解人多,行解人万中无一个"。道理说得天花乱坠,但不能行解相应,真正的修行人,一万个人里找不出一个来。《坐禅三昧经》中,佛说几百年以后如何,一千五百年以后如何,亿万人中有一个就不错了。

南师:这是真话,不是比喻。现在学禅学密的人太多了,讲道理都会,工夫一点儿都没有到。

古道师:南泉禅师上堂:满天下都是禅师,想找个笨人都找不到。所以佛法没办法再传下去了,那些聪明人玩嘴皮子,机锋转语比谁都厉害,但是没有踏踏实实做工夫。景欣禅师也说:"见解言语总要知通,若识不尽,敢道轮回去在。"那要真通达才行,通达宗下工夫,否则,"若识不尽"。

南师:还不踏实。

古道师:微细的妄想流注还断不掉,"敢道轮回去在",还敢说解脱轮回烦恼?"为何如此? 盖为识漏未尽。"为什么这样呢? 我们意识深层微细流注的烦恼,还没有断,所以光影门头靠不住,真正修到六根寂寂,一念不生,那时才有点消息。但把那个当成真的还是不行,无始以来的习气,微细妄想还在,还要打磨,所谓悟后修行。

"汝但尽却今时,始得成立,亦唤作立中功。"你把现在的一切知解、学问、思想统统放下,甚至用功的方法,一切佛法都抛弃掉,"始得成立",才有一点希望,但也才是立中功,等于才开始修行,才到功位,离那个主位还早呢。再进一步,"转功就他",工夫进步了,想认取那个,转向清净的一面,"唤作就中功"。

南师:工夫转过来了。

古道师:"亲他去我",还有一个取舍在,有我有本性等等,有能有所,还不是一如。"所以道,亲人不得度,渠不度亲人。"靠第六意识的分别,找不到那个本心,才想明白一点消息,还是第六意识的作用,有个我,有个渠,把这个去掉,还有一个相对的在,还不是究竟啊。你在这里面闹腾,没办法得度,意识真正打磨干净了,才可以证到如来藏。

D同学:"六七因上转,五八果上圆。"你自己修行,第六、七识要转了才得度,否则菩萨也没法度你。

古道师:"怎么譬喻,尚不会荐取浑仑底",用这样的比喻,还没有真正找到,囫囵吞枣一样。

D同学:"但管取性乱动舌头",前面又是立中功,又是就中功,又是渠又是我,现在还不是整体地讲,还是有能有所,有一个能修行,有一个所修行,有一个此岸,有一个彼岸,不是囫囵整个。所以"但管取性",你现在还在追求见性,还不能整个打成一片,不是事事圆融,说来说去,还是"乱动舌头",还是对立的,有能有所,两头相对的话,当然不能达到洞山祖师说的相续境界。

古道师:"不见洞山道,相续也大难。"真正明白了,再绵绵密密用功,这就更难了,一般人很容易得少为足,停在那里。这一路研究下来,可以看到曹洞宗的见地,以及他们的绵密用功。

南师:很重要,这是曹洞宗的特点。

古道师:"汝须知有此事",你必须要知道有这个,达到这个境界。"若不知有,啼哭有日在。"如果不明白这个道理,那以后等着哭去吧,后面大有苦头在。

南师:禅宗讲的知有,至少有点影子了,圆圈里的一点白,智慧光明已经有一点了,是个事相,见性的一个境界,知道但是不彻底。

　　　　天童觉四借颂

　　　　一借功明位颂

　　　　蘋末风休夜未央　　水天虚碧共秋光

　　　　月船不犯东西岸　　须信篙人用意良

　　　　二借位明功颂

　　　　六户虚通路不迷　　太阳影里不当机

　　　　纵横妙展无私化　　恰恰行从鸟道归

　　　　三借借不借借颂

　　　　识尽甘辛百草头　　鼻无绳索得优游

　　　　不知有去成知有　　始信南泉唤作牛

　　　　四全超不借借颂

　　　　霜重风严景寂寥　　玉关金锁手慵敲

　　　　寒松静夜无虚籁　　老鹤移栖空月巢

古道师:天童宏智正觉禅师是丹霞子淳的弟子,非常了不起。

D 同学:第一,"借功明位",从工夫、功德方面,转变习气,目标是指向悟道,指向大彻大悟。在这个过程中,"蘋末风休",就是庄子讲的:飓风起于飘萍。现在西方讲的蝴蝶效应,也是一个道理,看到水面上的浮萍一动,风悄悄动了,与后来的飓风有很大的关联。现在量子力学讲宇宙中两点之间,不管距离多远,彼此是有感应的。"蘋末风休",就是你一念动了,一点动随万变,当下一念迷惑了,整个天下就是江村烟雨蒙蒙了,差之毫厘,谬以千里。而你当下的妄想停下来了,但是"夜未央",还没有到子时午夜一阳生,还没有真正悟道。

　　"水天虚碧共秋光",水天一色,秋高气爽,清清湛湛。持续加紧用功,"月船不犯东西岸",这也是用庄子的典故,泛若不系之舟,小船在大海上航行,没有固定的抛锚点,就是无所住,是自由的。所以有人问古道师:你跑了那么多地方,哪儿最好？古道师说:还是在路上最好。

"须信篙人用意良",历代圣贤,包括我们的老师,有了证悟,希望来度人,作篙人撑着船桨去划渡船,帮人渡过风浪,用心良苦。借功明位,就是讲如何修行的加行位。

第二,"借位明功"。有所心得了,明白一点了,再去继续努力用功,高高山顶立,深深海底行,是讲这个过程。"六户虚通路不迷",眼耳鼻舌身意六个门户,不会有大的迷惑了,"太阳影里不当机",真正的智慧,像太阳光一样,不是平常的聪明和知识,那是蜡烛光,太阳照见一切,虽然有个影子,但是没有障碍。"纵横妙展无私化,恰恰行从鸟道归。"山崖上非常险峻的小路,只有鸟能飞过,一般人走不了,也就是说修行越来越努力,"纵横妙展",这时行住坐卧都比较自在,像牧牛一样,大概可以稍稍放开那个缰绳,不会犯人稼苗了。

南师:等于唐人的诗,"千山鸟飞绝,万径人踪灭,孤舟蓑笠翁,独钓寒江雪"。

D同学:"恰恰行从鸟道归",虽然这条鸟道很艰苦,比如忍辱,你碰到拂逆的事,很讨厌,你当下怎么处理,不起烦恼,你怎么样超越,这也可以说是鸟道,一般人做不到。(众鼓掌)

古道师:古人说如履薄冰,如剑刃上行,虽然有些自在任运的味道,但是到这个地方,就像鸟道一样,还是要小心,善自保任。

D同学:意见不同的时候怎么办？起烦恼的时候怎么办？比如说利益突然没有了,官突然没了,钱突然没了,或者突然生病了,生死来了,这些都是鸟道,险道绝路,你怎么办？很多人都不敢走这条路,见着就跑,所谓怨憎会、爱别离,你怎么办？真正悟道了,这样走下去。"恰恰行从鸟道归",虽然如此,却向乱峰深处啼,这样也要去修过,有定力去面对。

第三,"借借不借借颂:识尽甘辛百草头,鼻无绳索得优游。"凭借一个法门去修证,佛说八万四千法门,都是"飘飘黄叶止儿啼",以楔出楔,给你一个渡河的船,也就是庄子说的得鱼而忘筌,捕鱼的时候要用鱼网,捕完了要丢掉。借个方法,也可以说是依他起,借个有为法,须极到无为的境界。无论是四禅八定,各种功德,八万细行,非常多的法门,但是你不修,就没有资格讲,根本没有尝过滋味,还说什么呢?所以借借不借借,你真正踏踏实实用功,无论念佛、安般、准提法,任何一个法门,你相信了就一直修到底,门门一切境,一即一切,修到底都成功了,但是最后反而要舍掉,"有为须极到无为"。"识尽甘辛百草头",神农尝百草,试尽各种各样的方法,尝尽甘苦。然后"鼻无绳索得优游",还是那个牧牛的道理。

南师:不要被方法困住。

D 同学:牛就是习气,这些贪瞋痴慢疑,一点一点,越来越规矩了,到最后不用牵着它了,可以放开了,牛也不会偷吃庄稼了,这个牧童也可以去睡大觉了,两相自在,也可以说是相忘于江湖。"不知有去成知有,始信南泉唤作牛。"

南师:弟子问南泉禅师:师父啊,百年之后你到哪里去啊?南泉说:我到山下变一头牛去。就是去度一切众生了。

J 同学:"不知有去成知有",此事不属修证,也不离修证。

南师:知有,知道这一念本来清净。

D 同学:虽然两两相忘,也正在修行中,有人问:成佛以后还修行否?

南师:修行。南泉说到山下变一头牛去。

D 同学:为众生当牛作马。第四,"全超不借借颂"。整个一切全超越了,不管有为无为,踏破毗卢顶上,借也好,不借也好,一切自在。就算再来,住胎不迷,出胎不迷,不借而借,左右逢源。

古道师:不借借,等于一切不着,一切都不借助。

南师:观自在菩萨,自由自在。

古道师:"霜重风严景寂寥",祖师们善于用山水比喻,眼前的自然境界,就像经历了寒霜苦雨,树木凋零尽了,非常寂寥,虚明宁静,本地风光。

南师:所以说证得寂灭。

古道师:"玉关金锁手慵敲",到这个境界,不必再去另找一个西方净土,还有什么菩提可证,现在都懒得去理了,都无所求了,再妙的法门,都不动于心。

南师:不是不动心,是本来空。

D 同学:"石马加鞭不回头。"

古道师:是一个境界。"寒松静夜无虚籁",虽然霜重风严,松柏还是青青如故,依然不变。

南师:一念清净。

古道师:青松历尽寒冬,整个夜晚在高山顶上有一种声音,或是风声,或是天体转动的声音,了然清净。

南师:观世音菩萨讲:动静二相,了然不生。

古道师:"老鹤移栖空月巢",夜里白鹤归来,栖息在空的境界中。

南师:原来的巢,身体空掉了。所以古人不讲佛法,只讲诗词歌赋,却不是文人妄语。你们把文学学好,就接近禅了。玉关金锁,在道家指头颈部的气脉,打通以后没有妄念,喉咙是生死关,顶门打开,生死来去自由。而禅宗到这一步,无所谓玉关金锁,都空了。曹洞宗与道家修仙有关联,在密宗而言,玉关等于是顶轮,金锁是喉轮。

第二十讲 五位君臣 五

二〇〇九年十二月二十七日

内容提要：

古德分

圜悟禅师提唱

浮山远录公

古道师：前段时间，我们一直在学习五位君臣的注解。

南师：不是注解，是历代祖师们的评唱，心得的表达。瞿汝稷编辑《指月录》，集中了曹洞以后这些祖师们的心得报告，看看历代祖师们的禅定与般若，禅定就是工夫行履，般若就是开悟知见，两者配合。要研究这些心得，离不开中国文化文学史，这个问题的题目太大了，诗词不是一件小事，代表了唐代文学的转变，因为祖师们的推崇，从晚唐到宋代，出现了诗词的转变。其间有所谓的九僧，都是诗僧而已，诗作得好，工夫见地几乎没有。从中唐晚唐到宋代，宋词的转变与出现，都受这些禅宗祖师们的影响，可是人们研究中国文艺史，因为不懂禅宗，就搞不清楚了。

等于现在研究清朝的历史，对于雍正一代，有各种各样的说法，其实都不知道雍正是禅宗专家。这个都不清楚，对于他的政治和一切出世的教育，更不懂了，讲的都是外行话。

对于唐代文艺史的转变，禅宗祖师们的影响很大，而所谓的九僧，只会作诗，风花雪月而已，大家看着好看；可是碰到禅宗祖师们的这些诗句，就不同了，真有内涵。而明代诗僧梆堂禅师，那是真了不起，他的诗，他的精神规格，有唐代杜甫、李白的风格，可以看到他的修养境界，他的禅定与般若见地。

古德分三种功勋颂

一　正位一色颂

无影林中鸟不栖　空阶密密向边迟

寒岩荒草何曾绿　正坐当堂失路迷

二　大功一色颂

白牛雪里觅无踪　功尽超然体浩融

月影芦花天未晓　灵苗任运剪春风

三　今时一色颂

髑髅识尽勿多般　狗口才开落二三

日用光中须急荐　青山只在白云间

古道师：这是结合五位君臣，后人阐述修行的心得，但是用这种非常文学化的诗句来描述，通过体会那个意境，然后明白修行达到的真实境界。

南师：所以唐诗宋词多是风花雪月，描写人世间表面的风景与情感，达不到禅诗的深度。可是一般研究文学的人不懂，轻视了禅诗，不是轻视，是不敢去碰。

古道师：是，太难了。因为这与自己的工夫、见地、行履直接关联，修行没有到家，只能停留在文字概念的理解上，像唐代世间的诗人一样。禅本来不可说，但是祖师们又说了那么多，没有办法把禅意直接传递给别人，也只能用中国文字与文学，因为几千年来这个方块字蕴意很多，功能强大，祖师们也只能借助这个去描述，留给后人自己去参究。无论禅也好，寂静也好，对于努力追寻过的人，读到这样的禅诗，回过头来把自己种种的知见、概念统统放下，融入禅诗的境界，反而正好相应。

这里说到"无影林中鸟不栖，空阶密密向边迟，寒岩荒草何曾绿，正坐当堂失路迷"，非常有趣，寒岩荒草，到了春天自然就绿了。正位就是主位，就是君位，描述我们的本性，原本具足一色，这个一色并不是所谓的色相,而是一个归类的范畴。

南师:证到《心经》所讲的"色不异空,空不异色,色即是空,空即是色"。真证到了,不是空话,当体的境界称为一色。

古道师:"无影林中鸟不栖",我们本自具足的灵明觉性,不需要依靠别的什么,本身就在万物之中,又孕育万物,无形无象,又把持不得。但是只要工夫到家,机缘成熟,可在一念之间,扬眉瞬目间,电光石火中证得那个。如果离开日常生活,觅一个灵明觉知,那是不可能的。他是不独立于这些存在,而在普遍一切事物当中,要认得那个。"无影林中鸟不栖",用这个景色来描述,连一个树枝的影子都没有,那个鸟栖息到哪里呢?

"空阶密密向边迟",想要认得这个,实际上不需要建立什么阶梯,不需要什么次第,当下认得。但是凡夫没有办法,多生累劫以来的习气所致,产生主观意识的错误认知,所以必须借助一个法门,要有一个台阶,慢慢刻苦修持,时时勤拂拭,四禅八定,三十七菩提道品,念佛持咒等等,虽然本性不是修来的,也不需去修,但是通过各种手段去认识他,那个历程是辛苦的。所以说"空阶密密向边迟,寒岩荒草何曾绿",妄念陨落,万籁俱寂,就像老师念的"千山鸟飞绝,万径人踪灭,孤舟蓑笠翁,独钓寒江雪"。

南师:身心俱寂。

古道师:"正坐当堂失路迷",这个灵明觉知,原来在那里如如不动,虽然本来就在那里,我们想去追寻,还是会迷路,比如有些禅师们虽然一时认得,还有迟疑,到处参学印证,都没有完全搞清楚,自肯承当。正位一色颂,正位就是君位了,也是本地风光的境界。

南师:工夫与见地一齐到。

古道师:下面是大功一色颂。"白牛雪里觅无踪",这就和铁牛禅师的悟道偈一样,"铁牛无力懒耕田,带索和犁就雪眠,大地白银都盖覆,德山无处下金鞭"。

南师：大彻大悟。

古道师：所以叫大功，平常我们说大功告成，工夫打成一片。

南师：工夫见地都到了，"大地白银都盖覆，德山无处下金鞭"。师父一看就不敢动手了，睡觉也不敢叫他了。

古道师："白牛雪里觅无踪"，就是这个境界，善念恶念都提不起来了，非常清净。"大地白银都盖覆，德山无处下金鞭。"牛在哪儿不知道，你怎么下鞭啊？这个工夫了不起，是真正的大功。"功尽超然体浩融"，我们的工夫，从开始收心，到这个时候已经功尽了，无功可用。

南师：第八不动地，无功用地。

古道师："无功用行我恒摧"，到这个地步，只要守住自己的灵明觉性。

南师：守就不对了，没有守了。

古道师：在那个境界，不需要再拟意去破除习气，而我执渐渐被摧破。"月影芦花天未晓，灵苗任运剪春风。"

南师：阴阳混合，浑然一体了，月亮是白的，芦花也是白的，白茫茫的一片。像太湖的堤外，早上天还没亮，一片月影芦花。

古道师："灵苗任运剪春风"，一派春风。

南师：非常自在。

古道师：就像"二月春风似剪刀"，看不见，摸不着，该开花的开花，该长绿叶的长绿叶，一切任运自然，不需要造作。

南师：不动地无功用行，八地菩萨以上的境界。

古道师：这是大功告成了。

南师：可是大家还坐在那里腿疼呢，腿疼就是带索和犁，身上都被金关玉锁困住了。

古道师：今时一色颂："髑髅识尽勿多般，狗口才开落二三，日用光中须急荐，青山只在白云间。"今时就是当下，真正到了没有妄想分别,就像禅堂里放的那个髑髅架子一样。

南师:身体的障碍酸疼麻痒等等,这些都没有了,身体空了,身空不是我空。

古道师:真实的工夫境界,身体已不成障碍了,烦恼陨落,一派宁然,本地风光,原来如此。

南师:到这个时候无所谓悟不悟。

古道师:"狗口才开落二三",为什么叫狗口?

南师:还没证道就乱开口,就是平常骂人的话:狗日的。

古道师:挺有意思,古人骂人也这么文学化,比现在是高雅多了。

D同学:A同学解释得好,狗嘴里吐不出象牙来。

南师:不落在空上,就落在有上,都是胡说。"日用光中须急荐",日用中处处皆是,随时都可悟道,一切处皆成正等正觉,一切现成,也就是庄子说的道在屎溺中。

G同学:老师,这也是《法华经》讲的"是法住法位,世间相常住"。

南师:对了。

古道师:"青山只在白云间",白云本来围绕着青山转,就是这个现成境界。

南师:错了,青山本来围着白云转,主宾换下就妙了。

圜悟禅师提唱五位示众,举僧问洞山:寒暑到来时如何回避?山云:何不向无寒暑处去?僧云:如何是无寒暑处?曰:寒时寒杀阇黎,热时热杀阇黎。黄龙新拈云:洞山袖头打领,腋下剜襟,争奈这僧不甘。如今有个出来问黄龙,且道如何支遣?良久云:安禅不必须山水,灭却心头火自凉。诸人且道,洞山圜襆落在甚处?若明辨得,始知洞山下五位回互正偏接人，不妨奇特。到这向上境界，方能如此，不消安排，自然恰好。

D 同学：圜悟禅师带学生的时候，讲到五位君臣，举出一个公案：在洞山禅师的时代，有个和尚问洞山：寒暑到来时如何回避？像今天晚上零下四度，这么冷怎么办？三伏天热得要死怎么办？也可以说在修行境界中，一切身心烦恼的逼迫，包括生活中遇到的各种逼迫怎么办？

南师：打坐时也有寒暑，有时发冷，有时发热。

D 同学：洞山说："何不向无寒暑处去？"为什么不向没有寒暑的地方去呢？和尚又问："如何是无寒暑处？"哪里没有寒暑？洞山说："寒时寒杀阇黎，热时热杀阇黎。"

南师：冷的时候冷死你，热的时候热死你。

D 同学：也就是同学刚才提到的"是法住法位，世间相常住"。不管怎么逃避，只论当下进入自他不二的一体自性。有逃避就有所向背，有迎有拒，有增有减，有是有非，那已经是坠在寒暑中了。在这些不舒服、讨厌、恶心、痛苦的逼迫中，当下你怎么面对、接受、体会？

南师：你面对痛苦的时候，最难受的时候，知道有个痛苦难受，而那个"知道"不在痛苦难受上，那是没有寒暑的地方。

D 同学：知性上没有寒暑，但也不要抓住这个知，虽然"知之一字，众妙之门"。但反过来讲，"知见立知，即无明本"。抓住这个知性，反而变成无明了。

南师：讲得好。

古道师："黄龙新拈云：洞山袖头打领，腋下剜襟，争奈这僧不甘。"洞山禅师的袖头打到领上，把衣袖卷到腋下，还是很无奈，那个和尚不能当下承当，有什么办法呢？

J 同学："洞山袖头打领,腋下剜襟",打领就是牵着对方的衣领,腋下剜襟就是从腋下拽着对方的衣襟,如此提携,但还是拿他没办法,就是不上钩。"如今有个出来问黄龙,且道如何支遣?"那你们说说该怎么办呢? 换成是你该怎么办呢?"良久",黄龙禅师等了很久,最后说出一句诗:"安禅不必须山水,灭却心头火自凉。"

D 同学："如今有个出来问黄龙,且道如何支遣?"不是真有人出来问黄龙禅师,而是禅师自问自答,等了良久,没人回应,他就自己回答了。

南师:他的意思就是心静自然凉。

J 同学:这事说到底也靠不得外境,还是得靠自己,所以说"灭却心头火自凉"。

D 同学:到处云水,游方参学,最后还是不离此心,走来走去,还是自己这个心在闹。

南师:冷也好,热也好,一概不理,一下就过了。

D 同学:黄龙禅师又问大众:"诸人且道,洞山圈襆落在甚么处?"圈襆就是圈套,洞山祖师的这个话头到底怎么解?"若明辨得,始知洞山下五位回互正偏接人,不妨奇特。"大家如果真懂,就了解洞山五位偏正回互的接引方法,也没啥特别的。"到这向上境界,方能如此,不消安排,自然恰好。"真的懂了,自然明白,不需要颠来倒去,自然恰好。

J 同学："正偏接人,不妨奇特。"以正中之偏的方法去接引人,用各种奇言怪语也无所谓。"到这向上境界,方能如此,不消安排,自然恰好。"头头是道,怎样都可以,这是正中偏的起用。

浮山远录公,以此公案,为五位之格,若会得一则,余者自然易会。岩头道:如水上葫芦子相似,捺着便转,殊不消丝毫

气力。曾有僧问洞山：文殊普贤来参时如何？山云：赶向水牯
牛群里去。僧云：和尚入地狱如箭。山云：全得他力。洞山
道：何不向无寒暑处去？此是偏中正。僧云：如何是无寒暑
处？山云：寒时寒杀阇黎，热时热杀阇黎。此是正中偏。虽正
却偏，虽偏却圆。若是临济下，无许多事，这般公案，直下
便会。

古道师：浮山法远禅师是宋末曹洞宗的子孙，他本是临济宗的
和尚，因为梁山缘观禅师没有找到法子，就找到投子义青代传，后
来通过浮山法远把曹洞宗传下来。

"以此公案，为五位之格。"洞山禅师的这个公案，等于是五位
君臣的一个框。"若会得一则，余者自然易会。"如果明白了一个，
五位君臣就都容易明白了。"岩头道：如水上葫芦子相似，捺着便
转，殊不消丝毫气力。"就像岩头禅师讲的，一个葫芦放在水中，不
必用力，轻轻一按自然就转，触类旁通，很容易明白。"曾有僧问
洞山：文殊普贤来参时如何？"曾有一个和尚问洞山禅师：假如有
一天，文殊菩萨、普贤菩萨来向你参学请教，你该如何？洞山说：
"赶向水牯牛群里去。"让他们别在这儿捣乱了，赶紧去做个水牯
牛算了。"僧云：和尚入地狱如箭。"那个和尚说：你对菩萨这样不
恭敬，进地狱就像射箭那么快。"山云：全得他力。"洞山禅师说：
好啊，那得感谢文殊、普贤二位菩萨的加持。到地狱度众生也是挺
好，根本没有障碍。

"洞山道：何不向无寒暑处去？此是偏中正。"为什么不向没
有寒暑的地方去呢？这是偏中正。也就是大家念佛也好，读经也
好，都是从偏位往正位上走。"僧云：如何是无寒暑处？山云：寒
时寒杀阇黎，热时热杀阇黎。此是正中偏。"本来无所谓寒暑，本
来无所谓生老病死，六道轮回，根本没有这些东西，但是人们偏偏

要跟着家奴一起流浪生死，那没有办法，免不了受这些家奴的侵扰。主人自己没明白，受家奴的欺负，那很可怜，所以叫正中偏。本来没有冷热，可是外面的六根六识有冷有热，等于还作不了主，虽正却偏，但是虽偏却圆，本来圆满，不增不减。"若是临济下，无许多事。"因为浮山法远本是临济出身，他说临济宗没有这些葛藤，一刀见血，直接截断妄想，去认得那个。不像曹洞宗这样谆谆诱导，又是提你衣领，又是拽你袖子。"这般公案，直下便会。"临济宗没有那么多啰唆，直下便会。

第二十一讲 五位君臣 六

二〇〇九年十二月二十八日

内容提要：

有者道

曹山慧霞

吉祥元实

　　有者道：大好无寒暑,有什么巴鼻? 古人道：若向剑刃上
走则快,若向情识上见则迟。不见僧问翠微：如何是祖师西来
意? 微云：待无人来向你道。遂入园中行,僧云：此间无人,请
和尚道。微指竹云：这竿竹得与么长,那竿竹得与么短。其僧
忽然大悟。

　　古道师：接着昨天的内容。"有者道：大好无寒暑,有什么巴
鼻?"有人说冬天很冷啊,那怎么办呢? 到不冷不热的地方去,冷
了热了都不行,最后他说冷了冻死,热了热死算了。实际上所谓热
与冷也无非就是感受,如何摆脱种种感受的问题。

　　南师：心的感受,受阴境界,中国的老话：心静自然凉。

　　D 同学："寒时寒杀阇黎,热时热杀阇黎。"现量境,当下寒也
好,热也好,不管你喜欢不喜欢,境界来了,你往哪儿逃呢? 逃到定
境上去呢? 还是逃到哪个法门上去呢? 我觉得洞山讲这个冷就冷
死算了,热就热死算了,完全是现量境,不迎不避,不增不减,完全
是观自在的境界。抛开了向背,抛开了躲避、增减、是非,一切当下
都是现量,热来就热,冷来就冷,当下你看清楚了,也不着任何东
西,当下也就过去了,也没什么。而且这个现量境与《宝镜三昧》
非常吻合,你说宝镜三昧是什么? 我看不过是大圆镜智的一种修
养,本来现成,本来就有大圆镜智,何必非得等到功德圆满,当下就

在,现量境,当下照见,就是大圆镜智。

古道师:所以这里也讲到"直下便会",遇到临济门下,当下就明白,哪有那么啰唆。"有者道",有者就是明白这个道理的人,他跟洞山禅师说:"大好无寒暑。"还好这里没有寒暑,我没有这些麻烦事。"有什么巴鼻。"也就是哪有那么多葛藤、挂碍。"古人道:若向剑刃上走则快,若向情识上见则迟。"心地法门直接切入,当下认得那个,一切现成,就不需要那些葛藤次第。如果说向情识上见则迟,情是感情,识是意识,想从人的情感意识上去分析这个,想见到这个,那慢得很,需要工夫次第一步步修四禅八定,慢慢来吧,所以说从情识上见则迟。

"不见僧问翠微",翠微也是很了不起的大禅师,曾驻锡终南山翠微峰,参马祖悟道。一个和尚问:"如何是祖师西来意?"也是宗门常问的一个话头,也就是说如何是佛法大意? 佛到底明白了什么? 让我们明白什么?

翠微说:等会儿没人的时候,悄悄告诉你。那个和尚就跟着翠微走到后面的竹园里,僧云:"此间无人。"这里没有人,你给我讲吧。翠微指着竹林说:你看这个竹子长得那么高,那个竹子长得那么低。其僧忽然大悟。青青翠竹,高低各有不同,一切万物,各有不同的功用,天地万物都是如此,他为什么大悟呢?

南师:现量境就是这个道理。

J 同学:我觉得口气上是问话,那个竹竿怎么那么长呢? 这个怎么那么短呢?

南师:问话,没有错。

C 同学:广东话说你这个人那么巴鼻,就是那么自以为是,那么了不得,巴鼻就是了不得。这些都是方言。

南师:唐代的国语。

D 同学:也是来由、根据的意思。临济说直下便会,大好无寒暑,寒暑有什么关系,没有什么来由、根据。

　　又曹山慧霞问僧:恁么热向什么处回避?僧云:镬汤炉炭
里回避。山云:镬汤炉炭里如何回避?僧云:众苦不能到。看
他家里人,自然会他家里说话,雪窦用他家里事颂云:
　　垂手还同万仞崖　　正偏何必在安排
　　琉璃古殿照明月　　忍俊韩卢空上阶
　　悟师举了云:只如诸人,还识洞山为人处么?良久,复云:
讨甚兔子。

　　古道师:曹山慧霞禅师问一个和尚:天这么热,到哪里去躲避
才好?那个和尚说:去汤锅炉炭里躲避。那当然可以,如果有那个
本事,毕竟那里面比这里热多了,就不觉得现在热了,因为都是感
受的比量。"山云:镬汤炉炭里如何回避?"如果我们到北极去,就
发觉这里还是挺暖和的,你如果身在火炉中,就会发觉现在咱们这
里清凉多了,实际上都是意识分别的感受。如何去回避呢?怎么
样把这种感受抛弃掉呢?
　　那个僧人说:"众苦不能到。"所谓众苦也是种种感受,我们认
为是苦,对于别的众生,可能不觉得是苦,所谓"众苦不能到",也
就是如果离开我们的习气分别,哪有什么苦与不苦?"看他家里
人,自然会他家里说话。"到了某种境界,像到了某个人家,就理解
他们家人说的话。像外人谈论我们大学堂,我在外面洗车,人家一
看太湖大学堂的停车牌,就问:"你怎么可以进到那里面去啊?"他
们在这里生活多年,从没有进去过,把这里说得很玄。我笑一笑,
没办法,只有我们知道这里是怎么回事。真正内行的人知道内行
到底怎么回事,到了那个地步自然明白那个地步的道理,能说那个
地步的话。

"垂手还同万仞崖,正偏何必在安排。琉璃古殿照明月,忍俊韩卢空上阶。"等于古人说悬崖撒手,舍去最后一个依靠,也就是我们执着的某种法门,或者见地,都抛弃掉,悬崖撒手,绝后再苏。谈到五位君臣,偏正回互,实际上这些都是后人施设,五位可用一位概括,如果详细对照修行的境界次第,也可以分为见道位、修道位、证道位,所以这些哪需再去安排,明白人直下承当,就像大石沉海一样,一沉到底,没有消息了,就是这样,本来现成。古人也是用心良苦,造出五位君臣、宝镜三昧,因为各人根器不同,历代祖师各个门庭施设的教育方法不同。从石头希迁禅师到洞山禅师,一直传承"门门一切境,回互不回互"的思想,不是说明心见性就一了百了,我们无量劫以来的习气如何打磨,如何刻苦修行,如何坐禅,你不回互到自己的本地风光,那没有用,所以兼带回互,不能偏离,定与慧,教与宗等等,你真正通宗了,那还得用教来印证,回互圆融。

一种思想的产生与当时的时代有关系,各个山头的开宗立派,热火朝天,有的呵佛骂祖,有的即心即佛。曹洞宗的先哲非常冷静,认为不能擅自立规,勿自立规矩,还是依着祖师们的教化,去刻苦修证。所以曹洞宗的家风,注重刻苦研究经典,刻苦用功打坐,学修并重。"琉璃古殿照明月,忍俊韩卢空上阶。"

南师:韩卢指狗。

C 同学:这里韩卢上当了,所以忍俊不住,偷笑。

古道师:"琉璃古殿照明月,忍俊韩卢空上阶。"非常寂静,本来没有事情,本来如是,本来现成,但是你提起一个话头,或是修一个法,狗就跟着来了。

C 同学:曹山慧霞问这个和尚:我们去哪里避暑? 和尚说:去热汤火炭里避暑。不是很奇怪吗? 实际上就是讲一个道理,你不到热的地方怎么知道避暑,一个从未去过热带的北极人,不可能有避暑的想法。你如果没有好好修行,光听那么多教理都没有用,你必须一步一步去修,修到一定的境界就知道那个境界的教理教法。这也是禅宗对只讲教理的人的批判,所以说只有进了这个家,才知道这家的事。

南师:我给你们补充一点。一个人如果被火烧了,疼不疼啊?(众答:疼。)怎么处理呢?

古道师:赶快拿冰敷一下。

南师:完了,那就完了。被火烫了,你赶快再放到火旁边烤一下,马上不疼了,还会好得快,这是一个经验。另外,如大阿罗汉辞世,自身出三昧真火,把自己全身都烧化了,是烫还是凉?你们如果身体不好,打坐时发烧发冷,受阴越来越痛苦,你忘了《心经》怎么讲的:受不异空,空不异受,受即是空,空即是受。受阴的界限在哪里?《楞严经》怎么讲的?(众答:触与离。)对,唯触与离,胀疼麻痒这些感受,都是物与心两个接触发生,你真有智慧看透了,一忍脱开解脱,就化掉了,所以称为坐化。真正三昧真火生起火化的时候,自己本身的变化,那不是世间的火。

《华严经》讲善财童子五十三参,有一个国王非常暴戾,有人犯法,不是杀头,而是丢进火坑里烧。善财童子说这样的人还是修行人?还是菩萨?不去。空中有个声音告诉他:你不要退转啊,求菩提道,你见了自然会明白。善财童子去见到这个国王,外表非常威武,再仔细一看,这个人内在非常慈悲。

善财就问:听说您国家治理得很好,但是您很暴戾,严刑重罚,把罪犯都丢进火坑里。国王说:对啊,有这个事啊。善财问:你怎么那么残忍?国王说:我在超度他们啊。善财童子听不懂了,国王领着善财来到那个火坑边上,一把就把善财童子推进去了,结果里面非常清凉,像是莲花世界。这下善财相信国王真是一位大菩萨的化身。

换句话说,真修行到了,业报身的孽火可以化作清凉。譬如出家修行,男女之间的那个淫欲之念一动,欲火烧身,你怎么能化成清凉,那才知道冷处不冷,热处不热,那是真工夫,光在文字上翻来覆去讨论,难办。

九峰通玄(元)谓门弟子曰:佛意祖意如手展握,先师安立五位,发明云岩宗旨,譬如神医治病,其药只是寻常用者。语忌十成,不欲断绝,机忌触犯,不欲染污。但学者机思不妙,惟寻九转灵丹云能起死,是大不然。《法华经》有化城一品,佛祖密说,熟读分明。大通智胜佛,寿五百四十万亿那由他劫,其坐道场破魔军已,垂得阿耨多罗三藐三菩提,而诸佛法不现在前。如是一小劫乃至十小劫结跏趺坐,身心不动,而诸佛法犹不在前。言垂成者,言一小劫,言十小劫者,是染污是断绝。

又曰:尔时忉利诸天,先为彼佛,于菩提树下敷师子座,高一由旬,佛于此座当得阿耨多罗三藐三菩提,适坐此座时,诸梵天王雨众天花,面百由旬,香风时来,吹去萎花,更雨新者,如是不绝,满十小劫,供养于佛,常击天鼓,其余诸天作天伎乐,常雨此花,四王诸天为供养佛,常击天鼓,其余诸天作天伎乐,满十小劫。至于灭度,亦复如是。诸比丘,大通智胜佛,过十小劫,诸佛之法乃现在前,成阿耨多罗三藐三菩提,言过十小劫者,偏正回互之旨也。祖师曰:借教悟宗者,夫岂不然哉?

道吾真曰:古人道,主宾元不异,问答理俱全。同安又曰:宾主睦时全是妄,君臣合处正中邪。一等是出世尊宿,接物利生,言教有异,为复见处偏枯,为复利生不普,明眼底人,通个消息。

(这两段跳过去)

南师：你们看瞿汝稷编这一套书，把这些散落各代的资料集中在一起，影响了明清以来三四百年，学佛人手一套。可是从来没有人像我们这样研究《指月录》，谦虚一点讲，一百多年来佛教界没有人这样研究过。实际上看得出来瞿汝稷的头脑本事，真是过来人，他自己不加评论，而集中了祖师们的重要资料。《指月录》全卷只有五位君臣内容最多，可是曹洞宗流传到现在，还保留一些禅宗的风貌，一直到日本还是靠曹洞宗，这个原因何在？

　　　吉祥元实禅师，依天衣法聪禅师，早夜精勤，胁不至席。一日偶失笑喧众，衣摈之。中夜宿田里，睹星月璨然有省。晓归趋方丈，衣见乃问：洞山五位君臣，如何话会？师曰：我这里一位也无。衣令参堂，谓侍者曰：这汉却有个见处，奈不识宗旨何。入室次，衣预令行者五人，分叙而立。师至，俱召实上座。师于是密契奥旨，述偈曰：

一位才彰五位分　　君臣叶处紫云屯
夜明帘卷无私照　　金殿重重显至尊
衣称善。

D同学：吉祥元实禅师，他的师父是天衣法聪禅师。"早夜精勤，胁不至席。"打坐非常用功，夜不倒褡，二六时中都在用功。"一日偶失笑喧众，衣摈之。中夜宿田里，睹星月璨然有省。"有一天突然大笑，大家听到喧哗，师父就把他赶出去了。他夜晚睡在田里，看着天上的星星月亮，忽然心有所悟。早晨跑回去，师父看见就问他了。"洞山五位君臣，如何话会？"你怎么体会的？他说：什么五位，我这里一位也没有。师父就说：好啊，去参堂吧，一起参究讨论。"谓侍者曰：这汉却有个见处，奈不识宗旨何。"师父跟旁边的侍者说：这个家伙有点入处，但是还不透脱。师父提前让五个徒弟分别站在五个位置上,等吉祥元实一进来,这五人一齐招呼他,"实上座",这个时候元实一下透过来了,大彻大悟。然后就说了一个偈子:"一位才彰五位分,君臣叶处紫云屯,夜明帘卷无私照,金殿重重显至尊。"一位和五位彼此相关,五阴色受想行识,一念动了,五个同时来了。"君臣叶处紫云屯",这里的叶不是树叶,同协,协调和谐的意思,"君臣叶处",就是君臣和同,彼此夫唱妇随一样。"紫云屯"就是一片祥和,一切团结,和谐一体。"夜明帘卷无私照",夜里月亮很亮,打开窗帘说亮话,没有什么私密。"金殿重重显至尊",皇帝是九五之尊。

南师:登位了。

D同学:皇帝登位,大彻大悟了。"衣称善",师父说你对了,悟了。

第二十二讲 宝镜三昧 一

《指月录》卷十六

二〇〇九年十二月二十九日

　　南师：研究曹洞宗的禅法快两个月了，禅宗从达摩祖师到六祖，一代一代单传的，秘密的传授，传授什么？佛法的心地法门，即心即佛，心就是佛。单刀直入就讲心佛众生，三无差别，即心即佛。以佛学来讲，所谓教外别传，并不是有个特别的法门，而是离开了一切经典，言语文字以外，直指人心见性成佛的法门，单传直指心就是佛，如何明心见性，言下顿悟。

　　为什么变成秘密？因为佛教界的人士从东汉、魏晋以后，翻译经典的有各宗各派，还有讲经教的。开始有鸠摩罗什翻译的《法华经》《维摩经》《金刚经》，三部影响中国文化最大的经，再加上龙树菩萨的《中论》，影响了中国文化。佛教法师们讲经说法，讲学理的特别多，影响朝野。从魏晋以后到宋齐梁陈，梁武帝这个阶段最闹热了，普及到全国上下，都在讲经论，第一个建立起中国的净土宗，专修念佛法门。后来又出现天台宗、三论宗、成实宗，讲学问，讲教理的根本不承认言下顿悟，释迦牟尼佛说的成佛要修三大阿僧祇劫，哪有言下顿悟，直指人心见性成佛？根本就是邪门左道，不承认的。所以禅宗这一系，走的直证般若法门，变成非常秘密了，变成单传直指。你看这四个字的内涵如此，在那个时代，佛教文化融会中国的道家儒家，转变过程有这样大的压力。到五祖以后，随着唐代文化的展开，禅宗的单传直指变成秘密中的秘密法门，大众普遍知道，都在追寻这个秘密，所以五祖在湖北黄梅开东山法门，不用《楞伽经》，用《金刚经》，这已经到初唐时代了。

研究禅宗要懂得中国的历史与学术思想的转变，南北朝两三百年在历史上是最混乱、最悲惨的时代，朝代变换，民不聊生。你看那几百年的老百姓是怎么活下来，上流社会的政治是这样混乱，人在最痛苦的时候最需要的是追求精神解脱，因此佛法特别兴盛起来，尤其是即生成佛，了生脱死，解脱活着的痛苦烦恼，更是成为时代的需要。

到六祖弘法的阶段，是武则天同唐明皇（唐明皇登基那一年六祖圆寂）这个阶段，这个阶段的历史政治是初唐鼎盛的时代，唐朝了不起的文治武功，国家实力非常强大。同时期，西方是天主教统治下的黑暗欧洲，还谈不上文化，而唐代文化那真是太阳普照，像现在的开放发展一样闹热，一切都放开的。武则天，这样一个女皇帝，政治非常高明，她的老师是谁？就是唐太宗，武则天的文化政治完全是跟唐太宗学的，她的政治非常清明，而且崇信佛法。虽然到唐明皇这几十年当中，宫廷政治有些变乱，可是整个社会的文治武功，仍是全世界第一的强盛。

这个时期禅宗也达到鼎盛，《六祖坛经》继承了《大般若经》的思想，学禅的精英人物，都集中在江西、湖南，所谓"跑江湖"，当时第一流的知识分子，都在追求禅宗，等于现在拼命追求科学一样。天下太平，而且文化开放，文学突起。但是禅宗的兴起，离开了这些经教言语文字，直指人心见性成佛，打坐修定，这一套新兴的方法，由秘密变成公开，谁在接受呢？中下社会，不是上流社会，上流社会还是讲学问，讲经教，所以为什么禅宗在南方兴起？南方可是中下社会，讲经说教的文化比较落后，中下社会不需要太多的经教文字，只管自己打坐。你看六祖用土话一讲，大家可以开悟成佛的，这个风气就从长江以南打开了，所以称为南宗，但是北方还在抗拒。黄河长江以北，那个时候的政治中心在西安哦，不是现在的北京,北京到东北这一带还属于文化落后的地区,同广东这一带都是落后的地区,这些要清楚,那就懂得中国文化演变的趋势。六祖的讲话语录,是中国本土的第一部经,而不只是语录,因为唐代《六祖坛经》出来一百多年以后,有人翻译成梵文回传到印度,当时印度佛教还存在,都承认这是东方佛的教化。

六祖的徒孙,三十年作一代,七八十年当中,到马祖以后南宗才大弘开来。六祖的徒弟中,有几个了不起的大人物,第一个是永嘉大师,他的《永嘉禅宗集》,独走一路,儒释道三家都受他的影响。第二个,他的小徒弟神会,有人骂他改变了师父的文句,《六祖坛经》有一半是他改的,是改了一点,不过把白话土话变成国语了。另外,南岳怀让、青原行思,这几位大弟子渐渐展开了中国禅宗的文化。

禅宗文化展开以后影响了什么? 最重要影响了中国的道家。中国文化传统几千年就讲道,不是道教哦,道教是从唐朝李世民手里才开始的,以前只有道家。这里可以看到国家民族对于文化的抗拒,李世民虽然统一了中国,建立了唐朝,他到底还是俗人啊,要找一个圣人来给自己的脸上贴金:我的老祖宗是姓李的老子。实际上他家是混血的民族,可是受中国宗法社会的影响,他必须找一个老祖宗,就推崇老子,因此变成道教,老子一变就成太上老君了。所以唐朝政府的政治体制,皇帝上朝,三教并行,第一个是道士,第一位走在前面,第二个是和尚,儒家不需要,满朝文武都是儒家弟子,是这么一个政治体制。

道教的宗教形式,完全是跟佛教学的,他本来不是个教嘛,变成宗教的形式后,就有道教唱诵,早晚功课,都是学佛教的。道家修持的神仙之道,现在都还存在,这是中国文化独有的内容,世界上的文化,埃及也好,希腊也好,印度也好,都是关于死的哲学,只有中国道家讲生的哲学,认为这个生命可以长生不死,有一个不死的东西，永远存在。

那么道家真正修持的方法呢？讲究修炼生命的精气神，精气神是什么？严格地讲，如果推开传统道家，就是心意识，可是上古没有一个具体的修持方法，只有东汉的魏伯阳著了一部《参同契》，所谓"参同"，与《易经》《老子》《庄子》、道家神仙丹法相互参合，同一个理由，同一个原则，可以使生命修到长生不死。因此石头希迁禅师著《参同契》是套用了这个名字，他并不是没有看过魏伯阳的《参同契》，这个要注意。

石头希迁的《参同契》，"竺土大仙心"，在印度叫作佛，在中国叫作仙。印度的佛，石头禅师称为大仙，中国道家称为大罗金仙。"东西密相付"，印度古称西天，中国称为东土，这个真理只是一个，没有地域界限。第二句，"人根有利钝，道无南北祖"，他否定了南北宗派，反对自立宗派。《参同契》采用了《易经》的道理，参考老庄，《宝镜三昧》也是走这个路线来的，研究中国哲学宗教，这些都不懂的话，你研究不下去了。研究《宝镜三昧》，要把握这个原则，必须懂《易经》，懂道家。曹洞宗分成君臣五位，是从希迁、云岩来的，你们注意云岩，他是先在百丈那里二十年没有开悟，二十年打坐参禅，修禅定的身心关系同道家密切相关，他是这么一个路线来的，你要搞清楚。临济不同了，临济是先修唯识法相，丢开了唯识法相证到如如，进入般若境界，也是修工夫一步一步上来。《宝镜三昧》就采用唯识学的大圆镜智，工夫还是身心两方面参合的渐修法门。这些话给大家作个参考，我们继续研究。

师因曹山辞，遂嘱曰：吾在云岩先师处，亲印宝镜三昧，事穷的要，今付于汝。词曰：

如是之法　佛祖密付　汝今得之　宜善保护

银碗盛雪　明月藏鹭　类之弗齐　混则知处

意在不言	来机亦赴	动成窠白	差落顾伫
背触俱非	如大火聚	但行文彩	即属染污
夜半正明	天晓不露	为物作则	用拔诸苦
虽非有为	不是无语	如临宝镜	形影相睹
汝不是渠	渠正是汝	如世婴儿	五相完具
不去不来	不起不住	婆婆和和	有句无句
终不得物	语未正故	重离六爻	偏正回互
叠而为三	变尽成五	如荃草味	如金刚杵
正中妙挟	敲唱双举	通宗通涂	挟带挟路
错然则吉	不可犯忤	天真而妙	不属迷悟
因缘时节	寂然昭著	细入无间	大绝方所
毫忽之差	不应律吕	今有顿渐	缘立宗趣
宗趣分矣	即是规矩	宗通趣极	真常流注
外寂中摇	系驹伏鼠	先圣悲之	为法檀度
随其颠倒	以缁为素	颠倒想灭	肯心自许
要合古辙	请观前古	佛道垂成	十劫观树
如虎之缺	如马之鼻	以有下劣	宝几珍御
以有惊异	狸奴白牯	羿以巧力	射中百步
箭锋相直	巧力何预	木人方歌	石女起舞
非情识到	宁容思虑	臣奉于君	子顺于父
不顺非孝	不奉非辅	潜行密用	如愚若鲁
但能相续	名主中主		

古道师：因为曹山禅师告辞要离开洞山，洞山禅师特别嘱咐曹山《宝镜三昧》。

南师：洞山看出来这个徒弟将来有出息，能大弘其道。

古道师：洞山说：我在云岩师父那里，亲自印证到这个《宝镜三昧》。等于说是云岩禅师传给他的,但他自己也亲自证到了,他是在强调这个事情,不是说光把这个文字传给他。

南师:我补充一句,云岩在百丈那里二十年修行没有开悟,不能说没有工夫,禅定工夫很深了,但还是没有发明心地,没有见性成佛,对不对? 同时你注意,洞山也是这样哦,洞山自幼起疑,就参话头,他念《心经》,大家都有眼耳鼻舌身意,为什么观自在菩萨讲"无眼耳鼻舌身意",对不对? 这是他第一个话头。第二个话头是什么?

古道师:参无情说法的公案。

南师:对。他一步一步,随时都在参究,他们师徒两个作风非常相像。刚才古道讲得对,洞山亲印《宝镜三昧》,靠自己修证来的。

古道师:洞山禅师与云岩禅师悟道的时候,大概已经五十岁了,等于自幼出家,二十岁受戒,参访很多善知识,几十年参究。如果云岩禅师没有前面二十年跟随百丈禅师的勤苦修行,后来见到药山禅师也不可能言下有省,这是渐修顿悟的过程,所以曹洞宗非常注重实修。

南师:对,非常正确。但是曹洞宗的禅定工夫,不是四禅八定,等于走儒家的路线,"知止而后有定,定而后能静,静而后能安,安而后能虑,虑而后能得",是这个路线来的。

古道师:所以后来曹洞宗演变成默照禅,也不无道理,他的脉络也是一路相承的。像石头希迁禅师,举天下开宗立派,他警告大家:"承言须会宗,勿自立规矩",不要擅自立规矩,擅自立门庭等等,实际上也是对后来佛法发展趋势的一种担忧。后人对曹洞宗祖师们的评价是有哲学思想的宗派,非常擅于沉思,沉默修行。

洞山说:我在云岩先师处,亲印《宝镜三昧》。"事穷的要",对于《宝镜三昧》这一件事,"的要"就是透底,透到底了。"今付于汝",等于说今天把这个付嘱给你。"词曰:如是之法,佛祖密付,汝今得之,宜善保护。""如是之法",就是这样,是诸佛诸祖密付下来的,直指人心见性成佛的法门,历代祖师们一代一代传下来,今天我嘱咐给你。"汝今得之",你今天已经得到了,要善自保护啊。不但善自保护,还要把这个法脉,把这个思想,这个法门传承下去。并且你自己证悟的境界,也要好好善自护持,也就是一种语重心长的嘱咐。

银碗盛雪,明月藏鹭,类之弗齐,混则知处。意在不言,来机亦赴,动成窠臼,差落顾伫,背触俱非,如大火聚,但行文彩,即属染污。

古道师:开章明宗,中国人对于道也好,心也好,本体也好,空也好,有很多代名词,也就是说明心见性,所谓见到那个性,是个什么样子? 什么状态? 等于给一个很高的、终极的阐述。但是那个又不能明白告诉你,那个本来又不是个东西,所以形成文字的时候,只能用现成的事物来比方,来形容,所以讲银碗啊,雪啊,明月啊,鹭啊等等,实际上都是一种比喻。

从文字上来理解,一个银色的碗,这个银碗本来就是白色的,里面装上雪,两个看起来好像浑然一体,但是实际上雪是雪,银碗是银碗,还是有区别的,虽然看上去一样。就像什么呢? 明月里面藏一个白鹭一样,月光是白的,白鹭也是白的,看上去也分辨不清楚,但是它还是有区别的。后面再广泛引申这个道理,"类之弗齐,混则知处",所以它隐藏于万类当中,但是万物缤纷,天下的事情这么多,都不一样。但是那个就隐藏在万类里面。

南师:你这样讲也对,文学方面,千句万句不离宗旨,这是求证的工夫,明心见性,心即是佛。"银碗盛雪,明月藏鹭",看起来都是白的,看起来是一个东西,世法佛法一样,念头与证道,即心即佛。譬如我们现在讲话,大家用感觉,执着这个心,这个心好像是空的,本来是空的,两个东西看成是一个东西。"类之弗齐",银盘子装满了雪,一样的白,是一样吗?不一样,有差别的。明月跟芦花一样的白,但有差别,所以叫作"类之弗齐",这两个比类,唯识叫作比量。"类之",好像一样,"弗齐",可是不一样,不同的。"混则知处",如果说这两个不一样的白,混合放远一看,有个碗在这里,有白雪在这里。

"意不在言,来机亦赴",所有佛经中佛讲的话,都是用意识讲的。你说佛得了道,大家学佛都想达到没有妄想,我常常问你们:释迦牟尼佛说法是不是妄想说的?他没有妄想会说法?成佛的人无我相,无人相,无众生相,为什么所有的佛经第一句话"如是我闻"?第一个就有我相,所以"意不在言",真正的意思不在言语文字上,你不要给它困住。"来机亦赴",这样你起心动念,等于机关一动,这个东西就在,你说空的吗?只要一动念,就在这里。你说"意不在言",言语就是意的表达,人为什么有言语?言语以后变成文字,文字是第三重的表达,言语是意思第二重的表达,言语又变成文字,所以意与言语文字都不是道。但是都不是道吗?妄念跟文字也都是道,因为是机动的,心动了,心动了念动,念动了才有语言,有语言才有文字。"来机亦赴",这个机一动,言语文字念头就是明月下面的白鹭,就是银盘里的白雪。

"动成窠臼,差落顾伫",万念放下,一念不生是自体,一动就变成窠臼了,就有个框框了。念头一动,起心动念就有框框,就有线路了,变成一个框框,讲一个佛字,就落在佛的窠臼里头,要认清楚。所以曹山祖师说,出来弘法有三种堕,就堕在窠臼里,开口便错,动念即乖。所以"动成窠臼,差落顾伫",一动念,一变成言语文字,你就去找这个,差之毫厘,失之千里,我们在这里,一条直线一样,偏一点,到千里以外就偏一万里了。"差落顾伫",你到处找,找不到本体了。

"背触俱非,如大火聚",背是违背,触是接触,譬如我跟古道两个坐在这里有距离,我手如果碰到他的脸,他就有感觉了,这是触。手拿开了,他没有感觉就是背。所以修行的工夫,佛学讲修白骨观,修禅定,八背舍,背舍就是解脱,解脱离开,空了。触是合拢来,所以背代表空,触代表有,空有都不对,"背触俱非,如大火聚",形容词了,这个般若境界像大火一样,大火是什么丢进来都给你化掉,可是化掉了就是没有吗?般若如火光,照亮一切。

这种写法,四个字一句,还是汉朝的文体,还没有到韩愈出来改变文学体裁,变成古文体,也是当时的白话。这是祖师们的文学境界,但你们不要被文字骗了。汉文是四字一句,到了南北朝是四六体,六个字加四个字一句,两句结合成很美丽的文字对仗,也称骈文,如《滕王阁序》"落霞与孤鹜齐飞,秋水共长天一色"。

"但行文彩,即属染污",推翻了一切文字言语,明心见性,不是言语文字所能表达的。变成佛经,变成文字言语,你看《金刚经》读起来好漂亮,《心经》《法华经》多漂亮! 一落言语文字,自性就被文字言语污染了。

好,下面来了,最重要的。"夜半正明,天晓不露,为物作则,用拔诸苦。"你们讲吧。

F 同学:"夜半正明",我先讲一般的境界再讲涵义。古人夜半睡觉之前,那个时候知性往往最清楚了,我们六根跟外境都休息了之后,那个知性是明明了了的。但是天晓为什么不露呢? 天一亮,那个知性反而被外境迷盖住了,反而就看不清楚了,所以说是"天晓不露"。"为物作则,用拔诸苦",这个知性本体是可以作为万事万物的法则,而且可以除一切苦厄,就像《心经》讲的"观自在菩萨,行深般若波罗蜜多时,照见五蕴皆空,度一切苦厄",用拔诸苦。

南师：你讲完了？

F 同学：讲完了。

南师：你们诸位，这个时候不要放过哦。

古道师：我觉得这是真实的工夫，也是比喻我们的心。比如说我们在看似昏昧的时候，就像刚才 F 同学讲的，夜半睡觉的时候，六根不起作用了，实际上那个是灵明不昧的。到天亮时，我们醒了，六根忙个不停，那个东西反而不分明了。但是从本体上来讲，实际上也跟这个差不多，夜半是明白清楚的，但是天亮就不显现分明了。"为物作则"，但是一切万物都是依他起，就是依他而存在，并且都成立各自的规则，你掌握了那个，真正明白了那个，也就是明心见性了，可以去掉诸多烦恼，"用拔诸苦"，我是这么理解的。

F 同学：我再补充一点，"天晓不露"还有另外一层意思，就是我们在修行的时候，知性明明了了，事实上那个时候往往是最迷的时候，就是《楞严经》讲的"元明照生所，所立照性亡"，"知见立知，即无明本"，在那个时候往往是倒过来，是昏迷的时候，因为我们自己看不清楚。我补充完了。

D 同学：我从两个角度来看，一个是不从修行来讲，佛法与世法有差别，与道也是有差别的。"夜半正明，天晓不露，为物作则，用拔诸苦"，懂进去之后，譬如说夜里我们昏睡过去了，不管你做梦也好，不做梦也好，有人叫你就会醒过来，为什么会听到这个声音？这正是本身觉性的作用，虽然是夜半，虽然是昏睡了，虽然是大昏沉，还是能叫醒来，也是这个觉性的作用，它没有睡着。我们虽然睡着了，但是觉性没有睡着，明明白白一直都在。为什么天晓不露呢？醒过来之后，大家日用而不知，执着于自己的比量，随时随地的各种念头啊，觉性不是不明，还是正明，天晓也正明，但是不露，为什么不露？被自己盖住了。"为物作则，用拔诸苦"，道的整个作用,无数作用都是唯心所现,三界唯心,万法唯识,什么物也好,念头也好,心啊物啊,所有作用都是道的作用,法则也是这里面的作用。"用拔诸苦",懂了这个之后,不管你当下知也好,不知也好,当下观自在嘛,说了半天还是这个,当下一切明了,所有作用都是心的作用,修行也好,不修也好,都是心的作用,你懂进去的话,就明白了。补充完了。

南师:还有呢?

H 同学:这个心是不是可以从另外一个方面来理解,"夜半正明",大家都是糊里糊涂的,但它是清楚的。"天晓不露",一般社会群众的运用,大家都觉得很聪明,很有学问,但是表现得像个普通人。

K 同学:我觉得夜半与天晓只是形容定中的境界,老师刚才已经提醒了,说要用《参同契》对应来看,当明中有暗,暗中有明的时候,"勿以明相睹,明暗各相对,比如前后步",我们所起的作用,都是用了以后必须丢的,这样才可能明心见性。

M 同学:老师您就直接讲吧。

南师:我讲是我的啊,问题是你们要进步啊,要有超师之见。

L 同学:一念不生就是"夜半正明",在日用中,体就在用中。

南师:嗯!都有道理。你们注意,洛浦问过夹山一个问题,洛浦问:"佛魔不到处如何体会?"夹山回答:"烛明千里像,暗室老僧迷。"夜半你睡着了,没有点灯嘛,暗室老僧迷,但是如果夜里点了灯呢? 看清一切了,洛浦当时就懂了。然后又问:"朝阳已升,夜月不现时如何?"早晨太阳出来了,夜月不现,完全白天了,就是天晓不露如何,夹山答覆:"龙衔海珠,游鱼不顾。"这需要参啊,我已经提醒你们注意,可见你们都没有注意,白听了,那不是在参学啊,听闹热而已。

刚才 K 同学提得蛮好,石头禅师的《参同契》:"当明中有暗,勿以暗相遇；当暗中有明，勿以明相睹。"是不是这样？这个又讲什么呢？"明暗各相对"，明暗毫无关系，明暗是前后步，等于说明暗是两个现象。《楞严经》怎么讲明暗呢？佛讲过没有？明来见明，暗来见暗。明暗是有代谢的，等于石头禅师《参同契》讲的"比如前后步"，前步后步，明来暗去，暗来明去，是不是啊？那是现象，知明知暗的那个不在明暗上，是不是这样？佛是不是这样说？你们听过为什么没有讲出来？都该打板子吧！佛说过了吧！

《楞严经》里佛说了一半，还有一半呢？我也给你们讲了，"夜半正明，天晓不露"，这一半不同于《参同契》讲的明暗问题，"当明中有暗"，光明里头有暗，"勿以暗相遇"，你看不到暗相，黑暗里头有光明，你看不到光明，是不是这样？这个就比《楞严经》讲的更深一层了，有中国文化《易经》的道理，阴中有阳，阳中有阴，空中有，有中空。释迦牟尼佛告诉我们明暗是两个现象，你不要理它，不要被白天骗了，也不要被黑夜骗了，知明知暗的那个，不在明暗上。等于我注解《易经》的阴阳两个字，你们看我的书，叫我老师，看了吗？

F 同学：看了，能阴能阳者不在阴阳之中。

南师：错了，但是也对，你改了我的句子。"能阴能阳者，非阴阳之所能"，我的原句是这样，比你那个厉害。你改了也对，可是变成白话就差了。阴阳是两个现象，"能阴能阳者，非阴阳之所能"，阴阳，一个空，一个有，相对地，天地有阴阳。到了曹洞宗非常注重阴阳，换句话你们也听了我讲课，生命的道理是"夜半正明，天晓不露"，中国人讲阴阳五行，与生命有关联。今天阴历是几月啊？前几天是什么节气啊？

众答：冬至。

南师：冬至一阳生，夏至一阴生。一年到头分十二个节、十二个气，生命就是这样。我们大家现在被科学文明盖住了，中国古人天一黑就睡觉，舍不得点灯，睡到半夜是三更，天亮是五更。

你们看过京戏没有？五更三点王登殿，古代的政治体制，皇帝很辛苦啊，做大臣更苦，五六点上朝了。当年我跟一个亲王谈话，他是宣统的兄弟，他说：当皇帝不好过，太苦了，太苦了。我说：为什么啊？他小时候亲眼看到，皇帝晚上爱玩，睡不了几个钟头，最多到凌晨四点半，那个太监就来跪安："请圣上起驾！"叫得很大声。皇上根本没有听见，等一下第二个太监又上来："请圣上起驾！"还是没有动静。第三个太监来了，"请圣上起驾！"端了一盆洗脸水，帕子一扭，皇帝睡得迷迷糊糊，太监往他脸上一捂一擦，另一个太监在背后一推："请圣上起驾！"就那么迷迷糊糊坐在床上，太监们给他把衣服穿上，一推出去，两个眼睛还是闭着，糊里糊涂。这是中国几千年的体制，这些大臣呢？官阶越低，住得越远，四点钟就要起来，骑马上朝。尤其是冷天，有坐轿有骑马的，跑了个把钟头才到皇宫门口，然后下轿下马，一路走过去，风雪连天还要排队啊，还要守规矩，个个都灰头土脸。所以唐诗说："无端嫁得金龟婿，辜负香衾事早朝。"被子刚刚捂热了，就要起来赶去开会。

为什么讲这个故事呢？半夜子时一阳生，你看那些落后的农村，人们都是早早睡觉，半夜三更会醒来，子时一阳初生，生命的气机一定来的。那么现在的人呢？像我们这里的习惯，你们有时候喝酒谈天，到两三点才睡觉，才能真正睡好。我们这里给你自由，差不多早餐都很少来吃的，对不对？因为夜里睡得很迟，到早上八九点钟，阳气刚刚举起来，有时候漏丹。古时漏丹多半是半夜里，其实你们现在八九点钟还在睡，有时候阳举一来，快要醒了，这个叫活子时，生命的气起来，每天在周流，这股阳气每个时辰都在转。

"夜半正明，天晓不露"，你白天看不见了，生命的气变化无形，所以打坐修行，坐到最好的时候为什么坐不住了？因为阳气来了，你反而坐不住，起心动念，"夜半正明，天晓不露"，你白天还找不到。

"为物作则",万物生灭的法则都是因为这个阳气,阳气是呼吸之气吗?不是的,是念头动。所以《达摩禅经》告诉你三种气,我们的呼吸之气,这个是长养气,还有个报身气,报身气就是这个阳气。"夜半正明,天晓不露",它与万物作生命的法则,万物都是从这里来的,一阳初动处。

所以邵康节讲《易经》的学理,千古以来数他讲得最好,他懂这个,"一阳初动处,万物未生时",这是正念,一念不生的时候这个生命起了变化。可是凡夫把握不了,男女夫妻在床上睡觉,到了这个境界,尤其年轻人一阳初动,干什么去啊?干那个事情去了,又漏了,把这个生命的元气漏了。所以邵康节的诗:"冬至子之半,天心无改移。"这个天心就是代表道心,念头空的,可是醒了。"一阳初动处,万物未生时",他懂,但是我批评他理上懂,工夫不到。所以邵康节蛮可怜的,五六十岁就死了,他夏天出来穿棉衣,头还要包起来,坐在车里四面都不准透风,可见一身风寒,阳气都没有生起,道理懂了可是工夫没有到家,不行。

"夜半正明",你们四五个人讲得都对,但没有讲到生命的道理。这里明明告诉你"为物作则,用拔诸苦",这个阳气一来,身体五蕴的病也都好了,禅定修持,要把握这个一阳初动处。

"虽非有为,不是无语",这个里头你说有没有东西呢?没有个东西,这个阳气来了,"夜半正明,天晓不露",不是没有作用。

"如临宝镜,形影相睹",一阴一阳,生命本身有个作用,在佛法修禅定归为风大,一动念包含了这个作用,地水火风空,心物一元。曹洞宗对这一点有体会,所以《宝镜三昧》同《参同契》一出来,影响了整个唐代,神仙的修法都变了,一直到后代的吕纯阳,他懂了。所以我常常说,要研究吕纯阳的《百字铭》,你们背得来吗?

大众念:"养气忘言守,降心为不为,动静知宗祖……"

南师："动静知宗祖",他就知道这个阴中之阳,阳中之阴,"夜半正明,天晓不露",再背下去。

大众念："无事更寻谁。真常须应物,应物要不迷,不迷性自住,性住气自回。气回丹自结,壶中配坎离,阴阳生反覆,普化一声雷。白云朝顶上,甘露洒须弥,自饮长生酒,逍遥谁得知。坐听无弦曲,明通造化机,都来二十句,端的上天梯。"

南师:他把性命双修的法则,身心双修法则,都告诉你了。这是吕纯阳在黄龙禅师那里悟道以后的话,所以我在《如何修证佛法》特别提到。人家说南老师提倡道家,不是,吕纯阳已经懂了这个。这是"虽非有为,不是无语,如临宝镜,形影相睹"。同洞山过河悟道,看到影子一样,其实一阳初动处,那个阳气一来,是影子,我们知性是镜子,《达摩禅经》讲第三种气根本气,唯识叫根本习气,两个形影相随。曹洞子孙前代都懂,后世不一定,这些文字很美,越到后来,越是在作文章,不一定懂,工夫没有到,是这个道理。所以你看洪觉范他们讲的,都是向心地法门这一面摸进去,是不是?

F 同学："如临宝镜,形影相睹",还是不懂。

南师:"如临宝镜",就是很明白的样子,你自己照镜就看到影子嘛!真懂了的人,东西一来就晓得这是一阳动,你看镜子一下就看到自己了嘛!这个生命的根本很清楚,形跟影离不开的哦。但是这个影呢,有时候没有的啊。"烛明千里像",灯影一来都有,没有光还没有这个影子;"暗室老僧迷",暗了就昏沉了,一暗你就堕落了。当你禅定工夫好的时候,一念不生全体现的时候,那是"烛明千里像"。如果打坐昏沉,为什么昏沉啊?那个阳气没有了,阳气走到阴境界去了。还有你的心念,有时生病了,你的情绪高兴不高兴啊?阴气来了,"暗室老僧迷",所以这是双关的,心物一元的,这方面是一点都不能差错。

古道师：古人太繁琐了，后人都去研究文字了。

南师：所以船子诚说："一句合头语，千古系驴橛。"讲一句名句，大家都迷在名句上了，佛说一个空，大家就追个空。今天大家都挨了六十棒，谁去打呢？

F 同学：老师，"如临宝镜，形影相睹"，我的体会，就是身心都放下。

南师：对啊，你能够放下吗？

F 同学：这个时候的身心好像影像一样。

南师：讲修持禅定的真工夫，牵涉到道家密宗，所以要先修气脉。身体四大证到空了，那个自性本来空的，不要你去修它，修了它不增，不修它也不减。只要你把这一面气脉转了，那一面本来就有。

古道师：自己更相应了。

南师：对，因此有道家，因此有西藏原始的密宗，现在的密宗谈不上。

L 同学：请问老师，昏沉的时候有没有感受？

南师：小昏沉里头有一点亮光。等于曹洞宗画一个圆圈，四分之三都是黑的，有一点点亮光，这是昏沉，不是完全睡着。有人打坐是这样，你骂他：你这个和尚没有用功。他不服气的，讲话他都听到，可是他昏沉了，只有一点亮光。可是如果他认得昏沉中的这一点亮光，再来投胎转生，在六道轮回中，还有一点灵光在，这叫一灵不昧。那个纸衣道者来见曹山的时候怎么说啊？

M 同学：老师，我请教一个六妙门的问题，六妙门讲数息、随息、止息，随息的时间长一点不是很能把握，从随息到止息，要怎么修才能进得去？

南师：随息你有一点体会了，随息跟到就有止息，慢慢这个息很长，快到止息了。

M 同学:看不清楚。

南师:很长的中间就有止的状态在了,不要去求它,不要想非做到这个境界不可,听其自然就会来了。这样懂了吗? 很轻松就来了。

L 同学:老师,那个止息以后,尤其昏沉迷糊的时候,一念会转过来,转过来以后带着一股动力,脑袋都会变得清醒了,这个现象是?

南师:"夜半正明",懂了吧? 昏沉就入夜了嘛,不管你白天或者夜里嘛,是不是啊?

L 同学:是,那就是说随时都会有这个情形。

南师:那当然,活的嘛,"夜半正明",也不光夜里,道家后来叫作活子时。懂了没有?

L 同学:懂了。

南师:真的啊? 那你了不起啊,不要假懂哦。

第二十三讲　宝镜三昧　二

二〇〇九年十二月三十日

内容提要：

再论夜半正明

传统历法

虽非有为

重离六爻

南师：刚才 F 同学讲，昨天夜里用功，对这一段他有所体悟，还是他先说吧。

F 同学：昨天下午上完课之后，回去翻老师讲的《我说参同契》，第二十二讲《日月含符章第三》，我是倒过来体会，昨天讲“夜半正明，天晓不露”，老师提到“冬至子之半，天心无改移，一阳初动处，万物未生时”，用比较通俗的话讲，夜半可以说是一念不生的境界，或者就是达摩祖师讲的“外息诸缘，内心无喘，心如墙壁”这样的一个境界。“正明”，那是一灵不昧，也可以说就是百丈禅师讲的“灵光独耀，迥脱根尘”，就是一阳来复。时时在这样的境界之中，就是“晦至朔旦，震来受符，当斯之际，天地媾其精，日月相撑持，雄阳播元施，雌阴化黄包，混沌相交接，权舆树根基”。这个时候真正修行的根基就会扎稳了，就扎实了。这样逐步再进步，就自然会做到“天晓不露”，就是达到纯阳境界，这是昨天上完课之后，倒回去参，倒回来再看的一个报告。

南师：这是理念上修持工夫的道理。你提出来东汉魏伯阳的《参同契》，道教火龙真人的千古丹经，修仙道的鼻祖，从上古到汉朝，关于身心修行的学问，《参同契》是中国文化诸子百家中的第一部，这个时候佛法还没有来，完全是《易经》的道理，启发了魏晋以后道家的思想学术，包括医学。

刚才 F 同学发挥“夜半正明，天晓不露”，古人有没有这样说明,不知道,这很难考证。这些不能考证的学问,要自己用身心去求证,修养生命功能。"夜半正明,天晓不露",下面注意是"为物作则,用拔诸苦",注意这个"为物",讲物理世界的变化,这个宇宙的变化,他明写是"为物作则"。"虽非有为",那么把这个法则用到自己生命修持,身心都是自然变化,本体起用的功能,你说它是有为法吗? 是有为,不是有为,一切现象无言语。

昨天讲"夜半正明",这是中国的生命科学,引用宇宙自然的现象。《易经》有八个现象挂在宇宙中给大家看到,其中包括太阳月亮,中国传统是生命科学与自然科学合一,中国过去几千年已经知道月亮本身不会发光,它同地球一样,有没有光? 有光,但不像太阳一样。我们地球也一样,人自己在地球里头不知道,如果在太空中看地球,地球也在放光,放哪一种光? 拿物理科学来理解,万物本身都在放射光明,都有影像,有些不是肉眼所能够看见。

所以还要懂得阴阳五行,中国人用了几千年的历法,你们很少研究的。中国人几千年农村社会的中心,在河南、安徽这一带,尤其是河南的洛阳、郑州,中原河洛文化。一年三百六十五又四分之一天,浓缩成三百六十天,一个月三十天,一天十二个时辰,都是根据太阳、月亮同地球的法则来的。譬如现在是冬天,今天阴历是十一月十五,这属于子月,每天夜里十一点零分开始到十二点五十九分,这个阶段属于子时。一年,一月,一天,这个法则没有变过。

月亮不会发光,根据太阳的行度,一年三百六十天。地球也在转,古人说天道左旋,地道右转,这是宇宙物理的法则,整个宇宙虚空中有很多星球,都在转动。月亮绕着地球,也可以说是右转,平面在转,所以三个球在太空中转来转去,等于耍把戏的玩三个球抛来抛去,对不对? 三个球不会碰头。

过去的历法,譬如今天是十一月十五日,子月,一年从现在开始,新的气象开始。注意哦! 这个农历正统叫夏历,大禹治水以后的夏朝,形成农村社会,夏朝以后的殷商,政权年号有变动,但还是用夏历。中国人算命,用阴阳家的法则。现在西方的阳历呢? 用太阳,阴历跟阳历,像今年差个把月,转来转去合不拢,阴阳历用了几千年。

什么是气候? 这个气是代号,不要当成呼吸的气,也不要当成空气的气,宇宙间一个动力,运动的能量,叫作气。这个能量是无形无相,但有作用,等于《宝镜三昧》讲的"为物作则,用拔诸苦",一切物理离不开这个法则。

我们看这个月亮,大家现在几十年很少有人研究天文,研究阴阳五行,为什么用阴历呢? 不但包括中国哦,包括朝鲜、韩国、日本、东南亚,一直到西亚、中东那里,都是阴历的天下,这个法则没有变,现在也没有跳出这个范围。阴历十五,圆月从东边上来,天亮时从西方落下,只有每个月的十五、十六月亮正圆。过去在农村,夜里起来观察,一个月三十天,最多二十八天有月亮,不是每一天晚上从东方出现,从西方落下去,不是这样。这个法则很有意思,一个月三十天,每一个月阴历的二十九、三十、初一、初二,完全黑的,那是真正黑,每个月真正的黑夜。

我们以前从军带兵,没有气象报告,没有方向,都要懂得天文地理。夜里行军,要吩咐大家:黑夜莫踏白,白夜莫踏黑。黑夜走路,看到亮的地方脚不要踏下去,那一定是水坑。有月亮的夜里,看到阴暗的是水,是黑色的,这是物理自然的现象。

每一个月阴历初三,月亮从西南方,不是东方出现。像我们大家坐在圆桌边,这个时候假设把地球变成平面,我这里是北方,对面是南方,这一边是东方,那一边是西方。每月阴历初三,晚上天黑了,眉毛月才从西南方出现,这个眉毛月,不像我们的眉毛是朝下弯,它是倒过来,就是曹洞宗祖师画的黑白图,上面是黑的,下面有一点亮。我现在先把后面讲了,你们要脑子冷静听。每个月二十八,最后的月亮,快要天亮的时候才出现,等一下就看不见了。这样理解了吧!两个图案是相反的。

中国人讲气候,初三月亮本来是从西南出现,到初八变成南方了,不是平面看过来,是仰头看哦,一半亮,一半黑暗。五天一候,三候到十五,圆月从东方出来,整个圆的。如果你住在喜马拉雅山顶,像我在峨嵋山顶闭关三年,我每个月都看到圆月,在平地上看不到,"人生几见月当头",一年只有十二个月,十二次十五有圆月出来,你活了一百岁,算算有几回看到。可是有的十五,有云雾你也看不到了,或者有圆月的时候,你正抱着太太睡觉,或者卡拉OK,也看不到。所以一辈子看到月亮正圆,东方起来西方落下去,"人生几见月当头",是不是?所以我们生命活得很无聊啊。

以一天来讲,"夜半正明",等于是心月孤悬,光吞万象。等你睡到半夜,精神够了,忽然醒了,一念不生,自性的光明呈现,等于是这一半,十五的月亮是这样。再过五天,二十了,月亮不是从西南出现,晚上很迟才在东北方看到,月亮已经缺了一半。再过五天呢?二十五了,快天亮时出来,三分之二多一点是黑的。到二十八,快天亮时在东北方看到一点眉毛月,到二十九,看不见了。阳阴的变化,听懂了吗?每个月二十九、三十、初一、初二,月亮是黑的。

这个月亮的光明,半夜为什么会这样起来?古人讲"三五合符",曹洞宗常提到正偏回互,上下颠倒,这是物理的作用。生命的精神,每一天,每一分钟都逃不开这个法则,因此我也提到,洛浦问夹山那两句话什么意思?你们自己用功体会。道家有句话:"月亏盈,应精神之衰旺;日出没,合荣卫之寒温。"盈就是十五圆满嘛,亏呢?有偏了,比精神之衰旺。"日出没",太阳每一天都从东方出来西方落下去,是不是啊?(众答:是。)胡扯,一年四季每一天不同的哦,有时候偏西南一点,中国的这个科学以前是老百姓都知道的,现在的老百姓都不知道了。

这些是后世的话,已经把禅宗佛法与道家拉在一起了。所以"夜半正明,天晓不露",这个天象的原则,你要注意了,这是生命的道理,生理的法则,也是物理的法则,天地的法则。我们真正的命呢? 那个使月亮太阳发光的功能,唯心的,也称菩提自性。这个日月的比方,阴阳两个相对,等于我们的身心,能阴能阳的那个是无形无相的,非阴阳之所能。但是它起来的现象,阴阳气候,每一分每一秒,清清楚楚。这样你也懂了中医的原理,懂了十二经脉,也懂了印度讲气脉的修炼方法。安那般那不是呼吸之气,是拿呼吸之气初步作一个钓鱼钩,你真到身心宁定了,一念不生,一切妄念清净了,不是压下去,一念不生全体现,不过是心月孤悬,气吞万象,能使心月孤明的那个自性,不在光明,不在黑暗上面,"当明中有暗,勿以暗相遇;当暗中有明,勿以明相睹"。明暗只是现象而已,你心中一念清净,悟道了。

譬如有位师父,在禅堂里拿一个茶杯打破了,开悟了,那是什么? 心里一个杂念都没有,哦! 就是这个。是不是啊? 你们有没有? 也有偶然碰到,瞎猫碰到死老鼠,有没有呀? 这不过是第六意识的分别不起,还不是究竟。如果认为这个是大彻大悟了,还差得远呢。这不过是十五那一天的月亮,刚好碰到月当头而已,不要以为到家了。如果用功到这个程度,碰到茶杯打破了,唔! 就是这个,那是有问题的,因为那不过是第六意识的清明而已。等于穷人吃的稀饭,没有几颗米,拿上来一吹,把那个浑水一吹开来,看到了碗底,吹汤见米而已嘛。可是你这个境界还没有达到哦,假使达到了,可以说有省,或者有所悟。啊! 原来念头本来空的,以此再一步一步推进。

所以"夜半正明,天晓不露,为物作则,用拔诸苦",把心理现象、生理现象都告诉你们,这样大概知道了吧? 古人怎么样注解,我知道,我看的书太多了,有些懂了佛家不懂道家,有些懂了佛家道家,不懂阴阳家。祖师们是全体通啊,"夜半正明,天晓不露,为物作则,用拔诸苦"。

然后呢?"虽非有为,不是无语",有个道理讲得出来。"如临宝镜,形影相睹",那么这个时候,一念不生,你们碰到过吧!有时候偶然念头清净了,这个清净维持不了多久吧?为什么变去了?生理上的变化,整个地水火风,生理物理的影响,这个工夫也掉了,是不是?如形如影,任何东西都一样,有时候你身体精神健康了,一上座就碰到一念清净,对不对?不是你证悟到了,是你那个身心正常健康的关系,你不要认为这个就是,这只是生理关系的影响。

"汝不是渠,渠正是汝",它正是你。这个时候"如世婴儿",一念不生,混混沌沌,你们用功那么久,偶然碰到这个机会没有?总该有吧?要认识,"如世婴儿,五相完具",这个时候的生命叫作正命,教理上的八正道所谓正命。再进一步翻过去呢?你得定了,一念不生,以为了不起了,以为到家了,那还差远了,后面还有个"不来不去,不起不住",这个生命不在起住的现象上。"婆婆和和,有句无句",那是不可思议,言语道断,心行处灭。

"终不得物,语未正故",这不是物理的作用了,刚才讲物理作用和现象,这些禅定工夫,祖师们都走过,因为中国文化偏重于天体物理,《易经》、道家比较唯物。印度婆罗门教、瑜珈,也比较唯物,跟道家接近。佛出来,纯粹唯心,走形而上的路线,所以说"终不得物,语未正故",万物之所以演变,这里头没有个东西。

下面用到《易经》,以你们的程度,这下有麻烦了。"重离六爻,偏正回互,叠而为三,变尽成五。如荎草味,如金刚杵,正中妙挟,敲唱双举。通宗通涂,挟带挟路,错然则吉,不可犯忤。天真而妙,不属迷悟"。要跟你们讲两个月《易经》,我看算了,以你们的程度听也白听。平常我也讲过,从台湾一路讲到这里,几十年常常提起,你们不懂。先天八卦图你们看过吧?为什么先天八卦是这样画?后天八卦是另外一个画法,那是另外一课了。

先告诉你们一点,离卦在《易经》里代表什么?火,太阳。离卦相对的是什么?坎卦,代表水,月亮。离卦方位代表南,身体上代表眼睛,坎卦代表北方、耳朵。为什么叫"重离"呢?先天八卦只有三爻,后天卦六爻,离卦怎么画? ☲ 离中虚,外面二爻是阳的,中间这一爻是阴的,代表太阳,太阳里头有个黑点,整个是阳,纯阳里头有个阴。所以当你一念不生的时候,你以为是清净,是阳面吗?还有至阴之象在中间,所以"当明中有暗",这是先天八卦三爻,画的现象是这样。那么真正的卦爻不一定用这样横画,如果画一个白圈中间一个黑点,或者画一个黑圈中间一个白点,代表阴中阳,阳中阴。到后世用的是"重离",这个离卦三爻是这样画,把两个离卦叠起来叫作六爻,所以叫"重离六爻"。爻者交也,中国交通这个交,就是从爻字变来的,万事都有阴阳相对,互相交叉。

"偏正回互",离卦代表太阳,代表火,也代表光明。火大的现象有八种,一个离卦本身有八个变化,天火叫什么?地火叫什么?每一个卦名都不同。每一点身心的变化互相影响,有时候变偏了,有时候变正了,这就是生命科学。这个里头怎么有错综复杂的变化,一点一点看清楚,同你的生命功能,起心动念,身心变化绵绵相关。回互是由内影响外,外影响内,由物影响心,心影响物。

"叠而为三,变尽成五",重要在三五变化。三五刚才讲了没有?譬如拿月亮来比喻,五天一候,三候一气,六候一节,一年就是七十二候,二十四个节气。所谓清明、谷雨,现在刚过了冬至一阳生,三五十五天,再过几天是小寒了,再过十五天大寒,节气在变化。所以"叠而为三,变尽成五",三五之变,离卦的第三爻、第五爻的变化,变来变去,身心内外的变化影响十二经脉,学中医先要懂这个,修行道家先要懂生理的变化,才影响心理。

"如莛草味,如金刚杵,正中妙挟,敲唱双举",心物一元,真空妙有。"通宗通涂,挟带挟路",禅宗教理都通了,《易经》道家都通了以后,"挟带挟路",就找出一条修行的道路。

"错然则吉,不可犯忤",这个错不是错误,《易经》叫错卦,譬如离卦☲,离卦跟坎卦☵相错,道家叫取坎填离,离中虚,坎中满,坎是阴,阴中有阳,把阴中这一阳错到离中虚里头,一错过来变纯阳了嘛,就是乾卦☰了。这个错是这样错,不是错误的错。《易经》叫错综复杂,四个卦偏正回互。

这些祖师们都通了,影响了唐宋的易学,所以邵康节的易学在宋代突起,这个学问哪里来的?从陈抟老祖来。陈抟从哪里来?从唐代来。至于禅宗祖师的这门学问从哪里来?找不到根了。所以有《烧饼歌》《推背图》,千古以来的事,用这个法则都可以断出来,包括时代的变化,身心的变化,这个学问大了。

"错然则吉",错了还大吉吗?他是讲取坎填离,两个卦相反的,坎离相错。"不可犯忤",这个中间的法则,一点都不能错了。

"天真而妙,不属迷悟",宇宙万物天然行阴的道理,妙不可言,这个不属迷悟啊。悟了道一定懂吗?这一套学问你不懂,懂了这一套以后,工夫一用,身心变化,自然晓得古今中外这个大宇宙的法则,修行了生脱死,来去自由,你也懂了。并不是说你迷了不懂,悟道了就懂,而是透过四禅八定的工夫修持,但《楞严经》讲"纵灭一切见闻觉知,内守幽闲,犹为法尘分别影事"。你还没有证得,自以为参禅悟道了,那是误了。

"因缘时节,寂然昭著",一年四季气候的变化,一个时节因缘,"寂然",什么都不动,一步一步按规矩来,"昭著",很明白的,卦者挂也,摆在那里给你看。

读《宝镜三昧》,必须懂石头希迁禅师的《参同契》,这一套法则,这个道路的创始者,是石头希迁;青原行思是不是那么教他,不知道,文章是从他开始。我说他一定看过魏伯阳的《参同契》,把《老子》《庄子》《列子》《易经》的道理,已经融会贯通了。当时魏伯阳著《参同契》的时候,可是一本佛经都没有,可见东方圣人,西方圣人,此心同,此理同。

第二十四讲 宝镜三昧 三

二〇〇九年十二月三十一日

内容提要：

后天卦变

错综复杂

南师：千古以来，尤其佛门禅宗的著作，我个人当年看完了，一眼看过，都不重视，因为一般人不懂《易经》，不懂老庄，不懂阴阳五行。但是懂了《易经》阴阳五行以后，同佛法的修持，禅定工夫，身心的变化都有关联。"回互"这两字的意思，是有关联：心跟物有关联，外境跟内境有关联，动跟静有关联，一切都是相对的关联。但是本来圆明清净自性的佛法，单刀直入的禅宗，被破坏了，我觉得没有理由，但是也不去驳他。尤其曹洞宗走《易经》五行八卦的路线，就变更了神仙之道同易学的道理，宋代邵康节以后倒是做出了重大的改变，是有好处。如果真研究修行打坐，明心见性，即生成就之道，学菩萨道的应该学；学声闻证阿罗汉果位的，会越搞越糊涂。如果这样耽误下去，也许使大家修行都走偏路去了。曹洞宗演变的问题在这里，并不是打坐默照的问题，这个很严重。我认为现代要真修行，连禅宗这些都没有用，还是要靠《楞伽经》《楞严经》《解深密经》《胜鬘夫人经》《华严经》《中论》，再配合修禅定的十六特胜，甚至六妙门，走佛法复古的路线。

我这么讲，可是你们不要轻视哦，不要狂妄，你们也不懂易学，不懂阴阳五行，轻视就不对了。昨天讲到"如荎草味"，荎草是什么？

古道师：五味子，一种果子，可以做药。

南师：先天八卦由下面画起，这一画叫作一爻，爻者交也。这一笔完整的代表阳,阳里有阴,把这一笔切断了,中间空的,这代表阴,实际上阴中有阳,切断那个空,空是真阳,至阳。离卦☲三爻,第一爻是阳的,第二爻是阴的,第三爻又是阳的,这叫先天八卦。离为火,为日,是个代号,八卦是个代理的符号,讲天地万物都用得到,可以说人类上古的文化到了极点,什么学问只要这八个逻辑符号,就讲完了。科学,哲学,宗教,到了最高处是最简单,八个图就代表完了。

周文王开始,后天八卦不同了,把离卦重叠起来,成为六笔的卦,还是代表离卦,代表光明,可以拿来代表自性一念不生的光明。外面两笔,中间是空的,换句话说,外面连起来是个圆圈,中间是空的,不需要有一点。那么变成太极图,两个鱼一样,一个黑,一个白,就是阴跟阳,圆圈里头分阴阳,可是黑鱼眼睛一点是白的,白鱼眼睛是黑的。阴中有阳,阳中又有阴,分不开的。宇宙间有两股力量相对,动跟静,是跟非,明跟暗等等。

卦怎么变? 爻者变也。离卦跟乾卦来配,这个现象变了,火天大有☲,卦名不同了,变化不同,就是偏正回互。离卦跟坤卦配,坤是地,火地就是晋卦☲,火跟水呢? 火水未济☲。《易经》八八六十四卦,由乾坤开始,最后第六十四卦是未济,未济就是永远不能作结论的,永远不定时地演变下去,每一个卦有八种变化,每种变化代表不同的现象。

等于我们的思想念头,念头一动跟眼睛配上分别色相,跟耳朵配起来分别声音,跟鼻子配起来是观呼吸,跟嘴巴舌头配起来是知道口味,跟身体配起来是感觉,那再仔细地配又不同了,卦象就不同。这个太复杂了,也太美妙了,现在只讲现象,还没有讲数,每一动有几个数,可是我们上古的老祖宗都知道,现在发明电脑,我们的老祖宗几千万年前,把数理只归到十个数字就完了,不管几千万亿,归纳了不过还是个数。

"偏正回互",变偏了,变正了,要回过来互相关联。这个离卦摆在这里,像太阳一片光明,像《楞严经》讲圆明清净,圆明清净的境界也以离卦作代表。《楞严经》文殊菩萨讲自性:"觉海性澄圆,圆澄觉元妙。"假定这两句话以离卦作代表,一念动了怎么变?离卦第一爻开始变,天地万有,每一分,每一秒必变,非变不可,没有不变的道理,这个变在佛学叫什么呢?(众答:无常。)

对了。变就是无常,没有什么固定永恒,而是非变不可。离卦第一爻变了,这个六爻分两重,上面三爻叫外卦,下面三爻叫内卦,从内卦开始变,八卦的变都是从内变到外,也可以说由下变到上。所以打坐工夫从内心先变,变到外面去,最后是外面的环境影响变回来,你内心跟着变了,这是回互。我们做工夫都是心想打坐,对不对?心想打坐,内卦动了嘛,内心第一爻变了,你盘起腿来打坐,就变了外卦,可是两个脚两个手放好,身体的关系又影响了你的心理,就是回互过来。这样懂了吧?

离卦内卦第一爻一动变成艮卦☶,艮为山。上面外卦还是离卦,还是火,内卦变了,内心的现象变了,念头一动就变了,整体变成火山旅☲☶,如果用漫画就是山上起了大火。你们住在东北森林里,起了大火怎么办?赶快跑,所以火山就旅,旅者向外跑了。第一爻变,变成火山旅,画成图案非常漂亮,山上起火了,赶快来救火。那么我们打坐本来一念清净,念头一动,火山旅,第一爻变了以后,现象变了。

第二步,永远不断变化,再变上来,换句话说,内在那个小圆圈变了,中心变了,这个变大了,下卦变成巽卦,巽代表风,整体变成火风鼎☲☴,火在上面,风在下面。以前土灶做饭,木柴在下面,还要吹风,吹了以后上面的锅就煮起来。火风鼎,可是空鼎哦,还没有内容。第三变变成什么?火水未济☲☵,火在上面,水在下面,没有用的,做饭时水在上面,下面有火才做得成,水火既济。我讲一个事实给你们听,拿一把茶壶,一个炉子来烧开水,上面烫死了,可是你把茶壶提起来摸一下底,下面不太烫的,火向上面去。所以你打坐时气满顶上,睡不着了,这是火风鼎,你下面元气空了,向上走了。

这个离卦内卦变完了,等于我们坐在这里起心动念,内心变了一定下座。如果讲事业,我想做个生意,内心一变,去借钱是第一爻变。到 D 同学那里借到钱了,有了本钱,第二爻变。然后开个店面是第三爻变。店面开了要有市场,要到外面去,外卦第一爻变了。这个离卦外卦是火哦,第一爻变了,变成艮卦。上面是艮卦,下面已经变过了,三爻不动,外卦艮为山,下面内卦还是水,山水蒙卦☶,上面是山,下面是水,雾蒙蒙就起来了,这个是第四变了。

第五变,外卦的第二爻变,拿六爻来讲是第五爻的变,变成巽卦,巽为风,整体变成风水涣☴。那外卦还剩一个没有变吧?第六变朝内变,外卦变成乾卦,乾为天,内卦还是水,天水讼☰。天在上,地下有水,讼,要吵架的。你注意哦!现在我常常讲,未来二十一世纪的全球,印度中东与中国,会争这个水哦,要吵架的。

宇宙以内万有只有六变,到第七变不同了,第七变叫作游魂之卦,变成影子了。洞山祖师不是过水看到影子悟道吗?人有个影子,我们的思想意识有没有个影子?有。唯识学叫独影境,意的境界有影像,一样的道理。第七变是内卦变了,内卦整个变了,坎卦变离卦,所以变成天火同人☰。那么再不能变了,再变会还原,还是离卦☲,第八变是还原,所以叫作回互过来了。

你看到回互两个卦,就是内卦跟外卦勾起来叫作互卦,所以每卦有七变,其实是八变,最后一变是还原。八八六十四卦,每卦这样变,这个里头有数字,还要配合金木火水土,配合天干地支,所以能够算命,能够看相,能够知天文。因为我最近眼睛也花,力气也不够,不想站起来,所以叫他们写写。研究《易经》八卦要单独做一套,最好是买一副麻将牌,东放西放,要玩弄,东一摆,西一摆,每个角度不同,现象变了,念头也像是这样,所以叫"重离六爻,偏正回互"。

中国人讲错综复杂,怎么叫错卦呢?用离卦不好解说,用乾卦来说吧!简单一点,画六阳爻的乾卦☰,乾代表天,代表阳。旁边并排是坤卦☷,乾卦纯阳,坤卦纯阴,乾代表天,坤就代表地,阴阳两排是相对的,阴阳交错。

什么是综卦呢?以乾卦来讲,乾卦第一爻变了,外卦是乾,内卦变成巽卦,巽为风,天风姤☴。你看,这个黑板不动,这个图案是天风姤,如果把黑板倒过来给你看呢?变成泽天夬☱,这个叫综卦。错综懂了吧?

复杂呢?就是回互卦了,万物的变化互相都有关联,所以"重离六爻,偏正回互",这两句话我很吃力地说一下,懂了没有?禅宗祖师拿这个来讲修行工夫,你说误人不误人?

古道师:所以曹山下面没几代就断了。

南师:石头希迁说切莫立规矩,所以越摸越不对了。对文化的变化有没有贡献?有。可是本来简单明了,却给他搞复杂了。你注意哦!现在世界科学很发达,越提倡科学,世界越复杂了,同样的道理。

古道师:应该简单一点,安那般那老实修。

南师:对。好好修行,其实只要念一句佛号,南无阿弥陀佛,或者嗡……一个音声都可以成佛。

"重离六爻,偏正回互,叠而为三,变尽成五",这四句大概都懂了吗?拿这些参禅,不是骗死天下人吗?"如荃草味,如金刚杵,正中妙挟",这个正中,翻过来,翻过去,不离开中心哦。我当年看《指月录》,一看这一套我全懂,不在乎,不懂的觉得很稀奇,变成密宗了一样。密宗也是这个东西,其实毫无秘密。等我年纪再大,如果还没有死,还有力气给你们讲密宗,讲穿了,一点秘密都没有。

"通宗通涂,挟带挟路",你要懂了禅宗,还要懂得诸子百家,就是石头希迁禅师讲"门门一切境,回互不回互",就是通涂之学。"错然则吉,不可犯忤",后来影响道家神仙修法,变成取坎填离。

古道师:"临天下,曹一角",临济宗遍天下,曹洞宗孤立于一个地方,单脉相传,从云居道膺禅师那边,就不用这些了。今天听老师这么一讲,用中国传统文化注解禅宗修法,感觉非常复杂。后人想学禅宗,现在变成学八卦,这不是很麻烦吗?

南师:对啊!学了八卦还不行,还要学文学。

古道师:"门门一切境",一门通了不是可以触类旁通嘛,为什么这么复杂?

南师:那你就讲一点别的给大家,你喜欢的讲一段。

古道师:牛头法融禅师,《指月录》卷六,我们大家先念一下。

> 夫百千法门,同归方寸。河沙妙德,总在心源。一切戒门定门慧门,神通变化,悉自具足,不离汝心。一切烦恼业障,本来空寂。一切因果,皆如梦幻。无三界可出,无菩提可求。人与非人,性相平等。大道虚旷,绝思绝虑。如是之法,汝今已得,更无阙少,与佛何殊,更无别法。汝但任心自在,莫作观行,亦莫澄心,莫起贪瞋,莫怀愁虑,荡荡无碍,任意纵横,不作诸善,不作诸恶,行住坐卧,触目遇缘,总是佛之妙用,快乐无忧,故名为佛。师曰:心既具足,何者是佛?何者是心?祖曰:非心不问佛,问佛非不心。师曰:既不许作观行,于境起时,心如何对治?祖曰:境缘无好丑,好丑起于心,心若不强名,妄情从何起?妄情既不起,真心任遍知。汝但随心自在,无复对治,即名常住法身,无有变异。

南师:这一篇大家要会背,学佛的道理都在内了。这个选得好,这是禅宗四祖,直下承当的一条路,最重要了。这一篇能够背来,只要每天背一遍,比你念《金刚经》,念什么咒,还要管用。你们自己也同牛头融一样,返照一下,都已经得道了。这一篇太好了,等于一部《大般若经》。

第二十五讲 宝镜三昧 四

二〇一〇年一月一日

内容提要：

乾卦变化

常愍法师

南师：昨天讲到曹洞宗的《宝镜三昧》，引用《易经》的卦象来说明禅宗的证悟法则，我想不止现在，自唐宋以后，大家都觉得非常复杂。从六祖以后，青原行思到石头希迁，这一支的法统，参合了中国文化，把释迦牟尼佛的教外别传，不立文字，直指人心，见性成佛的修法，变成非常复杂，文字言语非常古怪。用了《易经》道家的方法，再加上中唐与晚唐的文艺诗词，可以说，引用纪晓岚批文的两句古诗："两个黄鹂鸣翠柳，一行白鹭上青天。"两个鸟在柳树上吱吱叫，你晓得它说些什么？"一行白鹭上青天"，越飞越远了。佛告诉你不立文字，明心见性，这是禅宗的正统一脉，到六祖这个阶段，由南岳怀让、青原行思，再演变到曹洞，不是不对，而是越想说明修证的方法，反而越来越远了。你们坐在一堂，听了曹洞宗的修法，有一点搞明白了没有？

古道师：有一点明白了。

南师：有啊，那你真了不起，大家越听越糊涂。临济宗也好，曹洞宗也好，五宗宗派必然会衰落，由迦叶尊者到阿难以后，二十八代相传，才到中国来，达摩祖师以后，越说越远了。可是曹洞宗注重坐禅，从禅定入手。这个坐禅走的路线，用的工夫不是四禅八定，等于采用了中国传统文化《大学》的"知止而后有定，定而后能静，静而后能安，安而后能虑，虑而后能得"这个路线，不是四禅八定，是由戒定慧，智慧开悟，渐修与顿悟结合的方法。"重离六爻，

269

偏正回互"，这个变化大了，后来产生五位君臣。为什么不用四禅八定来表达，多清楚啊！

今天古道师要去复兴洞山了，又是登琨艳的六十大寿，了不起，人活到六十岁，不算夭寿了，六十以后就是赚的，普通一般人还不容易活到六十岁。你看古人的诗，"酒债寻常行处有"，还有一句，"人生七十古来稀"，你看这些禅师们，活到六十几，五十几走了的人太多了。也许古人生活的环境，医药没有那么发达。所以韩愈的文章，"齿摇摇，发苍苍"，当时也不过五十多岁，我还笑他要加一句"视茫茫"，眼睛看不清楚，老花了。诸葛亮死的时候五十四岁，邵康节，多了不起，也不过六十几岁走了。"酒债寻常行处有，人生七十古来稀"，可见杜甫常喝穷酒，到处欠了酒钱。这是杜甫律诗中的两句，要对仗啊，"寻常"怎么对"七十"？对不起来了吧？这叫作对不起。你错了，古人以八尺为寻，倍寻为常，这样你就懂了，每句诗的对仗都很工整。

我今天作个贡献，如果用《易经》卦理代表，讲工夫修证，有个很好的路。今天晚上讲的很严重，孔子告诉我们，学《易经》要先懂乾坤两卦。孔子说："乾坤者，易之门户也。"你先把乾坤两卦研究清楚了，其他很容易懂。

这个乾卦大家知道了吧？乾卦代表天，代表很多东西，是个代表符号。比如古道就是乾卦，要开始学佛打坐，六爻不动，盘坐在那里，不管你修什么法门，或者照《达摩禅经》修安那般那。古道年轻时对天台宗下了工夫，修六妙门。前天 M 同学也问，数随止观还净，怎么修到止息？随息以后，呼吸宁静了，你认为这样叫止息吗？这是有为的工夫，有几个做到了？都不敢说啊？都在数息还数不清啊？

C 同学：打坐的时候有，日常生活就没有。

南师：你讲得很诚恳。

D同学：我以前也报告过两次，这五六年一直在随息，除了吃饭睡觉。

南师：好，什么叫随息？

D同学：知息长短，知息冷暖。

古道师：清楚地知道呼吸来往，并且心不散乱，专注于呼吸上。

南师：对，你这样就讲清楚了，这是随息。有没有偶然碰到，自己打坐时，呼吸忽然停了？

D同学：有，经常有，走路的时候也有。

南师：自己修到随息以后，为什么达不到止息境界？念头忘不了息。这一句话听懂了吧？念头困在呼吸上。如果这个时候真正放下，念头空了，止息境界马上来了。这个止息不是永远止息哦，至少认得一呼一吸之间有个停顿状态。这样讲听懂了没有？（众答：听懂了。）

如果第一步修禅定，不是"本来无一物，何处惹尘埃"，而是有为法，假定修到这样一念清净，用乾卦☰代表这个境界。心头有时候空不了，有时候偶然没有念头，有没有碰到啊？有时候身上，好像一股气来了，坐不住了，有没有？这是第一爻变了，天风姤☴，懂了吧？风是什么呢？身体内部的能量发动了，所以你也坐不住了，气就动了，这就是天风姤，坐得很宁定的时候，忽然动了。还有工夫真到了以后，坐到很好的时候，忽然下面，或者是海底，或者是肚脐，或者两腿，碰！一跳，有没有？你们不认得，这是天风姤☴。风就是气，身体开始转变了。如果这样你懂了以后，当你正在修禅定的时候，身上气一动，你知道了，十六特胜不是有个知啊，这个叫作知息动了。知道了，一知便休，不要理它。这样听懂了吧？（众答：听懂了。）

听懂了以后，静下去以后身心会变，第二爻变了，变成什么卦啊？天山遁☶。下卦是艮卦，艮是代表身体哪一部分？我跟你们讲过的。

D 同学:腰背。

南师:对了。这样气一动了以后,念头不理它,知道它了,念头是乾卦本身,乾卦是天,寂然不动了。可是已经知道身上气动了,慢慢腰不行了,对不对?你们都有经验吧?慢慢腰这里不舒服了,胀胀的是吧?你们不懂得做工夫,不懂得气脉,如果懂了,你道家也懂了,密宗也懂了。这是天山遁☶,到了背上了。你看这个乾卦,像一个背吧?到了腰这里,气动了,有形有象跟你讲,气动到这里天山遁,遁是什么意思啊?遁者退也,退是什么?气动了嘛,你那个清净的念头就乱了嘛,会不会啊?你们统统死在这里,都在这里倒楣了,都在这里放腿下座,去他的,修不好了,是不是啊?你们没有什么了不起,一万个人有五千对都是这样,当然包括你在内了。这个时候念头还是清净的,知嘛,十六特胜也是两个八呀,八卦来的,知息出,知息入,知息长短,知息遍身,除诸身行,受喜,受乐,受诸心行,八个吧?后面还有八个,你用八卦对照。

现在我告诉你,第三步呢?气到这里了,这个时候乾卦还是乾卦,乾代表知性,本来清明的,气动了就动了,不理嘛,这个才叫心气合一的修法,修密宗大圆满之气脉也是走这个路线。现在在我手里,所谓道家,密宗,这一切秘密,我通通破掉了,不然害死人,千古以来一万个人修行,五千对都没有修好。

第三爻变了是什么?天地否☷,下面是坤卦,是地,上卦是天,天代表念头,本来清净的嘛。天地否,否字,中国字普通话读什么?读"痞"。都不对了,坐不下去了,精神特别好,散乱起来了,是不是啊?散乱起来就是天地否了嘛。

E 同学:老师,我的理解,下面坤卦是阴气。

南师:你不管阴阳,现在还没有讲。气动了,我刚才只给你讲气动,没有讲阴阳,对不对?你又聪明了。道理是对,现在没有讲到那里,你岔过来阴阳。天地否就散乱了,听懂了吗? 到天地否了,内卦动到这里,只好下座了,是不是? 甚至不想再打坐了,到这一步就过不了关,是不是啊? 大概一千个人有五百对都是这样。

如果道理懂了,理就是事,你再宁定下去,又变了,第四步这个卦叫什么? 风地观䷓,气到头上了嘛,上面六根都开了,地就是下面的身体,这个时候喜欢东看西看,念头都动了嘛。如果继续坐在那里,第五步山地剥䷖,更坐不住了,山在上面,地在下面,地就是身体,高山压地,剥削了地气的阴阳,气都散乱了。如果认清了这个,继续念头一空,放开了嘛,这个外形变了,变成火地晋䷢,上卦变成离了。曹洞宗就用重离,你懂了这个曹洞宗的秘密了吧? 离为目,为火,这个时候你眼睛都张开了。再来就是火天大有䷍,上面头脑还是清楚的,下面气脉就通了嘛,舒服多了。

C 同学:请老师把火天大有再讲一遍。

南师:火在上面,下面乾卦代表身体气脉变了,火天大有䷍,下面还是代表身体。你们初学打坐两腿胀麻,那些都是阴气,刚才 E 同学问的,你认清楚是阴气,一概不理,这个时候只有一个忍字,所以十六特胜也叫十六忍,大乘菩萨证无生法忍。这个时候熬一熬就过去了。

你们现在打坐啊,刚开始蛮舒服的,其实是阴境界,完全心也阴,气也阴,都是阴的。刚刚有一点阳气发动,精神来了,下座了,一辈子白修的。普通人刚刚身心好一点,阳举了,就找男女关系去了。药山禅师吩咐李翱:“闺阁中物舍不得,便为渗漏。”走到那一步就完了,不管密宗道家禅宗,一万个修行,五千对都是这样,曹山祖师说披毛戴角去吧。是不是这样? 如果你懂了这个,盘腿上座,七天紧密用功,没有不成就的,会言下顿悟。

乾卦变完了,现在变成火天大有䷍。火天大有再变,从第一爻开始,变成火风鼎䷱,现象变了,你丹田暖了,气上来了,上面是火,就是太阳照到,下面气充满了。这个时候,像登琨艳啊,E同学啊,偶然少吃点饮食,肠胃也清了嘛,身体发暖了。你要晓得小乘大乘,离不开四加行,暖,顶,忍,世第一法。

再变呢? 火山旅☶,气向上走,通夹脊了,背这里有感觉了。再变就是火地晋☷,进一步到顶了,从颈椎这里上来,后脑最难通过。然后变成山地剥☶,这个时候没有妄念了,人好像会进入昏沉状态,其实不是昏沉,"当明中有暗,勿以暗相遇"。就在这个时候了,一步一步工夫都告诉你了,到了哪里一撞上,忽然大悟。简单明了,配合心地工夫,配合身体工夫,心气合一,没有修持不成的。所以六祖不是叫你们发愿吗? "法门无量誓愿学。"

A同学:我来补充一下,刚刚老师从乾卦☰来讲解,这个乾卦☰就是比喻我们在精神状态很好的状况,精神慢慢地在变化。比如说我们早上醒过来,这是一个精神很好的状态。那么一天当中,二十四个小时,我们的精神慢慢在消耗,阳气往外消耗了,这个卦下面就变成阴爻,变成天风姤卦☴。以我们一期的生命,譬如说我活六十岁,那么十六七岁的精神最好,体力脑力,各方面都是最好的状况,用乾卦来表示。那么再过七八年的时间,走到天风姤卦,阳气已经在消耗了。这样理解的话,就渐渐变成阴卦,到了坤卦☷的境界,就是纯阴的境界。也表示我们从早上起来阳气很旺,到了晚上很累,要躺下来睡觉,是一个阴的状态,坤卦的状态。在这个坤卦的当中,睡到半夜,一阳来复,这就是复卦☳。老师的《易经杂说》,还有《道家密宗与东方神秘学》里面讲到,老师今天另外配合禅定的修持,我们自己再去参究,还有很多的道理。

南师:对。

A同学:其实我们现在的每一个状态,都是一个卦象,我们自己再研究六十四卦。

南师:卦象就是境界,每一步都有境界。

A 同学:再微细一点就是说,其实在禅修当中,自己的阳气,色身的变化,都是卦象,都可以对照。我是这样来理解修持的。

南师:有这样的见地去修持,很快。

A 同学:因为学佛就是觉嘛,要觉悟,要觉醒,清楚自己身心随时的状态。在我们阳气最好的时候,或者当我们事业最好,最有成就的时候,是一个阳极的状态。要注意,这时阴就转变过来了,也就是天风姤卦,又在消耗了。当我们事业最困难的时候,或者是有时候身体有病,最不舒服的时候,是一个坤卦,阴极的状态。那么也不必灰心,阴极阳生,在事业最不好的时候,又是一个新的转机,一个新的生命的开始,地雷复卦又来了。所以人生就是这样不断地阴阳反复。

南师:这个也就是回互,也就是轮回。

A 同学:今天我想请一位从澳大利亚来的朋友,叫常愍法师。她专程从澳大利亚飞到上海,来到这边。因为将近二十年前跟老师结缘,我想请她来报告一下,她怎么认识老师,她目前对于佛法的见解。刚刚我跟她谈了一下,我觉得很惭愧,所以请她来报告一下,对我们修行应该有很大的帮助。

南师:好,你不要客气,坐下来讲。她是广东人,听不懂广东腔问一下,没有关系。

常愍师:我很冒昧地就来了,我想简单讲一下我怎么认识老师的,大概有二十年了。

平常我是念观世音菩萨,看经的时候就不念,把经书盖起来,一站起来走路,心中就念观世音菩萨,我是典座,一边做事一边念。有一天突然念念,观世音的圣号没有了,只有一个老师的名字,三个字。我很奇怪,这三个字怎么突然出来的,是怎么来的?是一本书还是一个人名?我都不知道。吃过饭我就到楼上,从书柜中一本一本地去找,看看是不是一本书的名字,还是一个人的名字,我也不知道,后来也没找到。

到下午四点多钟,有一位居士从邮局送了一个包裹来,这个包裹一打开,居然看到老师的书。那个时候我惊讶地站起来,今天早上我就是一直念这个名字,结果就是这本书的作者名字。我觉得这个缘很奇妙。那个时候我马上做完常住的事,第一本书读的就是《习禅录影》,我一口气连着两个晚上才看完,看完以后把书盖起来,眼泪就不断地流下来,真是善知识。第二个念头:他是古人还是今人呢?现在还在不在呢?就这样问自己。

然后我就沉思,按照书后面的出版社去找,看到是台湾的电话,我马上就打电话到台湾这个出版社。我说这个人在不在呢?对方答覆我:他现在在香港。我就知道了,他是现在的人,还在这个世界上,不是古人。我高兴得不得了,但是怎么去找他呢?这是很费周章。我就一直想办法,怎么去见这个老师。

后来去澳门演讲完回来坐船,从港澳码头,经中环到新界,有老师的一个办事处,有很多书。我经过那个地方,我就跟自己讲,老师这个地方就在这里,要不要去?去的话很冒昧,很唐突;不去我不甘心,因为这是唯一的线,唯一去找老师的线索。还有我在船上打坐,在一个眼盖里面看到一个人的头像,但是我不理他。后来,我就上这个地方问,有人告诉我老师不在。我就去找了几本书准备走了,要出门的时候 A 同学进来,她问我找什么。我说:我想找南老师。她说:我是老师的学生。我心里就好高兴,虽然见不到老师,见到他的学生也是好嘛。后来,A 同学去我那个小庙,带了两本书给我,一本是老师教的准提法,A 同学就教我怎么施食,我把这本书一打开,里面有老师的相片,就是以前我在船上打坐时看到的影像。后来老师讲课,A 同学就介绍我去,就这样认识老师,一直看老师的书。我去澳大利亚以后,要跟老师这个心念没有断过。

对禅修我一直没有放弃，不管怎么辛苦，每天一座。我在澳大利亚办一个道场，因为没有钱，要铺地砖，我都是自己动手。说来人家都不相信，怎么你一个女的，以前也不是做这个的，但是我只能自己来做，好多事都是我自己来。做的时候我也是观心，一边做一边观，手在动，心没有动，我是这样用功。因为没有好多时间给我打坐，还要领众，还要跟他们讲讲佛法，因为我自己的知识不多，就拿老师的东西去卖，把老师的书推销出去，因为我自己没有料。

经过十几年的反观，念观世音菩萨，还有净土的念佛，还有《楞严经》二十五个法门，我都尝试去修，但是最后我还是听观世音菩萨，修耳根圆通法门。然后认得自己，好像认得是有，但是我不放心，不停去考证，不停去反问，去找一个境界来考自己，看自己的心有没有动，有没有跟着妄想去跑，就这样考验自己。经过那一次我的心没有烦恼，烦恼本空，原来就是这样，真的没有烦恼，不管怎么辛苦，经过多少逆境，我看都没有事，就这样一步一步来考自己的心，就是这样，慢慢觉得很自在。但是我还是有矛盾，就是人家都很有智慧，但是我没有，所以我要来找老师，就是这样。好像自在，好像是认得，但是没有信心。

南师：了不起，很佩服你。

第二十六讲 宝镜三昧 五

二〇一〇年一月二日

内容提要：

依经不依论

易之门户

南师：我把《宝镜三昧》这样批了一下，你们大概懂了吧？曹洞宗以《参同契》结合《易经》来讲修持、工夫与见地，抽出离卦来讲，我认为没有必要，而且把佛法的修持反而搞乱了。所以曹洞这一系，在因明上，如同诸葛亮批评阿斗的那句话，"引喻失义"，这个比喻已经用错了，在逻辑上不通。所以曹洞的问题出在这里，五宗宗派都有问题，把佛法搞乱了，也搞乱了修定。

所以要修持佛法我主张回到最古的路，依经不依论，照佛经说的，经是佛说的，论是后代祖师们的讲法，《楞伽经》《楞严经》《心经》《华严经》《金刚经》，一切佛都说得很明白，被后世一用，搞错误了，这叫"引喻失义"。所以照佛的话，依经不依论，依法不依人，依佛说的正法，三藏十二部，三十七菩提道品，十二因缘，乃至般若、唯识等等，修持与见地都讲过了，尤其是《楞伽经》《楞严经》，更清楚了。依法不依人，依经不依论，依智不依识，依了义不依不了义，就是这个道理。

譬如《参同契》讲："当明中有暗，勿以暗相遇；当暗中有明，勿以明相睹，明暗各相对，比如前后步。万物自有功，当言及用处，事存函盖合，理应箭锋拄。"明暗两个，没有真正跟你讲清楚。《楞严经》在唐代还没有普遍流行，只是在宫廷里，也许他们没有看到过，也许看到。佛在《楞严经》讲"七处征心，八还辨见"，讲得很清楚，明与暗是个现象，开眼见明，闭眼见暗，明暗是有代谢的，等于前后步,前步后步,正面反面。能见明见暗的那个不在明暗上,佛经讲得清清楚楚,"见见之时,见非是见,见犹离见,见不能及"。交代得很清楚。大家看佛经,自己没有用功,不去体会,反而看一些奇言妙语,再加上文学的掩盖,什么"银碗盛雪,明月藏鹭",这个同那个都是白,不一样呀!他们在讲什么?没有交代,都是引喻失义了。是哪一种明同哪一种明,没有交代。你以为说我们打坐,自性起来的光明同太阳的明亮不一样,有差别,还是讲哪一个,都没有交代。这种情况很多,我们不一一点评,你们用功要注意。

如果用八卦六爻来代表偏正回互,改用乾坤两卦更清楚。做医生也更需要明白,尤其学中医的。所以孔子研究《易经》,称"乾坤者,易之门户",你把乾坤两卦研究通了,易学最高有个什么?心易,明心见性的心,易学代表身心两方面。《易经》的法则是两句话,"近取诸身,远取诸物。"身心同宇宙万有的法则都相通的,八八六十四卦是这个道理。

乾代表阳,也代表自性本体。坤代表阴,代表有,代表大地,代表我们这个身体。卦没有什么稀奇,不要轻视它,也不要迷信它,它是个逻辑符号,你迷信卦,你就挂住了,都是依他起。打坐修定,尽管说不要着相,但非着相不可,相就是现象。我们学佛做工夫,口口声声不要着相,对不对?你做到了吗?半分都做不到,因为身体就是相,就是个物理现象。所以无相是讲体,有相是讲用,大家自己不要学迷糊了。

坤卦代表后天的生命,就是一个现象。坤卦六爻,如果拿佛学来比喻,六爻都是阴的,就是六根六尘了。是不是?很像吧?六根六尘,两边对立,中间是空的,是不是?自性本体先不谈。你现在打坐,是六根在打坐,对不对?身体是身根嘛,里面有意根,就是坤卦的现象,纯阴的。纯阴也是虚的,空的。

所以 M 同学不是问修六妙门吗?佛法的修持先不讲白骨观、

念佛，先修安那般那，叫你听呼吸，这是一个最初入门的方法。数息、随息、止息，这前三个阶段是一条绳子，把你的心拴回来，一念清净，心念比较不散乱了，呼吸比较不散乱，清净了，你就可以用观了，观察自己，就是心法的观，看这个心念，看这个息。真正呼吸宁静了，心念比较空灵，呼吸还没有完全停止，止了以后你就观心嘛。观，不要去寻找。观，要注意无寻，无伺，你心里还在找，念头有啊，空啊，这个是寻找心的作用。等于黑夜当中，拿手电筒找东西一样，这是寻。伺呢？等于说天蒙蒙亮了，看得见了，不要一点一点去找，整个看到心念比较清净，这是伺。佛学有的翻译，不叫寻伺，叫作有觉有观。有感觉，有理解，其实也就是觉观。你们打坐都有一点体会吧？（众答：有。）

对了。像这样，你不要再追求，不要怀疑自己了，宁静下去，那就靠禅定了。把身心调整好，自然能到什么？这个坤卦☷等到一阳来复，莫名其妙的一下，忽然有个力量来了。这个坤卦下面第一爻变了，变成地雷复☷☳，外卦是体，还是坤，下面的卦变了，变成震，震为雷，这是讲宇宙的大法则，用到身体上来。所以后天的八卦呢，"帝出乎震"，帝是什么？第一人，国家民族的第一人。曹洞用了五位君臣，都没有给你说明，把人搞糊涂了。

如果是普通人，像婴儿睡觉，没有男女淫欲之念，他下面会举起来，气动了，你看婴儿有股气吗？阳气动了，所以变成地雷复卦。这个复是有数字的，七日来复，七分来复，七秒来复，七个月来复，都是复卦。女性假使月经来过以后，以七天为标准，七日来复。现在一般医生不讲究这个，因为男人身上不明显，你懂了妇女，也会懂得男性用功了。譬如今天月经第一天来，几天一候啊？（众答：五天一候。）

五天一候，差不多到第五天，生理健康，或者三天就少了，五天已经没有了，月经这个血水没有了。完全没有月经了吗？不是，第七天身体才恢复。中医看病的话,他晓得子午卯酉,每个月记得很清楚哦,会问你这个病是从哪一天开始的,好,他指头一掐,现在几天了,他算你的来回变化,这个病情已经进入内脏了。譬如伤风,第三天了,哎唷! 你怎么不早一点来看我,三天了啊,风寒已经透入里面了,他治法不一样。

我现在说明复卦的道理。当你打坐心念清净了,气动了,那个是地雷复卦,生命重新恢复。所以你学会打坐,只要坐好一堂,生命的衰老、消耗,就多恢复一分,就是这个功能。有人真正坐得好的时候,会震动的哦,你们有过吗? 身体里头的震动,不一定在下面,正统的是在下面没有错,身上其他地方的反应跳动也是。因为身体内部的阻塞,都是拴起来的,绑起来的,在空灵的时候发动了,这是地雷复。甚至有些跳动,坐起来,哦……现在假使你到禅堂打坐,那个香板过来就打,完了,因为他不懂,这个时候不能打的啊,他不是故意叫的,而是内部一股气,无形的力量发动了。有些打嗝,有些或者放屁,这些并不是坏现象,假使你肠胃不好,那个时候会放屁。当然你在禅堂打坐,又不好意思,憋得脸红,下面憋住,有时候故意看看别人,屁股一歪,嘘……放得不干净,很可怜。所以在禅堂共修,有些师父们也不懂,香板就打过来,说你扰乱人家了。

如果静坐碰到这个境界,你慢慢念头放空,气的变化,不理它,不害怕,也不欢喜,知道了,就放空了,身体的变化就快。

第二爻再变,变成地泽临☷☱,临就是来了,中国说临时用这个临。你读历史,打仗叫兵临城下,敌人的兵已经打到你门口了,临就是逼过来了。打坐就是气上来,慢慢逼进了,那个时候,往往你的身体随着气脉晃动,因为下面的气充实了,腿就熬不住了。如果你懂了这个道理,你要修持,就不管腿,腿是另外一回事,你放松一点,让下面的气动,也不要引导它,这是地泽临卦。

再慢慢气冲到喉轮这里,差不多整个身体舒服了,精神饱满了。所以真用功,是精神好的时候去打坐,不是疲劳了去打坐,那没有用啊,睡觉以前打坐,你不如去睡觉。下面三爻变了,地泽临变成地天泰䷊,身体舒服了,不过头部还没有变,六根都在头部,还没有变。这个时候气充满了,你会想下座,六根习气动了,你如果认清楚了,不理不动。

再上来外卦变了,第四爻变了,变成雷天大壮䷡。外卦变成震,内卦是乾,雷代表阳气在上面,头部以上精神特别好。打坐到这一步,你早就下座,办事去了,因为有精神嘛,又散乱了,所以修持永远不上路。如果你懂了,这个时候更放宁静,更放空了,它还要变。阳气一爻在上,下面还是天,雷天大壮䷡。

慢慢气通到脑部来了,第五爻变了,外卦变成泽,泽天夬䷪,有问题了。这个时候呢,注意,我们这个本卦是什么?坤卦,坤卦是阴气,这个时候只有头顶还有阴气,闷闷地盖住了,没有全通,好像昏沉了,好像睡眠一样,泽天夬,阴气还在顶上,似睡非睡。

这个时候道家叫作混沌,坐起来好像要睡着了,他自己昏掉了,搞不清楚。有时候头会低下去,为什么头低下去?上面还有一点阴气嘛,泽天夬卦,混混沌沌。你说有杂念妄想吗?没有,好像要昏沉。你说昏沉吗?你讲话我都听到了。是不是啊?如果这个时候,认识清楚了,无所谓,昏沉也空,住在这个空灵境界上让它过一阵,等一下翻过来,外卦变了。

外卦变了,外卦第一爻变,第六变变成水天需䷄,外卦由外向内变了,顶上阳气充满了。吕纯阳的《百字铭》讲:"阴阳生反复,普化一声雷,白云朝顶上,甘露洒须弥。"口水下来,清醒了嘛,定住了,慢慢不是昏沉境界了,慢慢内在的清醒就来了。你看整个坤卦变了,上面变成坎卦,坎为水,下面是乾卦,整个清净了。

再一变,变游魂了,内卦又变成坤卦,外卦不动,水地比䷇。在这个时候,禅定的乐感,精充满了,会漏丹,有时候不漏,你认识清楚了,下面胀起来,好！或者要小便大便,方便了再上座,又是一个一阳来复了。这样打七,七天用功,没有不成就的,就那么简单,就那么快。

古道师:老师,这个阴阳的种种变化,是自然规律吗?

南师:是自然规律。

古道师:只要系心一缘,雷打不动地去修,会自然反复了?

南师:打你三百板,系心一缘用错了。只要一念空灵,"观自在菩萨照见五蕴皆空",一观一照,不要系心一缘。系心一缘也是比喻的话,观照在那里,你本来会观照的嘛。

古道师:知道了。

南师:你们记住《楞严经》中文殊菩萨的偈子,背给我听。

众答:"觉海性澄圆,圆澄觉元妙。元明照生所,所立照性亡。"

南师:你系心一缘就是立所了嘛,对不对? 你听懂了吧? 你现在照不照啊? 再念,从头开始念。

众答:"觉海性澄圆,圆澄觉元妙。"

南师:你本来现成的嘛,元明照生所嘛,你偏要什么生啊,所立就照性亡,是不是? 这样体会就对了。这样懂了吗?

古道师:明白了。

东方出版社南怀瑾作品

论语别裁   孔子和他的弟子们

话说中庸   原本大学微言

孟子旁通（上）   孟子旁通（中）

   梁惠王篇　万章篇   公孙丑篇　尽心篇

孟子旁通（下）

   离娄篇　滕文公篇　告子篇

维摩诘的花雨满天   静坐与修道

金刚经说什么   禅与生命的认知初讲

药师经的济世观   禅宗与道家

圆觉经略说   定慧初修

楞严大义今释   如何修证佛法

楞伽大义今释   学佛者的基本信念

禅话   大圆满禅定休息简说

禅海蠡测   洞山指月

老子他说（初续合集）   我说参同契

庄子諵譁   中国道教发展史略述

列子臆说